Social Justice and Educational Leadership

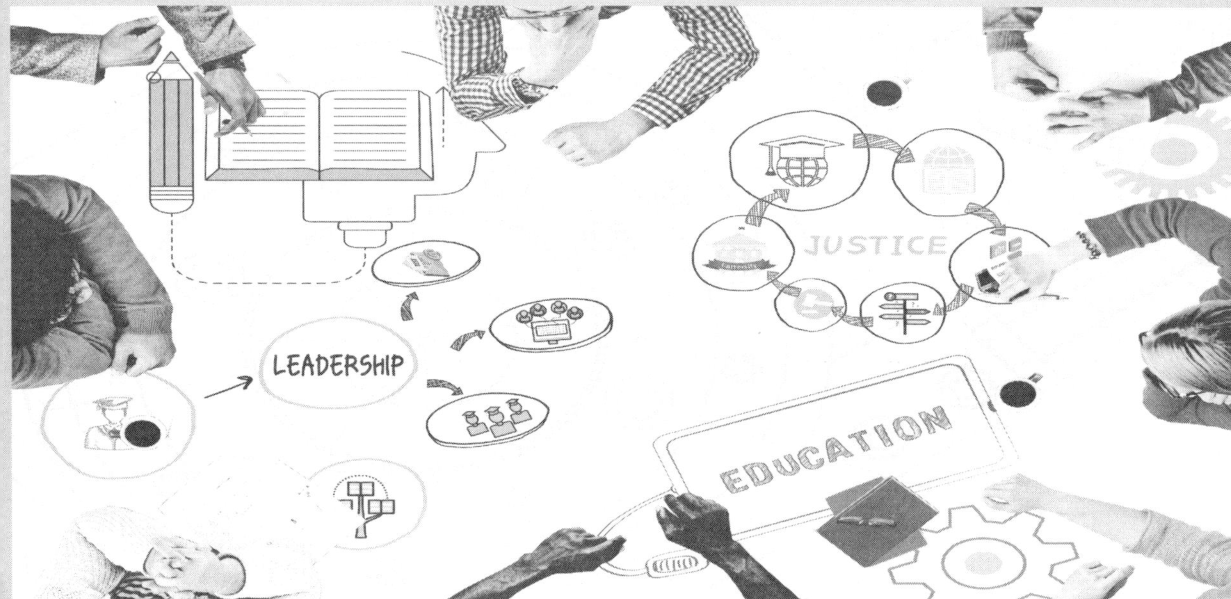

사회정의와 교육리더십

김달효 지음

학교는 사회의 축소판이다. 학교는 사회로부터 영향을 받기도 하지만 사회에 영향을 미치기도 한다. 그렇기에, 누구보다도 학교현장에서 직접 학생들과 상호작용 하는 교사가 사회정의에 관해 관심을 갖고 알 필요가 있다. 그리고 교사는 사회정의를 교육리더십 차원에서 승화시켜 나아가야 한다.

문음사
도서출판

저자서문

사회정의는 우리가 살아가는 사회가 좀 더 건강하고 건전하며 행복해질 수 있도록 하는데 꼭 필요하다. 그러나 사회정의는 저절로 이루어질 수 없다. 다수의 사회구성원이 사회정의에 관심을 갖고 배워 알아야 하며 실천할 수 있을 때 비로소 가능해진다.

그 사회의 문화와 분위기가 사회정의의 가치를 잘 반영한다면 걱정할 필요가 없겠지만, 아쉽게도 한국의 문화와 사회적 분위기가 사회정의의 가치를 충만케 하지는 못하다. 이를 보충하기 위해서는 여러 가지 접근이 가능하겠으나 그중의 하나로 학교와 교사를 들 수 있다.

학교는 사회의 축소판이다. 학교는 사회로부터 영향을 받기도 하지만 사회에 영향을 미치기도 한다. 그렇기에, 누구보다도 학교현장에서 직접 학생들과 상호작용하는 교사가 사회정의에 관해 관심을 갖고 알 필요가 있다. 그리고 교사는 사회정의를 교육리더십 차원에서 승화시켜 나아가야 한다.

다른 한편으로는, 교사의 노력만으로 사회정의에 부합하는 교육을 달성하기는 쉽지 않다. 교육정책과 공교육 차원에서 사회정의를 위한 접근이 어떠해야 하는지도 파악할 필요가 있다. 학교 내에서는 교사가, 학교 밖에서는 교육정책과 공교육이 사회정의에 부합하는 방향으로 실행될 때 우리 사회 전체의 사회정의를 기대할 수 있다.

끝으로, 이 책이 나오기까지 애써주신 문음사 관계자분들께 감사드린다. 그리고 항상 곁에서 힘이 되어주는 아내(도희), 딸(지민), 아들(민건)에 고마운 마음을 담는다.

2019년 여름.

1부. 사회정의와 교육

차 례

2부. 사회정의와 교사리더십

차 례

4부. 사회정의와 공교육

차　례

1부

사회정의와 교육

사회정의에 근접한 학교교육이 추구되기 위해서는 기본적으로 사회정의에 관한 지식을 알아야 한다.

그리고 사회정의를 위한 교육은 어떻게 가능한가를 살펴볼 필요가 있다.

1장

사회정의의 역사적 배경, 개념, 유형

Ⅰ. 서론

그리스 신화에 나오는 정의의 여신 디케(Dike)는 그리스어로 '정의'를 뜻한다. 정의를 상징하는 디케는, 두 눈을 가린 채 한손엔 저울을 다른 한손엔 칼을 들고 있다. 저울은 엄격한 정의의 기준을 상징하며, 칼은 엄격한 정의의 기준에 의거한 판정에 따라 정의가 실현되기 위해서는 힘이 있어야 함을 뜻한다. 즉, 디케가 들고 있는 저울과 칼은 어떤 외압에도 영향을 받지 않고 엄격한 정의의 기준에 따라 공정하게 집행한다는 의미를 상징한다. 또한 디케가 눈을 가리고 있는 것은 편견과 선입견을 배제한 채 엄격하고도 공정한 정의를 실현한다는 것을 의미한다. 그런데, 우리 사회가 사회정의에 관해 관심을 갖게 된 것은 최근의 일이다. 2010년에 접어들어, 한국의 대중들이 사회정의에 관하여 특히 관심을 많이 가지는 것으로 부각되었다. 구체적으로, 하버드 대학의 샌델(Sandel) 교수가 쓴 「정의란 무엇인가」라는 책이 장기간 베스트셀러가 되었고, EBS 교육방송에서는 샌델(Sandel) 교수가 하버드 대학교에서 학생들에게 실제로 사회정의에 관해 강의하는 내용을 특집프로그램으로 방송하였다. 또한, 그 내용에 대해 많은 국민들이 호응을 보이고 다시 볼 수 있도록 해달라는 요구가 있어서 EBS는 재방송까지 하였다(김달효, 2012).

사회정의라는 주제에 관해 한국 대중들의 관심이 높아진 만큼, 사회정의란 무엇인가에 관해 학문적으로도 심도 있게 고찰해볼 필요가 있다. 사회정의는 억압, 가난, 차별, 그리고 인종주의 같은 불의(injustice)와 반대되는 말이며, 보살핌(care)과 공정성(fairness)을 핵심적인 특징으로 하기 때문에(Wade, 2007), 사회정의는 우리가 살아가는 실제와 관련되는 이슈이고, 우리가 살아가는 사회가 어떤 모습이어야 하는가와 관련되는 현실적 이슈이다. 사회정의를 위한 사회적 변화와 실천을 가져오기 위해서는 개인적인 차원에서도 의미 있는 실행이 가능하지만, 현실적으로 사회구성원들의 인식적, 교육적, 그리고 정치적 사안이 해결되어야 원만한 실행이 가능해질 수 있다. 결국, 사회정의는 사회 전반에 걸쳐 이루어져야 하는 것이고, 사회구성원들의 인식과 실천의 힘에 의해 가능할 수도 있고 불가능할 수도 있는 문제이다. 사회정의를 위한 사회구성원들의 인식과 실천을 고무시킬 수 있는 방법에는 여러 가지가 있을 수 있지만, 사회정의에 관한 연구를 통하는 것도 한 방법이다.

한국에서 사회정의에 관한 연구는 다양하게 수행되어 왔지만 많지 않은 실정이다. 대표적인 연구로는 '사회정의 연구의 두 영역: 규범적 영역과 경험적 영역'(남현주, 2007), '롤즈에서의 정치적 정의관의 정당화 문제'(유주현, 2004), '사회정의와 정치적인 것의 차원: 프레이저의 정의론을 중심으로'(이상환, 2006), '시민사회와 사회정의의 맥락에서 본 연대성의 위기와 그 극복: 뒤르깽, 하버마스, 롤즈 그리고 왈쩌의 입장을 중심으로'(남현주, 2011), '정의란 무엇인가?'(Kelsen & 김선복, 2009), '사회적 형평성의 개념적 심화를 위한 정의론의 비교 연구: Rawls에 대한 Nozick, Walzer, Young의 비판적 논의를 중심으로'(임의영, 2003), '센의 능력과 사회정의: 롤즈의 정의관에 대한 비교를 중심으로'(이상호, 2001), '아담스미스의 "도덕감정론"에 나타난 정의 개념'(김옥경, 2003), '한국사회의 양극화에 대한 논의: 사회정의 관점에서'

(정재각, 2006) 등을 들 수 있다. 이 같은 연구들은 사회정의에 대한 이해를 넓혀주는 데 도움을 제공해준다. 하지만 사회정의의 기초에 해당된다고 할 수 있는 사회정의의 역사적 배경, 사회정의의 개념, 사회정의의 유형에 관해 초점을 둔 연구는 희박한 실정이다.

사회정의에 관한 연구의 저변을 넓히기 위해서는 사회정의에 관한 많은 세부 주제들이 발전될 필요가 있다. 그중에서도 사회정의의 역사적 배경, 사회정의의 개념, 사회정의의 유형 같이 사회정의에 관한 기초적인 주제도 발전시키고 알리는 것은 필요한 일이다.

II. 본론

사회정의의 역사적 배경은 무엇인가, 사회정의의 개념은 무엇인가, 그리고 사회정의의 유형은 어떻게 분류되는가를 살펴보면 다음과 같다.

1. 사회정의의 역사적 배경

사회정의는 오랜 역사를 가지고 있다. 소크라테스 시대부터 서양 철학자들은 그 의미를 논해왔다. 그것은 때로는 마음의 평정상태와 행복으로 언급되었고(스스로 평화로운 '정의로운 사람'), 다른 때는 신과의 바람직한 관계를 의미하였으며, 근대에는 직접적으로 제도와 인간 간의 좋은 관계를 말하였다. 계몽시대 이래 일반적으로 정의의 개념은 권리와 공평함의 개념으로 연관됐던 것이다(Katz et al, 2007).

'사회정의'(social justice)는 플라톤을 포함하여 전 세계의 많은 사상가들에게 매력적인 주제가 되어 왔다. 플라톤(Plato 427-347 BC)은 「The Republic」에서 이상 국가(ideal state)는 네 가지 미덕, 즉 지혜(wisdom), 정의(justice), 용기(courage), 절제(moderation)를 추구하는 것에 달려 있다고 함으로써, 정의를 언급하였다. 그리고 아리스토텔레스에 영향을 받은 토마스 아퀴나스

(Thomas Aquinas 1225-1274)는 '정의란 자신이 직면하고 있는 환경에서 해야 하는 것을 하는 사람의 정직한 마음'이라고 기록하였고, 정의는 한 사람이 다른 사람에게 가져야 하는 자연스런 의무(natural duty)의 한 형태라고 믿었다. 이와 비슷하게, 임마누엘 칸트(Immanuel Kant 1724-1804)도 그 어떤 개인적인 동기나 자기이익에 의해서가 아닌 의무감에 의한 동기로 이루어진 행위는 도덕적으로 옳은 것이라고 하였다. 사회정의에 관한 칸트의 이론은 무욕심(selflessness)과 도덕적 의무감(moral duty)에 근거한 것이다. 의무감에 근거한 칸트의 도덕적 이론은 의무론(deontology)으로 잘 알려져 있다(Zajda et al, 2006; 김달효, 2012).

'사회정의'(social justice)라는 용어는 시칠리아 성직자인 다젤리오(Luigi Taparelli d'Azeglio)에 의해 1840년에 처음으로 사용되었고, 1848년 「La Costitutione Civile Secondo la Giustizia Sociale」라는 책에서 안토니오 로스미니세르바티(Antonio Rosmini-Serbati)에 의해 좀 더 널리 알려지게 되었다. 19세기 말에는 노동자 또는 빈민자였던 대규모의 소작농의 요구에 응하기 위한 사회개혁가들에 의해 '사회정의'라는 용어는 사용되었다. 그러나 그 이후에는 별다른 진척이 없었고, '사회정의'라는 용어는 과거보다 더욱 복잡한 사회를 이루고 있고 규칙과 법에 적용받는 현대에 이르러서야 본격적으로 다루어지게 되었다(Novak, 2000).

'사회정의'라는 용어는 인간 의식(human consciousness)에서 두 가지 변화와 맞물리면서 나타나게 된 개념이다. 하나는 '신은 죽었다.'라는 의식이었고, 다른 하나는 계획경제(command economy)에 관한 관념이었다. 신은 실제로 존재하지 않는다는 의식으로 인해, 사람들은 이성에 대한 자부심을 신뢰하기 시작하였고, 공정한 사회질서를 추구하려는 열망을 갖게 되었다. 그리고 과학과 계획경제의 발달로 인해 '과학적 사회주의'(scientific socialism)가 등장하게 되었다. 그리하여 이성과 지성으로 사회를 다스릴 수 있다고 보게 되었다. 그리고 사회정의는 사회제도를 통해 가능하다고 보게 되었다. 구체적으로, '정의'(justice)를 구현하기 위해 개인의 차원이 아닌 사회의 차원에서 사회구성원들을 고무시키고 조직하며 함께 하는 기술이 요구되며, 시민들의 연대의식이 중요함을 깨닫게 되었다(Novak, 2000).

1800년대 중반까지만 하더라도, 정의는 사회적 미덕이 아니라 개인의 미덕 차원으로 이해되었다. 즉, 모든 사람이 개인적 의무 차원에서 권장되던 것이었다. 또한, 이때까지만 하더라도 정의란 재판에서 어떤 판결이 나느냐에 따라 정의인지 아닌지를 판단하였고, 범죄에 대한 처벌의 적합성에 관심을 많이 가졌다. 사회정의에 관한 현대적 개념은 1840년대에 프랑스와 영국에서 산업화로 인해 등장하였다. 즉, 이때에 개인으로서 정의가 아니라 사회제도로서 정의가 중요하게 간주되어야 한다는 잠재적인 혁명적 사상이 강하게 나타나게 되었다. 이러한 사상은 소유주의 권력에도 반영되었고 전체적인 시장 체제의 지배에도 반영되었다. 고용자와 피고용자 간의 불평등한 관계가 문제시 되었고, 자본가들의 소득과 부의 분배가 사람들의 삶에 중요한 역할을 한다는 인식이 확산되었다(Barry, 2005).

그 결과로, 사회정의는 유럽의 모든 곳에 사회민주주의를 확산시켰고 정치적으로는 사회민주당이 발전하게 만들었으며, 사회정의를 실현하는데 필요한 제도를 모색하게 만들었다. 이러한 사회정의의 필요성과 실현이 가장 구체적으로 된 곳이 바로 독일과 스웨덴이었다. 특히 스웨덴에서는 사회민주주의자들의 노력에 의해 사회정의의 가치와 그에 따른 구체적인 프로그램들이 대결로서가 아니라 협동으로서 인식하게 되었다. 그리고 2차 세계대전을 겪으면서 유럽의 사회민주당들은 다음과 같은 세 가지의 핵심적 사상에 집중하였다(Barry, 2005). 첫째, 자본의 권력은 노동조합에 의해 억제되어야 하고, 모든 사람들에게 혜택이 돌아가도록 하는 규제에 의해 억제되어야 한다는 것, 둘째, 자본주의에 의해 만들어지는 소득과 부의 분배는 불평등해서는 절대로 안 되며, 과세(taxation)와 양도(transfer)의 적합한 수단으로 변경되어야 한다는 것, 특히 시장 메커니즘은 사회정의와는 반대로 작용하기 때문에 '복지국가'의 제도가 만들어져서 모든 사람들이 인간다운 삶을 살아가는데 적합한 소득을 제공해주어야 한다는 것, 그리고 셋째, 교육과 보건에 있어서 높은 수준의 서비스가 모든 사람들에게 제공되어야 하고, 교육과 보건 부문은 시장논리인 '지불할 수 있는 능력'으로 운영되면 안 된다는 사상이 강조되었다.

2. 사회정의의 개념

'정의'에 해당하는 영어의 'justice'는 그 어원상 'justus'에서 기원했으며, 'justice'는 '적법한'(lawful), '정당한'(rightful), '공정한'(fair), '평등한'(equitable), '공평한'(impartial) 등과 같은 의미를 내포한다(이승환, 김형철, 1995). 또한, Webster 사전에서는 정의를 '올바름'(righteousness), '공평성'(impartial), '공정성'(fairness), '정당성'(rightfulness) 등으로 해석된다(홍영환, 2005). 그리고 문지영(2007)은 '정의'라는 개념은 '저항'이라는 개념과 관련지을 수 있고, '억압과 부정에 맞서는 의로운 행위'의 의미를 지닌다고 하였다. 또한, 롤즈(Rawls, 1999)는 정의가 성립되기 위한 원칙으로서, '모든 사람이 가능한 최대의 평등한 자유를 부여받아야 한다'는 원칙과 '사회적 불평등이 인정받기 위해서는 불평등한 사회적 지위에 접근할 수 있는 기회가 평등하게 부여되어야 하고, 그 불평등이 사회의 최소 수혜자에게 최대한 배려가 될 수 있어야 한다'는 원칙을 제시하였다. 그리고 문성원(2001)은 '정의'를 '타인의 선'이라는 의미가 있음을 강조하여, 정의란 자유에 앞서는 것이며 '약자를 돕는 것'이라는 의미가 내포되어 있음을 강조하였다. 이러한 '정의'(justice)에 대한 정의를 검토해 볼 때, 정의라는 개념 속에는 평등성, 약자에 대한 배려, 관용 등의 특성이 포함됨을 알 수 있고, 이러한 특성들이 반영될 때 정의롭다고 할 수 있음을 알 수 있다(김달효, 2012).

그런데 '정의란 무엇인가?'라는 질문을 적합한 질문으로 받아들인다면 우리는 누가 정의(justice)에 대한 정의(definition)를 내리는가를 고려해야만 한다. 역사적으로 볼 때, 정의에 대한 정의는 소수 엘리트 계층에 의해 이루어져왔고 나머지 대다수의 필요와 욕구에는 별로 관심을 두지 않았다. 소수의 경우에 한해서, 정의(justice)에 대한 투쟁을 통한 '아래로부터'의 정의(justice)가 있었고, 이러한 아래로부터의 정의 운동(justice movements)이 더욱 진정한 사회정의 형태를 갖도록 하였다. 그리고 사회정의는 인간의 사고(human thought)와 인간의 행위(human deeds) 모두에서 존재한다. 만약 우리가 정의에 대한 투쟁의 역사를 연구하고 거기에서 유용한 아이디어를 얻고자 노력한다면, 우리는 정의를 발전시킬 수 있다. 또한 이러한 지속적인 정의 운동(justice movements)에 대한 노력을 통해 우리는 정의를 정적인 개념으로만 파악하는 것이 아니라 사회가 진화하는 것에 적합한 정의를 성취할 수 있다(Capeheart & Milovanovic, 2007).

'사회정의'에 관한 주요 학자들의 정의를 정리하면 다음과 같다.

- 사회정의는 사회적 부와 권력의 공정한 분배뿐만 아니라 불합리하고 무례한 사회적 구조에 대한 깨달음과 개선에도 목표를 두는 것이다. 사회정의는 억압, 가난, 차별, 그리고 인종주의 같은 불의(injustice)와 반대되는 말이며, 핵심적인 특징은 보살핌(care)과 공정성(fairness)이다(Wade, 2007).
- 사회정의란 사회적, 경제적, 교육적 그리고 개인적 차원에서 인간 고유의 권리인 평등성(equality), 공평성(equity), 공정성(fairness)을 강조하고, 달성하고, 지속하며, 개선시키는 민주적 과정에 모든 구성원들의 참여가 적극적으로 될 수 있도록 교육제도와 제도의 실제를 변화시키는 노력이다(Goldfarb et al, 2002).
- 사회정의란 인종, 민족, 계층, 성(gender), 성적 판단(sexual orientation), 그리고 장애에 있어 도덕적 가치, 정의, 공평성, 돌봄, 그리고 존중을 강조하는 것이다. 더 구체적으로, 사회정의란 보살핌을 받지 못하고, 소외받으며, 교육받지 못한 집단에 초점을 두어 배려하는 것이고, 학교에서 학생들이 억압받지 않도록 하는 것이다(Dantley et al, 2010).
- 사회정의는 사람들이 공정하게 대우를 받는 사회와 인간관계를 목적으로 하며, 거기서 사람들은 정당한 것을 얻고 동등한 사람으로 존중받으며 서로 인정하는 협동조건이 성립된다(Katz et al, 1999).
- 사회정의라는 개념은 교육의 본질에 해당되고 또한 학교가 무엇을 위한 곳이어야 하는가에 관한 생각의 본질에 해당되기 때문에, 사회

> 정의는 교육과 학교교육에 관한 이론에서 핵심을 차지한다. 그리고 그중에서도 평등성(equality)이 사회정의의 중심을 이루는 요소가 된다(Clark, 2006).

사회정의는 개인만을 위한 정의가 아니라 사회전체를 위한 정의와 관련된다. 사회정의는 다수 사람들 간의 상호작용의 이해(understanding)를 포함하고 있어야 한다. 또한, 모든 형태의 사회와 역사에 적용할 수 있고 적합한 단 하나의 정의 개념은 존재하지 않는다. 역사적 과정을 통해 사회가 발전하고 변화되듯이, 정의에 대한 개념도 사회와 역사에 따라 변화하였다. 사회정의는 많은 시간동안 계속 논쟁이 되어 왔던 복합적인 개념이다. 고대에서부터 현대에 이르기까지 사회정의에 대한 사상과 개념에 영향을 미친 주요 인물들에 대해 간단히 살펴보면 다음과 같다(Capeheart & Milovanovic, 2007).

첫째, 사회정의의 고전적 개념으로서, 플라톤(Plato, 1951)은 「Republic」에서 소크라테스와 3명의 서로 다른 배경을 가진 사람들 간의 '정의란 무엇인가?'라는 주제에 관한 대화를 기록하였다. 세 사람 중에, 먼저 아테네 사람이었던 폴레마쿠스(Polemarchus)는 손해를 끼친 사람에게 손해를 주는 것이 정의라고 말하였다. 소크라테스는 만약 정의가 훌륭한(excellence) 것이라면 다른 사람에게 손해를 주는 것이 양쪽에게 훌륭함을 감소시킬 것이기 때문에 그것은 정의가 될 수 없다고 하였다. 다음으로, 상인이었던 케팔로스(Cephalus)는 정의란 진 빚을 갚고 은혜를 갚는 것이라고 말하였다. 소크라테스는 무기의 주인인 미친 사람에게 무기를 되돌려주는 것은 정의가 될 수 없다고 하였다. 마지막으로, 수사학 교사였던 트라시마쿠스(Thrasymacus)는 정의란 강력한 사람(the powerful)의 이익에 봉사하는 것이라고 말하였다. 소크라테스는 통치자는 자신의 이익을 추구하지 않을 수도 있지만 자신이 통치하는 것을 정의로 추구하려 할 것이라고 하였다. 라이코스(Lycos, 1987)는 소크라테스와 플라톤은 지성과 반성을 갖춘 개인의 내면에 정의를 두는 것에 관심을 가졌다고 강조하였다. 그래서 소크라테스와 플라톤은 영혼이 그 사람의 '삶의 형식'을 통해 그 사람 내면의 정의가 반영된 것으로 파악하였다. 소크라테스와 플라톤 같은 철학자들은 정의란 지식을 통해 형성된 영혼 내면에 자리한다고 생각하였다. 하지만 정의를 개인 외부에 둘 때, 지성 또는 영혼이 타인들의 이익에 봉사할 수 있게 된다.

정의에 관한 아리스토텔레스의 사상은 그의 스승인 플라톤과 비슷하였다. 예를 들면, 정의로운 정부(국가)에 개인들이 자신들의 의무를 성실히 수행하는 것을 정의로 이해하였다. 하지만 아리스토텔레스가 다른 사람들에 비해 평등의 사상에 더 많이 관심을 가졌고 정의를 위해서는 평등이 필요하다고 주장하였지만, 절대적인 평등을 주장하지는 않았다. 아리스토텔레스는 평등에 제한을 두었다. 아리스토텔레스(Aristotle, 2000)는 동등한 것은 동등하게 다루어져야 하고 동등하지 않은 것은 동등하지 않게 다루어져야 한다고 보았다. 이러한 비례적 평등(proportionate equality)의 사상은 반비례적 평등(counterproportionate equality)은 정의롭지 않은 것으로 묘사되었다. 아리스토텔레스는 동등한 것을 동등하지 않게 다루거나 동등하지 않은 것을 동등하게 다루는 것은 불화를 불러일으킨다고 설명하면서 이러한 비례의 사상을 어느 정도 한정하였다(Gaus, 2000). 이러한 말이 어리둥절하고 정의롭지 않은 것으로 들릴지 모르지만, 평등 및 불평등에 관한 이러한 형태는 오늘날에도 여전히 유효하다. 아리스토텔레스(2000)는 교환의 단위로 돈을 예로 들면서, 만약 돈을 교환의 단위로 하지 않는다면 신발을 만드는 사람과 집을 짓는 사람 간에 자신들의 생산품을 교환하기가 어려울 것이라고 설명하였다. 교환의 단위로서 돈을 통해, 이들 간에는 자신들의 노동으로 만들어진 동등하지 않은 생산품을 위한 동등하지 않은 돈의 양을 교환할 수 있다. 비록 돈은 하나의 예로 사용되었지만, 아리스토텔레스(2000)의 가장 큰 관심은 경제적 평등(economic equality)보다는 국가와 법 앞의 평등을 강조하는 정치적 평등(political equality)에 있었다. 더 나아가, 아리스토텔레스는 정의를 분배적 정의(distributive justice)와 시정적 정의(rectificatory justice)로 구분하였다. 분배적 정의는 오늘날의 민법과 유사한 것으로, 사회적 계약 내에서 재화의 적합한 분배를 의미하고, 시정적 정의는 오늘날의 형법과 유사한 것으로, 손해에 대한 조정을 의미한다.

둘째, 사회정의의 근대적 개념으로서, 로크는 사회계약을 정의의 핵심으로 보았다. 그리고 로크는 타인의 삶과 자유는 고유한 권리이며 인간성의 본질적인 상태로 파악하였다. 로크는 정치적 권위는 전쟁을 막는 데 필요한 것으로 보지 않았고 개인의 삶과 재산을 타인들로부터 보호하기 위해 필요한 것으로 보았다. 그래서 로크의 사회계약은 개인의 권리 침해로 일어나는 개인들 간의 불화를 해결하기 위한 목적으로 정치적 권위를 발전시킨 것이 된다. 더욱이, 로크는 정치적 권위가 개인들의 자연적 권리에 의해 제한될 수 있는 것으로 보았다. 이러한 로크의 사상은 사회정의에 대한 고전적 자유 전통을 강화시키는 데 기여하였다.

그리고 칸트는 인간을 이성의 존재로 보았고, 이성은 '영원하고', '바꿀 수 없는' 법과 같은 것으로 보았다. 칸트에게 있어, 각 개인은 유일하고도 존재 그 자체가 목적이며, 각 개인은 존중받아야 하는 것으로 간주된다. 그리고 이성적 존재로서 몸과 마음이 분리될 수 있는 것으로 보았다. 칸트는 정언명령(categorical imperative)이라는 것을 통해 도덕성을 강조하였다. 정언명령은 모든 행위자가 그 어떤 상황에서라도 무조건 절대적으로 지켜야 하는 도덕률을 뜻하는 것으로서, 인간의 행위는 보편적 원리(universal principles)라고 추론할 수 있는 원리에 근거해야 한다고 강조하였다. 또한, 자연의 보편적 법칙으로 인정될 수 있는 의지로 행동할 것, 인간 그 자체를 수단이 아닌 목적으로 간주할 것, 자율성과 자기관리에 근거하여 행동할 수 있는 역량을 가질 것, 이성적 사고에서 비롯된 행동을 할 것을 강조하였다. 그리고 칸트는 정의로운 국가는 사람들의 공동체 의지에 의해서만 실현될 수 있는 것으로 보았다. 구체적으로, 사람들의 공동체 의지는 공화국의 형태로 나타나야 하고, 공화국은 자유와 이성을 바탕으로 해야 하며, 모든 사람을 위한 법의 정의가 고찰되어야 한다고 보았다.

셋째, 사회정의의 현대적 개념으로서, 롤즈(1971)는 "원초적 상태"(original position)라는 가설적 개념을 통한 정의의 사회계약에 도달하려고 하였다. 원초적 상태는 사회구조 내에서 개인의 지위에 대한 무지("무지의 베일"(veil of ignorance)) 조건의 사회계약 구성만을 공정한 것으로 간주하였다.

즉, 개인의 사회계층, 사회지위, 그리고 기타 특성에 대한 무지에서 비롯되는 사회계약이 공정한 사회계약을 만족시킬 것으로 간주하였다. 원초적 상태에서, 롤즈는 정의의 두 가지 원리를 제시하였다. 첫째 원리는 평등과 관련된 것이고, 둘째 원리는 사회구조에 의해 형성되는 불평등과 관련된 것이다. 즉, 첫째인 평등성의 원리는 표현의 자유, 집회의 자유, 사유재산의 자유, 그리고 임의적 형태의 체포와 압수로부터의 자유를 조건으로 규정하는 것이다. 둘째인 불평등의 원리는 불평등은 공공선(common goods)을 위할 때에만 공정하다는 것이다. 그리고 롤즈는 불평등한 체제가 공정하기 위해서는 그 체제의 모든 사람이 더 나은 지위를 갖기 위한 기회가 평등하게 제공되어야 한다고 주장하였다. 그렇기 때문에, 롤즈는 사회의 부는 일부의 사람들이 아닌 모든 사람들에게 혜택이 돌아가도록 분배되어야 한다고 주장하였다. 롤즈는 사회의 위계적 구조가 모든 사람들에게 평등하게 개방되어야 하지만, 수입, 지위, 권력의 분배가 똑같을 필요는 없다는 "차등의 원리"(difference principle)를 가정하였다. 또한, 롤즈는 첫째 원리는 평등성의 원리가 둘째 원리인 불평등의 원리보다 우선함을 강조하였다. 예를 들면, 자유는 사회·경제적 혜택을 증진시키기 위한 목적에서는 제한할 수 없고, 사회전체의 자유를 보호하거나 증진시키기 위한 목적에서만 제한할 수 있다고 보았다. 차등의 원리는 사회·경제적 불평등은 그 사회의 최소수혜자(the least advantaged)에게 가장 많은 혜택이 돌아가도록 조정하는 것을 말한다. 그래서 이 원리는 사회에서 가장 가난한 사람들에게 돌아가는 혜택을 극대화 하는 한 부와 수입의 불평등한 분배를 허용한다. 즉, 사회·경제적 불평등은 그것이 사회에서 가장 가난한 사람들의 혜택을 극대화 하는 한 허용될 수 있기 때문에, 불평등은 가장 가난한 사람들의 혜택을 극대화 하는 방식으로 작용되어야 함을 강조한다.

그리고 하버마스(Habermas)의 이론은 롤즈의 이론과 어느 정도 유사한 면이 있다. 하버마스는 논쟁이나 갈등에 직면한 당사자들이 자유롭게 대화하고 합의에 이를 수 있는 "이상적 담론 상황"(ideal speech situation)의 실현을 강조하였다. 롤즈의 "무지의 베일"(veil of ignorance)의 원초적 상태(original position)와 마찬가지로, 이상적 담론 상황에서 이성적인 사람은 차이의 문제를 해결하는 데 있어 정의롭고 공정한 원리들을 사용한다. 이런 점에서, 합법적인 권위는 이상적 담론 상황 내에서 개발될 때 비로소 정당화 될 수 있다. 하버마스에 따르면, 인간은 진실(truth), 옳음(correctness), 진상(veracity), 포용성(comprehensibility)에 대한 타당성 주장(validity claims)이 서로 다른 산만한 순간(discursive moments)을 겪게 된다(Habermas, 1976). 각 담론자의 배경적 가정(background assumptions)이 동질일수록 그러한 산만한 순간은 문제가 되지 않고 배경적 합의(background consensus)가 존재하게 된다. 그러나 각 담론자의 배경적 가정이 이질일수록 산만한 순간의 갈등이 나타나게 되고 합의가 재설정되어야만 한다. 이때 진정한 합의는 각 담론자가 토의에 공헌할 수 있는 이상적 담론 상황에서만 재설정될 수 있다. 따라서 "정의에 대한 유일한 기준은 존재하지 않으며, 처해진 상황에 따른 합의의 결과에 의해 정의가 결정된다."(Phillips, 1986). 그리고 롤즈의 주장처럼, 도덕적 또는 정의로운 원리는 자유(freedom), 합리성(rationality), 평등(equality), 지성(knowledge)과 같은 이상적 조건하에서 상호 간에 인식하는 정도에 한해서 타당성이 갖추어질 수밖에 없는 것이다.

이상에서 살펴본 것처럼, '사회정의'의 의미는 그것에 대한 다양한 정의(definitions), 관점, 그리고 사회 이론에 따라 다양해질 수 있다. 하지만 사회정의에 관한 대부분의 개념들은 평등성(equality)과 연대(solidarity)의 원리들, 인권에 대한 이해와 가치 부여, 모든 인간에 대한 존엄성의 인지에 근거한 인류 평등주의 사회(egalitarian society)와 관련된다. 이런 면에서 볼 때, 사회정의는 프랑스 혁명(1789-1799)의 세 가지 가치와 상징인 자유(liberty), 평등(equality) 그리고 우애(fraternity)를 반영한다고 볼 수 있다. 전 세계적으로 볼 때, 사회정의의 기초 원리로 가장 빈번히 인용되는 것은 1948년에 UN에 의해 발표된 세계인권선언(Universal Declaration of Human Rights)이다. 그리고 루소(Rousseau)와 밀(Mill)로부터 시작된 대부분의 사회계약 이론은 '시민들의 복지와 그 누구에게도 양도할 수 없는 권리'를 국가가 보호하고 책임을 져야 한다는 것을 강조한다(Schugurensky, 2004). 이처럼, 정부에 의존하는 사회정의가 평등주의의 이데올로기를 반영하고 정책적 미사여구의 수준을 넘어서기 위해서는 자원에 대한 접근이 더욱 공평하고 공정해야 하고, 사회적으로 가치 있는 공동체가 되어야 한다(Zajda et al, 2006).

사회정의(social justice)는 개인들의 재산과 행위로 이루어질 수 있는 것이 아니고 국가의 행위와 제도에 기초를 둔다. '정의'(justice)와 '불의'(injustice)라는 개념은 개인들의 행위와 관련은 되지만, 기초적인 것은 더 큰 규모의 사회적 토대에 의해 이루어진다. 그리고 비록 사회정의가 국가적, 공식적, 법적 차원의 재원(property)이나 미덕(virtue)으로 고려되더라도 그것이 사회정의의 전부가 아니다. 그러한 것은 사회정의의 한 부분인 정치적 정의(political justice)에 해당한다. 왜냐하면, 사회는 법이나 정부로만 구성되는 것이 아니고, 문화적 관습, 풍습, 도덕적 규칙, 그리고 도덕적 제재 등 많은 비공식적 측면으로도 구성된다. 따라서 완전히 정의로운 사회가 되기 위해서는 공식적인 측면뿐만 아니라 비공식적인 측면에서도 정의로워야 한다(Brandt, 1962).

3. 사회정의의 유형

사회정의의 유형은 학자들에 따라 여러 가지로 분류될 수 있다. 본 저서에서는 여러 학자들에 의해 대표적으로 제안되는 정의라고 할 수 있는 분배적 정의(distributive justice), 인지적 정의(recognitive justice), 정치적 정의(political justice), 절차적 정의(procedural justice), 환경적·생태적 정의(environmental & ecological justice), 그리고 응보적 정의(retributive justice)와 회복적 정의(restorative justice)를 살펴보면 다음과 같다.

첫째, 분배적 정의(distributive justice)는 '사회의 자원을 어떻게 해서 공정하게 분배할 것인가'(Capeheart & Milovanovic, 2007)와 관련되는 개념이며, '사회에서 혜택(benefits)과 부담(burdens)의 분배를 공정하게 하는 것'

(Miller, 1999)과 관련되는 개념이다. 즉, 분배적 정의는 사회의 자원을 어떻게 해서 공정하게 분배할 것인가와 관련되는 개념이다. 이러한 개념의 분배적 정의는 우리들에게 정의에 관한 커다란 담론에서 벗어나 정의에 관한 더 구체적인 이해를 할 수 있도록 해준다(Capeheart & Milovanovic, 2007). 또한, 분배적 정의는 한정된 재화와 자원을 공평성(equity), 필요성(need), 또는 평등성(equality)의 원리에 기초하여 분배하는 것과 관련된다(Tyler & Smith, 1998). 이러한 분배적 정의는 다양한 사회집단들 간에 혜택을 공평하게 분배하는 것이 가장 핵심적으로 작용한다. 예를 들면, 고등교육에서는 대학의 입학과 등록금이라는 두 가지 자원이 분배적 정의와 관련한 쟁점이 될 수 있다(Cabrera & LaNasa, 2000; Heller, 2002). 그리고 분배적 정의는 사회에서 재화가 분배되는 원리와 관련된다. 분배적 정의는 롤즈에 의해 정의되었으며, 정의의 전통적인 개념이다. 이러한 분배적 정의는 프레이저(Fraser, 1997)가 '경제적 정의'(economic justice)라고 부르는 것을 포함한다. 이것은 영(Young, 1990)이 말한 세 가지의 부재, 즉 착취(exploitation), 주변화(marginalization), 물질적 박탈(material deprivation)이 없는 것을 의미한다. 구체적으로, 착취는 '한 사회집단의 노동 결과가 다른 사회집단의 혜택으로 전환되는 과정에서 지속적으로 발생하는 억압'을 의미하고, 주변화는 '사회적 삶에서 유용한 참여로부터의 배제'를 의미한다. 주변화는 결과적으로 가혹한 물질적 박탈에의 종속을 불러일으킨다. 그리고 분배적 정의에는 부르되(Bourdieu)가 말한 문화자본(cultural capital)과 사회자본(social capital)의 분배도 포함될 수 있다(Gewirtz, 2006).

둘째, 인지적 정의(recognitive justice)는 '사회의 문화와 현실에서 억압이 존재하고 민주적 가치와 인류 평등적 가치가 제대로 정착되지 않고 불일치되는 것'(Boler & Zembylas, 2003)과 관련되는 개념이다. 인지적 정의는 세 가지의 부재, 즉 문화적 지배(cultural domination), 불인정(non-recognition), 경멸(disrespect)이 없는 것을 의미한다(Fraser, 1997). 이것은 영(Young, 1990)이 말한 '문화적 제국주의'(cultural imperialism)가 존재하지 않는 것이

정의라는 의미와 관련된다. 문화적 제국주의는 한 사회의 지배적 의미로 인해 특정한 집단이 다른 집단에게 고정관념을 갖는 것이고, 지배적 집단의 경험과 문화가 대표적인 것으로 일반화되며, 지배적 집단의 문화가 중심적 네트워크로 자리매김하고 그것이 자연스럽게 정체감으로 형성되는 것을 뜻한다. 따라서 인지적 정의는 그 사회의 문화가 사람들 간의 상호 존중과 자아 존중감, 존엄성이 핵심적인 가치로 인정되는 것을 의미한다(Gewirtz, 2006). 사회의 문화와 현실에서 억압이 존재하고 민주적 가치와 인류 평등적 가치가 제대로 정착되지 않고 불일치되는 것을 깨닫도록 해야 한다. 그래서 교육자가 학생들 및 대중에게 사회정의에 대한 태도를 가질 수 있도록 인지적으로 접근하는데 필요한 기술을 습득해야 한다. 또한, 볼러 등(Boler et al, 2003)은 학생들에게 사회정의에 관해 가르칠 때에는 사회의 불의에 대해 분노, 슬픔, 실망, 그리고 저항의 감정을 불러일으키게 하는 것이 중요하다고 강조하였다. 따라서 사회정의를 위한 인지적 변화를 위해서는 인지적 차원의 노력뿐만 아니라 정서적 차원의 노력도 요구됨을 깨달아야 한다.

셋째, 정치적 정의(political justice)는 '정치적 권리의 평등과 국민의 동의를 구하는 것'(Gewirth, 1962)과 관련되는 개념이다. '정치적'이라는 개념은 두 가지 의미를 갖는나. 하나는 목적을 달성하기 위해 영향력, 설득, 책략, 압력, 타협 등을 사용하는 의미를 갖고, 다른 하나는 행정의 의미를 갖는다. 하지만 많은 경우에 있어서 정치적이라는 것은 권력과 영향력의 의미를 결합시킨 의미로 사용된다. 그리고 정치적 정의라고 할 때에는 개인의 자유, 법률의 법칙, 공공선, 국민의 동의에 의한 정치 등이 포함되고, 이러한 것들을 포함하는 정치의 목적은 무엇이 되어야 하고 국민의 동의를 어떻게 받아야 하는지, 그리고 어떻게 적용되어야 하고 어떻게 제한을 두어야 하는지 등이 쟁점이 된다. 이러한 뜻을 갖는 정치적 정의의 개념은 국민들의 삶 전반에 정치적으로 큰 영향을 미치기 때문에 이론적으로뿐만 아니라 실질적으로도 중요하다(Gewirth, 1962). 쉽게 말하면, 정치적 정의란 정치적 권리의 평등을 뜻한다. 그리고 정치적 정의란 정치가 국민의 동의를 받아서 이루어지는 것이 중요하고, 그러한 정치의 과정과 의사결정이 민주성과 평등성을 지향하는 것이 요구되며, 표현의 자유(freedom of speech), 언론의 자유(freedom of press), 그리고 집회의 자유(freedom of assembly)가 진정으로 보장되는 것이 요구된다는 것을 뜻한다. 또한, 정치에 있어 국민의 동의를 받는 방법에 있어서는 토론(discussion), 비판(criticism), 설득(persuasion), 경쟁(competition) 등이 사용될 수 있지만, 중요한 것은 그러한 방법들이 모두 대다수 국민들의 동의와 결정으로 나타나야 한다는 점이다(Gewirth, 1962).

넷째, 절차적 정의(procedural justice)는 '의사결정 과정에서 다른 집단들에 비해 상대적으로 어느 한 집단에 얼마나 많은 투입이 가해졌는가'(Reason & Davis, 2005)와 관련되는 개념이며, '의사결정 과정 동안에 이루어지는 영향력에 초점을 두는'(Tyler & Smith, 1998) 개념이다. 즉 의사결정 과정에서 다른 집단들에 비해 상대적으로 어느 한 집단에 얼마나 많은 투입이 가해졌는가가 절차적 정의에서 문제가 된다. 만약 의사결정 과정이 중립적이고, 신뢰로우며, 존중되었다면 절차가 공정했다고 판단할 수 있다(Tyler, 1994). 대학의 등록금과 입학이라는 두 가지 자원을 어떻게 분배하는가는 분배적 정의와 관련되지만, 이러한 두 가지 자원의 분배와 관련하여 의사결정이 이루어지는 과정은 절차적 정의의 쟁점과 관련된다(Reason & Davis, 2005).

다섯째, 환경적·생태적 정의(environmental & ecological justice)는 '인간과 자연세계 간의 관계는 주어지는 환경의 분배와 사람과 지구 간의 관계'(Hobson, 2004)와 관련되는 개념이다. 인간과 자연세계 간의 관계는 주어지는 환경의 분배에 의해 정의되고 영향을 받고, 사람들 간의 환경 분배는 사람과 지구 간의 관계에 의해 정의되고 영향을 받는다. 이러한 관계에 초점을 맞추어 할시(Halsey, 2004)는 환경적·생태적 정의를 강조하였다. 그리고 홉슨(Hobson, 2004)은 환경적 정의는 사회정의와 관계가 깊다고 주장하였다. 구체적으로, 환경적·생태적 정의에는 깨끗한 물과 공기를 사용할 수 있는 욕구와 관련된다. 이때의 깨끗함의 기준에는 환경 과학적 기준뿐만 아니라 정치적 영향력도 중요한 역할을 하게 된다. 하지만 환경적·생태적 정의의 관점에서 본다면, 깨끗함의 기준에는 과학적 기준과 정치적 영향력뿐만 아니라 일반 대중이 사용할 수 있는 범위 내에서 설정되어야 한다는 것이 중요한 문제가 된다. 그리고 깨끗함의 기준과 건강의 기준이 어떤 과정을 거쳐서 설정되었는지 대중에게 알려져야 하고, 그 중요한 내용도 알려져야 하며, 대중이 그 기준에 충족하는 삶을 살 권한이 있음도 알려져야 하고, 그것을 실현하는 데 있어서 누구보다도 국가가 핵심적인 책임을 다해야 한다는 점도 알려져야 한다. 또한, 이러한 환경적·생태적 정의에 관한 여러 현안들을 바탕으로 대중의 담론이 형성되는 것이 중요하다.

환경적·생태적 정의의 문제와 현실에 관한 연구들에 따르면, 환경적·생태적 정의에는 계층 및 인종에 따라 차별적인 삶이 이루어지고 있음을 발견할 수 있다. 구체적으로, 에반스 등(Evans et al, 2004)은 환경적 위험의 측정요소로서 군중(crowding), 열악한 주택 시설(poor housing quality), 소음(noise)이라는 세 가지를 들고, 이러한 요소에 입각하여 볼 때 뉴욕에 거주하고 있는 저소득층 자녀들은 환경이 나쁜 곳에서 살다보니 건강이 나쁘다는 연구결과를 발표하였다. 또한, 힐(Hill, 2001)은 경제적 지위가 낮은 사람들의 주택 시설은 부정적인 환경에 노출되어 고통을 받는 가능성이 점차 증가하고 있음도 지적하였다. 그리고 밀스(Mills, 2001)는 흑인들이 거주하는 지역의 환경이 상대적으로 매우 열악하다는 점을 지적하면서, 환경의 차별에는 계층뿐만 아니라 인종도 포함된다고 주장하였다. 이러한 문제를 해결하는 방안 차원에서, 포맨(Foreman, 1998)은 환경적·생태적 정의를 위해서는 환경으로부터 혜택만 얻으려는 개발에 몰입해서는 안 되고, 환경보호를 위한 합법적인 규제가 반드시 동반되어야 함을 강조하였다. 그렇게 함으로써, 환경의 혜택과 환경의 보호가 균형을 이루도록 하는 것이 무엇보다 필요하다고 주장하였다. 더 나아가, 밀러(Miller, 1999)는 환경적·생태적 정의의 실현을 위해서는 환경적 혜택과 부담이 모든 사람들에게 똑같이 분배되도록 하기 위한 정책과 모니터링 프로그램이 요구된다고 하였다. 또한, 콜 등(Cole et al, 2001)은 환경적·생태적 정의를 위해서는 첫째, 환경의 혜택과 부담에 차별적인 결과를 가져오게끔 영향을 미치는 사회·경제적 세력을 파악할 수 있어야 하고, 둘째, 그러한 차별적인 결과에 영향을 미치는 의사결정의 역동성을 파악할 수 있어야 하며, 셋째, 환경적 위험을 가져오는 의사결정 과정과 그 세력들을 규범적으로 평가할 수 있어야 한다고 주장하였다.

여섯째, 응보적 정의(retributive justice)는 '관계되거나 저질러진 행위에 상응하는 것을 고안하고 적용하는 것'과 관련되는 개념이다. 즉, 쉽게 말해 응보적 정의는 '눈에는 눈, 이에는 이'라는 식의 의미로 접근하는 개념이다(Capeheart & Milovanovic, 2007). 이 같은 관점에서 보면, 범죄는 법 위반과 유죄로 정의되는 국가에 대한 침해다. 따라서 사법은 체계적 규칙에 의해 지도되는 범죄 가해자와 국가의 경쟁을 통해 비난을 결정하고 고통을 부과한다. 한편, 응보적 정의와 대조되는 회복적 정의(restorative justice)는 특정한 범죄에 이해관계를 가진 사람들을 최대한 관여시켜서 함께 피해와 요구사항, 책임을 확인하고 다루는 절차로서 치유와 교정을 목적으로 한다. 이 같은 관점에서 보면, 범죄는 사람과 관계에 대한 침해다. 따라서 범죄는 잘못을 바로잡을 의무를 창출한다. 사법은 피해자, 가해자, 공동체가 잘못을 시정하고, 화해와 안전을 촉진하는 해결책을 찾는다(Zehr, 2010).

〈표 1-1〉 응보적 정의와 회복적 정의의 비교

응보적 정의	회복적 정의
비난 확정 중심	문제해결 중심
과거에 초점	미래에 초점
요구는 이차적	요구가 일차적
싸움 모델, 당사자주의	대화가 규범적
차이를 강조	공통성의 탐색
고통 부과가 원칙	원상회복, 배상이 원칙
하나의 사회적 손상에 다른 것을 더함	사회적 손상의 보정을 강조
범죄자에 의한 해악을 범죄자에 대한 해악으로 균형	범죄자에 의한 손해는 잘못을 바로잡음으로써 균형

응보적 정의	회복적 정의
범죄자에 초점, 피해자 무시	피해자의 요구가 중심
국가와 범죄자가 핵심 요소	피해자와 범죄자가 핵심 요소
피해자는 정보 결여	피해자에게 정보 제공
드물게 손해배상	통상 손해배상
피해자의 '진실'은 이차적	피해자에게 '진실을 말할 기회' 부여
피해자의 고통 무시	피해자의 고통 인식, 슬픔을 나눔
범죄자에 대한 국가의 조치, 범죄자는 수동적	범죄자에게 해결에 관한 역할 부여
잘못에 대한 대응을 국가가 독점	피해자, 범죄자, 공동체의 역할 인식
범죄자는 해결할 책임 없음	범죄자가 해결할 책임 있음
결과는 범죄자의 무책임을 조장	범죄자의 책임 있는 행동 고무
개인적 비난과 배제의 의식	슬픔과 재질서의 의식
범죄자 비난	해악 행위 비난
공동체에 대한 범죄자의 결속 약화	범죄자의 공동체 통합 강화
범죄자를 단편적으로 인식, 범죄는 한정적	범죄자를 전체론적으로 인식
응보를 통한 균형 의식	원상회복을 통한 균형 의식
범죄자를 낮춤으로써 균형	피해자와 범죄자 모두를 올림으로써 균형
사법은 의도와 절차로 평가됨	사법은 그 '과실'에 의해 평가됨
올바른 규칙으로서 정의	올바른 관계로서 정의
피해자–가해자 관계 무시	피해자–가해자 관계 중심
절차가 소외를 조장	절차의 목적은 화해
가해자의 과거 행위에 대한 대응	가해자의 행위의 결과에 대응
회개와 용서 방해	회개와 용서 장려
전문 대리인이 핵심적 행위자	피해자와 범죄자가 중심, 전문가의 조력 제공
경쟁적·개인주의적 가치 조장	상호성 및 협조 장려
행위의 사회적, 경제적, 도덕적 맥락 무시	전체적 맥락이 관련
승·패의 결과를 가정	승·승의 결과 가능

*출처: Zehr, H. J.(2005). pp. 241–242

이상에서 살펴본 것처럼, 학자들에 따라 사회정의의 유형은 다양할 수 있다. 따라서 사회정의를 단편적인 관점에서 바라보기 보다는 다양하고 상호작용하는 관점으로 바라보는 것이 필요하다고 하겠다.

Ⅲ. 결론 및 논의

본문에서 사회정의의 역사적 배경, 개념, 그리고 유형에 관한 내용을 다루었다. 먼저, 사회정의의 역사적 배경에서는 사회정의가 오랜 역사를 가지고 있었고, 플라톤을 비롯하여 많은 사상가들에게 매력적인 주제가 되어 왔다는 점, 사회정의(social justice)라는 용어가 시칠리아 성직자인 다젤리오에 의해 1840년에 처음으로 사용되었고, 사회정의란 용어는 인간 의식에서 두 가지 변화(신은 죽었다는 의식, 계획경제에 관한 관념)와 맞물리면서 나타나게 된 것이라는 점 등을 밝혔다. 다음으로, 사회정의의 개념에서는 정의(justice)라는 개념에는 '올바름', '공평성', '공정성', '정당성' 등의 뜻이 내포되어 있다는 점, 우리는 누가 정의(justice)에 대한 정의(definition)를 내리는가를 고려해야 한다는 점, 사회정의의 고전적 개념으로서 플라톤과 아리스토텔레스의 사상을, 근대적 개념으로서 로크와 칸트의 사상을, 현대적 개념으로서 롤즈와 하버마스의 사상을 살펴보면서 '사회정의'의 의미는 그것에 대한 다양한 정의, 관점, 사회 이론에 따라 다양해질 수 있다는 점 등을 밝혔다. 그리고 사회정의의 유형에서는 분배적 정의, 인지적 정의, 정치적 정의, 절차적 정의, 환경적·생태적 정의, 그리고 응보적 정의와 회복적 정의에 관한 내용을 정리하였다.

특히, '사회정의'에 대한 정의를 검토해 볼 때, 사회정의라는 개념 속에 평등성, 약자에 대한 배려, 관용 등의 특성이 포함되고, 이러한 특성들이 반영될 때 정의롭다고 할 수 있음을 파악할 수 있었다. 하지만 현실적으로는 신자유주의 패러다임이 지배적이어서 사회 전반에 걸쳐 시장논리에 의거하여 판단하고 시행하려는 움직임이 강하고, 약자에 대한 적극적인 기회와 배려의 인식과 실천이 약하며, 승자독식의 사회로 나아가려는 문제를 안고 있다. 이와 관련하여, 밀러(Miller, 2001)는 시장논리에 입각한 세계화의 추세 속에서 평등의 가치와 가능성이 갈수록 희박해지는 현실을 비판하였다. 그러면서, 시장논리에 의해 강화된 불평등 문제를 진단하고 해결하는데 도움이 되는 사회정의의 세 가지 원리로서 욕구(needs), 미덕(deserts), 평등(equality)을 제시하였다. 즉 첫째, 사회정의는 소수가 아닌 모든 사람의 공통된 욕구가 충족될 수 있도록 이루어져야 하고, 현실적으로 사회는 다양한 계층의 사람들로 구성되므로 각자가 필요로 하는 욕구가 다를 수 있어서 문제가 될 수도 있지만 사회정의를 위해서는 필요한 과정이라는 점, 둘째, 사회정의는 개인의 노력을 위한 공정한 미덕이 제공될 수 있어야 하고, 성공에 필요한 조건의 기회를 평등하게 가질 수 있도록 하고 차별이 없도록 하는 것(즉, 평등 교육의 실현)이 요구된다는 점, 셋째, 사회정의는 모든 사람들이 법 앞에 평등할 수 있도록 이루어져야 하고, 국민으로서 평등하게 대우받을 수 있어야 한다는 점을 제시하였다.

결국, 사회정의는 사회 전반에 걸쳐 이루어져야 하는 것이고, 이를 위해서는 현실적으로 정치적 해결로 나아가는 것이 지름길일 수 있다. 그리고 정치적 해결은 사회구성원들의 인식과 실천의 힘에 의해 가능할 수도 있고 불가능할 수도 있는 문제이다. 따라서 우리가 살아가는 사회를 정의로운 사회로 만들기 위해서는 사회구성원들의 인식이 중요하다고 할 때, 클라크(Clark, 2006)가 제안한 정의로운 사회를 판단하는 다섯 가지 기준(개인들, 가족들, 그리고 사회공동체를 위한 존엄성과 자기결정이 지켜지는가? 모든 사람이 사회공동체에 참여할 수 있고 소속감을 가질 수 있는 충만한 삶의 연속성이 존재하는가? 나이, 인종, 성, 사회·경제적 지위 또는 잠재력을 계발하기 위한 능력에 상관없이 모든 사람들을 위한 진정한 기회가 주어지는가? 사회복지에 관계되는 자원에의 접근이 공정한가를 포함하여, 국가의 부와 자원이 공정하게 분배되는가? 사회공동체 내의 서로 다른 사람들의 정체성과 문화를 수용하는지, 그리고 문화적 다양성을 이해하고 존중하는가?)은 시사점을 제공해준다,

또한, 사회정의를 이해하고 실천하는 데 있어서 사회정의 문제를 정치적인 사안뿐만 교육적인 사안으로도 볼 필요가 있다. 왜냐하면, 인간은 사회적 동물이고, 교육이 필수적으로 중요하기 때문이다. 기워츠(Gewirtz, 2006)는 교육의 사회정의에 관한 주장을 분석하고 평가하는데 도움을 제공해줄 수 있는

방법으로 네 가지(정의의 다차원적인 본질을 고찰할 것, 정의의 서로 다른 차원들 간의 민감함을 고찰할 것, 정의의 실천에서 나타나는 중재적 본질을 인지할 것, 정의가 실현되는 맥락과 수준에서의 차이를 인지할 것)를 제안하기도 하였다. 하지만 제도적인 학교교육을 통해 학생들에게 사회정의를 가르친다고 할 때 여러 가지 면에서 이질적인 특성을 갖는 사회구성원들의 공감대와 합의를 이끌어내는 것은 어려운 일이다. 따라서 '사회정의를 위한 교육'은 어떻게 가능한가에 관해 알 필요가 있다(인문과학연구, 2013, 19, 193-219.).

2장

사회정의를 위한 교육

Ⅰ. 서론

우리는 사회적 약자가 더욱 힘들어지는 사회에 살고 있다. 적합한 자원, 주거시설, 학교 교육과정, 세상에 대해 사고할 수 있는 기회 등이 계층과 인종에 따라 불평등하게 분배된다. 더욱이, '무관용 원칙'(zero tolerance), '기준과 책무성'(standards & accountability), '사사화'(민영화 privatization)라는 이름 아래, 공교육을 해체시키려는 움직임이 만연해 있고 점차 그 세력이 강해지고 있다. 이러한 흐름에 대해 만약 우리가 비판적 의식을 개발하고 싶다면, 안토니오 그람시(Antonio Gramsci, 1971)가 "단순한 기록으로서가 아니라 우리 자신이 무한대의 흔적 속에서 지금까지의 역사적 과정의 산물로서 자신을 알아라."(p.73)라고 했듯이, 우리 자신을 아는 것으로 시작해야 한다(Wade, 2007). 인간은 사회적 동물이기 때문에 우리 자신을 알기 위해서는 사회적 조건과 인간의 삶이 밀접한 관련성이 있음을 이해할 수 있어야 하고, 또한 사회적 약자에 대한 배려와 비판적 의식의 필요성을 인정한다면 '사회정의'에 대해 가르치고 배우는 것이 요구된다. 즉 학교교육에서 사회정의에 관한 가르침이 요구된다.

사회정의를 위한 가르침은, 모든 인간은 자유와 정의에 관한 온당한 기준을 가져야 하고 그 어떤 위반(침해, 왜곡)에도 맞서야 하고 진실 규명시켜야 한다는 사상으로 시작된다. 사회정의를 위한 가르침의 도전은 불의(injustice)에 맞서고 사회적 약자를 위할 수 있는 역량을 기르는 것이다. 그리고 억압받고 있는 사람들의 자유를 위해 노력하는 것이다. 그리고 사회정의를 위한 가르침은 성취감보다 더욱 큰 가능성을 갖는 것이고, 그 가르침 속에는 민주주의(democracy), 실천주의(activism), 자각(self-awareness), 상상(imagination), 열린 공적 공간(opening public space), 그리고 참여(participating)라는 것이 항상 포함된다. 사회정의는 사회적 부와 권력의 공정한 분배뿐만 아니라 불합리하고 무례한 사회적 구조에 대한 깨달음과 개선에도 목표를 두는 것이다. 사회정의를 위해 노력하는 교사들은 모든 학생들이 세상의 현실을 이해할 수 있으며, 그것을 통해 깨달은 의식과 실천을 연계할 수 있다는 마음으로 가르치는 것이 중요하다(Wade, 2007).

사회정의는 정치적 차원에서 사회정의에 필요한 구조적인 틀을 결정하고 추구할 수도 있지만, 학교교육을 통해 학생들에게 사회정의에 대한 전반적인 내용을 가르쳐 사회구성원들이 사회정의에 대한 인식을 점진적으로 확산해 나갈 수 있도록 하는 것도 필요한 일이다. 이 같은 맥락에서, 헌트(Hunt, 1998)는 사회정의를 가르치는 것은 민주적 교육의 핵심이며, 사회정의를 가르치는 것은 민주적 가치들의 토대에서 벗어난 불공평성과 편견을 일깨워줄 뿐만 아니라 더 나은 세상을 만드는 데 영감을 불러일으켜준다고 강조하였다. 또한, 사회정의의 이슈가 학급 수업의 중심이 될 때, 학생들은 더 나은 세상을 만드는 데 필요한 실질적인 혜택을 받을 수 있고, 사회정의를 학생들에게 가르칠 때에는 사회정의의 학문적 기초를 알도록 해야 하며, 그러한 학문적 기초를 통해 민주적 사회를 어떻게 증진시킬 수 있는가를 실제로 알도록 해야 한다고 강조하였다. 그린(Greene, 1998)은 사회정의를 학생들에게 가르칠 때에는 학생들이 사회정의에 관한 생동감 있고, 반성적이며, 경험적 반응을 일깨우는 것이어야 함을 강조하였다. 라르손 등(Larson et al, 2003)은 사회정의를 위한 교육을 위해서는 구체적이고 실질적인 이론, 체제, 과정을 구성해야 함을 강조하였다. 그리고 펠드만 등(Feldman et al, 2007)은 사회정의를 위한 교육의 성패는 무엇을 가르칠 것인가와 어떻게 가르칠 것인가에 관한 명확한 이론적 틀을 갖추는 것에 달려 있다고 강조하였다.

이러한 강조를 고려할 때, 사회정의를 위한 교육을 학생들에게 가르친다고 할 때에는 사회정의를 위한 교육의 원리와 법칙은 어떠하고, 사회정의를 위한 교육 주제와 교육과정은 어떠할 수 있고, 사회정의를 위한 교사교육은 어떠할 수 있는가에 대한 고찰이 기본적으로 요구된다고 할 수 있다.

II. 본론

사회정의를 위한 교육의 가능성 고찰을 전개하기 위해, 사회정의를 위한 교육의 원리와 법칙, 사회정의를 위한 교육 주제와 교육과정 기법, 사회정의를 위한 교사교육을 중심으로 살펴보면 다음과 같다.

1. 사회정의를 위한 교육의 원리와 법칙

사회정의와 정반대가 되는 것은 불평등(inequality)이다. 따라서 정의가 실현되기 위해서는 평등(equality)이 실현되어야 하고, '법 앞에 평등'이라는 정의의 가치가 사회 전반에 반영되어야 한다. 즉, 법적인 평등뿐만 아니라 사회적, 정치적, 경제적 평등이 추구되어야 하고, '법 앞에 평등'이라는 개념과 원리는 인간의 상호작용과 관련된 모든 측면에서 적용되어야 한다. 또한, 사회정의는 공평성(impartial)과 공정성(fairness)도 반영되어야 한다. 즉, 평등의 원리는 공정성(equity)의 실천에 의해 강화되고 확장되어야 한다. 따라서 사회정의의 본질에 관한 세 가지 원리는 첫째, 평등성(모든 인간은 평등한 조건에서 사회의 혜택을 받기 위한 권리를 갖고, 공통된 존엄성과 동등한 존중감을 갖는 것에 대한 절대적이고 평등한 권리를 갖는다), 둘째, 공정성(모든 인간은 공정성과 필요에 근거하여 사회의 성과로부터 혜택을 받을 권리를 갖는다), 셋째, 사회정의(정의는 평등성과 공평성을 확보하기 위한 신중하고 분명한 개입을 필요로 한다)다. 이러한 세 가지 원리를 간단히 그림으로 나타내면 [그림 2-1]과 같다. 사회정의는 평등성의 원리가 주어진 사회적 상황에서 살아가는 모든 사람들의 실질적이고 구체적인 경험 속에 반영될 때에만 존재한다. 그리고 그러한 경험은 성과에 있어 공정성의 정도에 의해 측정되어야 한다. 평등성과 공정성의 요소가 더 많이 결합되면 될수록, 사회정의의 수준은 더 높아진다. 즉, 평등성과 공정성의 두 가지 원의 범주가 중첩될수록 사회정의를 위한 잠재력도 더욱 커진다(Chapman & West-Burnham, 2010).

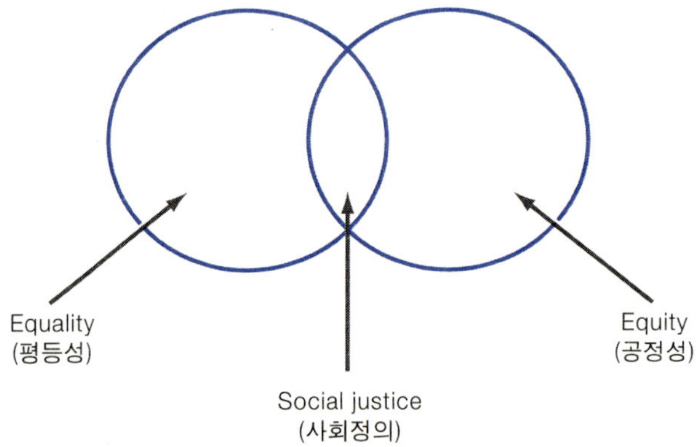

[그림 2-1] 평등성, 공정성, 사회정의
*출처: Chapman, L., & West-Burnham, J.(2010), p.27.

그리고 불(Bull, 2008)은 교육에 있어서 사회정의의 원리로 네 가지(자유, 민주주의, 기회의 평등, 경제적 성장)를 들었다. 여기에서 자유(liberty)는 학생들이 선(good)이라는 의미 있는 개념을 깨닫고, 그러한 개념을 추구하기 위한 합리적인 능력을 갖추며, 타인의 자유를 존중할 수 있는 가족과 공동체의 책임감 있는 구성원이 되도록 공교육이 이루어져야 한다는 것을 뜻하며, 민주주의(democracy)는 학생들이 공적인 의사결정 과정에 참여하려는 능력과 의지를 신장시키고, 타인의 정치적 운동을 존중하며, 자신과 공동체 모두를 위해 건설적인 헌신을 하도록 공교육이 이루어져야 한다는 것을 뜻한다. 또한, 기회의 평등(equality of opportunity)은 학생들이 선(good)의 개인적·단체적 개념을 바탕으로 성공에 요구되는 차별적 능력(differential ability)을 개발하는 데 평등한 기회를 갖도록 공교육이 이루어져야 한다는 것을 뜻하며, 경제적 성장(economic growth)은 학생들이 선(good)의 개인적·사회적 개념을 추구하는 데 있어 경제적으로 가치 있는 능력이 도움 역할을 할 수 있다는 것을 이해하도록 공교육이 이루어져야 한다는 것을 뜻한다. 이러한 사회정의 교육을 위한 원리를 교육과정 목표와 함께 나타내면 <표 2-1>와 같을 수 있다.

〈표 2-1〉 사회정의의 원리와 교육과정의 목표

교육에서 사회정의의 원리	교육과정의 목표
자유	학습자의 선의 개념 개발
민주주의	정치적 합의의 진화에 학습자들의 참여
평등한 기회	학습자의 비교적·사회적 이점 배양
경제적 성장	학습자들이 선의 개념을 추구할 때 경제의 역할 이해

*출처: Bull, B. L.(2008), p.135.

한편, 페팃(Pettit, 2006)은 사회정의를 위한 교육의 법칙으로서 다섯 가지를 다음과 같이 제시하였다.

첫째, 불의한 사태와 불행한 사태의 차이를 구분해야 한다. 많은 학생들과 시민들은 왜 불의(injustice)가 실제로 나타나는지를 잘 이해하지 못한다. 그래서 단순하게도 불의를 불행한 것으로 파악하는 경향이 강하고, 그것을 구분하는 것은 중요하지 않다고 생각한다. 하지만 불의와 불행을 구분하지 못하면, 사회적으로 불의가 존재한다는 것을 외면하려고 하게 되고, 그렇게 되면 정부와 시민들이 정의를 위해 중요한 일을 할 수 있다는 것을 망각하게 되기 때문에 불의한 사태와 불행한 사태의 차이를 구분하는 것은 매우 중요하다.

둘째, 인간에 대한 신뢰를 가져야 한다. 사회의 불의에 대해 뭔가 조치를 취하고 개선해야 하는 것은 결국 인간에 의해서 좌우된다. 임마뉴엘 칸트(Immanuel Kant)의 '당위는 가능을 함의한다.'(ought implies can)라는 명제에 따를 때, 불의를 방치하는 것은 불합리한 것일 뿐만 아니라 불의는 가장 먼저 없어져야 하는 대상이 된다. 따라서 불의에 대한 개선의 당위성에 의해서도 인간에 대한 신뢰를 바탕으로 하는 것이 필요하다.

셋째, 불의에 대해서도 교육적으로 강조해야 한다. 일반적으로 정의(justice)에 대해서만 강조하는 경향이 있다. 하지만 불의에 대한 것을 강조함으로써 정의에 관해 더욱 배울 수 있다. 즉, 불의에 대해 깊이 깨달음으로써 정의와 옳음을 파악할 수 있다.

넷째, 실질적인 정치적 담론에 관심을 가져야 한다. 현실적으로, 학생들이 사회정의에 대해 수년 간 장기적으로 배운다는 것은 어렵다. 또한, 정의를 구현하고 불의를 감소시킬 수 있는 정치적 과정에 대한 구체적인 아이디어를 만든다는 것도 어려운 실정이다. 하지만, 만약 우리가 '의사소통을 통한 실천' 또는 '이상적인 의사소통 사회'에 관한 담론을 이론화하고자 한다면, 그리고 그러한 이론을 정치적 이론의 맥락에 포함시키고자 한다면, 우리는 실질적인 정치에 있어서의 의사소통과 담론의 메커니즘에 대해 관심을 가져야 한다.

다섯째, 기회를 가지려고 해야 한다. 사회정의와 불의에 대한 논의를 정의를 추구하기 위한 또는 불의에 맞서기 위한 실질적인 기회와 접목시켜야 할 필요성이 있다. 만약 실생활에서 정의에 대한 아이디어를 사용할 수 없는 여건이라면, 아무리 정의에 대한 중요성을 학생들에게 강요하더라도 학생들은 정의에 대한 관심을 금방 잃어버리고 만다. 따라서 실생활에서 정의를 실현하기 위한 방법의 기회를 마련해주려고 노력해야 한다.

그리고 웨이드(Wade, 2007)는 사회정의를 위한 교육의 법칙을 다음과 같이 제시하였다.

첫째, 사회정의 교육은 학생중심이어야 한다. 모든 학생들을 존중하고 전인적인 인격체로 대하며, 너그러움과 공정성을 겸비해서 실천할 때 사회정의에 공헌하는 것이다. 또한, 어떤 과목이든 상관없이, 교육과정은 구체적인 주제뿐만 아니라 학생들의 경험, 관심, 필요성에도 초점을 맞추어야 한다(Christensen & Karp, 2003).

둘째, 사회정의 교육은 협동적이어야 한다. 학생들의 학습 기회를 증진시키는 것을 넘어서, 협동은 사회정의 교육에 중요한 요소이다. 예를 들어, 협동학습은 집단 간의 이질성을 이해하고 연대하는데 이바지할 수 있다(Nieto, 1999). 또한, 협동학습은 현실 속의 문제들을 해결하고, 갈등을 중재하며, 사회변화에 관해 논할 수 있는 기회를 제공해줄 수 있다.

셋째, 사회정의 교육은 경험적이어야 한다. 경험적 학습이 되기 위해서는 학생들이 직접 교육에 대한 기회를 많이 가짐으로써 책임감을 갖도록 하는 것이 필요하다.

넷째, 사회정의 교육은 지식적이어야 한다. 사회정의를 위한 교육은 학문적으로 철저해야 한다. 사회정의를 위한 가르침은 학생들이 비판적·창의적으로 사고할 수 있도록 하는데 필요한 지식을 배우는 기회를 포함해야 한다.

다섯째, 사회정의 교육은 비판적이어야 한다. 비판은 사회정의 교육에 있어서 핵심적인 부분이다. 교육과정, 학교, 그리고 사회의 불평등의 근원을 분석하는 것은 사회변화를 위한 노력의 중요한 단계가 된다.

여섯째, 사회정의 교육은 실천적이어야 한다. 학생들이 자신의 삶 속에서 사회정의를 위한 노력의 실질적인 기회를 가질 수 있을 때 사회정의를 위한 노력의 더 깊은 이해와 헌신을 다할 수 있다. 사회정의에 필요한 것을 실천함으로써 학생들은 사회정의를 위한 무기력한 위치에서 벗어나 가능성 있는 위치로 이동할 수 있다.

이상에서 살펴본, 사회정의 교육의 원리와 법칙에 대해 어떤 교사들은 사회정의 교육의 기회를 알아보려고 시도하는 것에 대해 두려움을 갖고, 학생들을 중립적으로만 가르치는 것이 최고라고 정당화한다. 하지만 진정한 중립성은 가능한 것인지, 중립적으로 가르친다는 관점이 과연 최선인지 하는 의문을 가질 필요도 있다. 이에 관해 페팃(Pettit, 2006)은 사회정의를 실천하기 위한 기회를 학생들에게 가르치고 노력하는 것이 정치적 스펙트럼에 놓여 있는 복잡한 현실에서 오히려 잘 살아가도록 도움을 제공해주는 것이라고 강조하였다. 사회정의를 위한 교육에 있어서 적극적인 참여를 강조하는 것은 두 가지 이유 때문에 매우 중요하다. 하나는 학습에 삶을 반영하고 개인적 경험에 근거할 때 적극적·구성적 과정으로 학습될 수 있기 때문이고, 다른 하나는 때때로 사회정의가 학생들의 삶과 거리가 멀거나 추상적일 수 있기 때문이다. 사회정의를 피부에 와 닿고 자신과 관련되는 것으로 만들기 위해서는 학생들이 학교에서 뿐만 아니라 지역사회에서도 타인들과 함께 적극적으로 참여하는 것이 필요하고, 불의에 관한 학습뿐만 아니라 더 나은 사회정의를 만들어내기 위한 공동 노력도 하는 것이 필요하다.

이런 측면에서 볼 때, 학생들에게 지배적인 규범에 대해 의문을 갖도록, 당연시 되는 가정과 가치를 재검토하도록, 그리고 사회문제와 관련되는 자신의 역할을 탐구해보도록 하는 것이 필요하다. 학생들은 광고, 만화, 문학, 법률, 외교정책, 직업구조, 그리고 학교에서의 삶 그 자체에 대한 비판을 통해 사회적 실재에 다양한 의문을 가져보는 기회를 가져야 한다(Christensen & Karp, 2003). 학생들이 다양한 정보를 접하게 되면, 누구의 입장이 배제되는지 누가 의사결정을 내리는지 그리고 변화를 가져오기 위한 최선의 방법은 무엇인지 등을 생각할 수 있다. 진정한 사회정의 교육은 "학생들이 의문을 갖고, 도전하며, 실제 의사결정을 하고, 문제를 다 같이 해결하도록 하는 민주적 역량을 개발시키도록" 요구하는 것이다(Bigelow et al., 1994, p.4). 민주적 사회를 만드는데 있어서 학생들이 형식적으로 참여하는 것이 아니라 진정으로 그리고 적극적으로 참여하기를 바란다면, 실생활(현실)을 효과적으로 비판하는 방법을 가르치는 것이 핵심이다. 또한, 학생들이 학급과 지역사회에서 사회정의를 위해 실천할 수 있는 기회를 갖도록 하는 것이 중요하고, 사회정의를 위해 정책이나 법을 변화시킬 수 있는 방법을 격려해주는 것이 중요하다. 그리고 그 과정에서 사회정의의 이슈들을 학생들이 분석하고, 브레인

스토밍하며, 어떤 실천이 최선의 방법인가를 선택할 수 있는 기회를 갖도록 해주는 것이 중요하다고 하겠다.

2. 사회정의를 위한 교육 주제와 교육과정 기법

사회정의와 관련되는 교육 주제들을 학생들에게 직접적으로 가르칠 때, 사회정의와 관련되는 대표적인 주제들은 세 가지(인권, 민주주의, 보존)로 분류할 수 있다(Wade, 2007).

첫째, 인권(human rights)은 인간이기 때문에 모든 인간이 누려야 하는 조건, 실제, 그리고 경험을 뜻한다. 인권에는 모든 인간에 관련되는 관용, 존중, 존엄성뿐만 아니라 물질적 지원도 포함된다. 인권에 관한 수업은 우리가 살아가는 사회(세상)의 불의를 가르치는데 초점을 맞출 수도 있다. 또한, 사회적 약자와 억압받는 사람들을 위해 정의를 행한 사람과 운동에 초점을 맞출 수도 있다. 불의에 관한 학습은 학생들에게 타인들을 위한 공감과 관심을 일깨울 수 있다. 그리고 정의를 위한 운동과 역사적 사건에 관한 학습은 학생들에게 사회변화의 희망과 방법을 고무시킬 수 있다. 인권의 불의에 관한 대표적인 예로는 노예제도, 식민주의, 미성년자 노동, 대공황, 비정규직 등이 포함될 수 있다. 정의에 관한 대표적인 운동의 예로는 시민 권리, 여성 권리, 아동 권리 운동 등이 포함될 수 있다. 이 외에도 학생들이 책에서 쉽게 접하는 왜곡된 사실에 관한 주제들(예를 들어, 스페인의 잉카 정복, 콜럼부스의 신대륙 발견과 관련한 숨겨진 사실, 전쟁과 관련한 범죄 등)도 포함될 수 있다. 또한, 신문이나 뉴스의 이슈들(예를 들어, 굶주림, 노숙자, 노동문제, 빈곤, 선입견, 실업, 동성애 혐오증 등)도 인권과 관련된 주제가 될 수 있다. 그리고 인권을 위해 사회정의 운동을 했던 위인들(예를 들어, 마틴 루터 킹, 테레사 수녀, 헬렌 켈러, 간디, 달라이 라마 등)을 모델링으로 가르치는 것도 하나의 방법이 된다.

둘째, 학생이 장차 한 사람의 시민으로서 사회를 개선하는데 효과적으로 참여하기 위해서는 기본적인 민주적 원리는 무엇인지, 민주적 정치는 어떻게 작동하는지, 민주적 과정을 활용하여 변화를 어떻게 이끌어낼 수 있는지 등을 배워야 한다. 이와 같은 사안들을 배울 수 있는 최상의 방법들 중 하나는 학급에서 살아있는 민주주의를 실천(연습)하는 것이다. 학급에서의 살아있는 민주주의 실천(연습)을 통해서만이, 학생들은 평등, 자유, 책임감, 그리고 공동체라는 민주적 이상을 이해하고 제대로 인식할 수 있다. 예를 들어, 학급 규칙 만들기, 교육과정 및 교육과정 이외의 활동에 대해 의논하고 결정하기, 학급활동을 평가하기, 학급토의 시간에 의견과 아이디어 공유하기 등을 통해 살아있는 민주주의 실천(연습)을 반영할 수 있다. 또한, 교육과정의 관련 교과에서 민주주의와 정부와 관련된 다양한 주제들(예를 들어, 국가, 중앙정부, 지방자치단체, 법률, 국회 등)의 내용을 포함시켜서 가르치는 것이 필요하고, 시민행동(civic action)을 위한 전통적 전략과 논란의 소지가 있는 전략 모두를 가르치는 것도 필요하다. 예를 들면, 투표, 로비, 보이콧, 파업, 그리고 시민불복종 등이 포함될 수 있다. 민주적 사회에서는 시민권(citizenship)이 중요함을 학생들에게 가르칠 필요가 있다. 칸 등(Kahne et al, 1996)은 효과적인 시민권을 구성하는 세 가지 유형의 시민(1. 선량한 혹은 복종하는 시민 2. 참여하는 시민 3. 정의로운 시민)이 있다고 주장하였다. 선량한 혹은 복종하는 시민(good or obedient citizens)은 세금을 내고, 법을 지키고, 타인의 권리를 침해하지 않는 시민을 뜻한다. 참여하는 시민(participatory citizens)은 투표하기, 공청회 참석하기, 공동체 봉사로 돕기 등을 통해 지역사회(공동체)에서 더욱 참여하는 시민을 뜻한다. 정의로운 시민(justice-oriented citizens)은 모든 사람이 사회에서 생산적이고 참여하는 시민이 되는 권리를 가질 수 있도록 변화를 추구하는 시민을 뜻한다. 이러한 세 가지 유형의 시민 행동이 기능적인 민주주의를 만드는데 중요한 역할을 하는 것은 맞다. 하지만, 사회적으로 공정한 사회를 만들기 위해서는 현상유지를 하려는 데서 벗어나려 하고, 현재의 지배적인 규범과 관행에 의문을 가지려 하며, 불의에 맞서 의미 있는 변화를 추구하려는 노력을 더해야 한다.

셋째, 우리가 살아가는 환경을 고려하지 않고서 사회정의를 획득할 수 없기 때문에, 지구 환경을 보존하는 것이 사회정의 교육의 세 번째 요소이다. 이러한 관점은 두 가지 주장으로 뒷받침된다. 하나는 동물과 식물은 우리의 삶에 중요한 부분이기 때문에 동물과 식물을 보살피고 존중할 필요가 있다는 주장이다. 다른 하나는 환경에 위기가 찾아오면 인간이 살아가는 사회에도 위기가 닥친다는 주장이다. 동·식물의 삶과 인간의 삶은 떼려야 뗄 수 없는 관계에 있기 때문에, 인간의 편의와 탐욕을 도모하고자 유독성 물질을 마구 생산하고 폐기하여 환경오염을 불러일으키는 것은 막아야 한다. 따라서 계층, 환경, 경제발전 간의 연계성을 분석하여 사회정의 주제로 학생들에게 가르치는 것이 필요하다(Furman & Gruenewald, 2004). 학생들에게는 정의와 불의 모두에 관해 가르칠 필요가 있다. 천연자원을 보존하기 위해 시민과 정부가 어떤 행위를 하였는가의 이야기를 통해서 뿐만 아니라 환경적 불의와 관련한 많은 예를 통해서도 학생들은 많은 것을 배울 수 있다. 또한, 다양한 환경과 지형의 독특한 특징은 무엇인지, 인간들이 그러한 환경을 어떻게 남용하거나 보호하는지, 공기·물·땅의 오염이 학교 및 지역사회의 재활용 프로그램을 통해 어떻게 변화될 수 있는지 등을 통해서도 학생들은 많은 것을 배울 수 있다.

하지만, 사회정의를 위한 교육과정은 인권, 민주주의, 보존이라는 주제를 넘어설 수 있다. 학생들이 세상의 현실을 이해하고 영향을 미칠 수 있는 기술을 가르치는 것이 요구된다. 이 같은 기술은 사회정의 구현에 도움을 주기 때문에 학생 개인뿐만 아니라 사회에도 공헌을 하는 것이 된다. 학생들은 세상의 현실에 관해 학습하고, 분석하고, 의문을 갖는 기술을 배워야 한다. 우선적으로, 학생들이 세상의 현실을 깨닫는데 도움이 되는 다양한 책을 많이 읽도록 하는 것이 필요하다. 웨이드(Wade, 2007)는 사회정의 교육을 위한 교육과정 기법을 두 가지(① 세상을 읽는 기술, ② 실천하는 기술)로 구분하였는데, 이 같은 구분을 중심으로 사회정의 교육을 위한 교육과정 기법을 고려해보면 다음과 같다.

① 세상을 읽는 기술(skills for reading the world)

학생들이 세상의 현실을 비판적으로 읽을 수 있도록 돕는 기술은 많다. 기본적으로는 읽기와 언어 기술(읽기, 쓰기, 듣기, 말하기, 그리고 기타 의사소통 기술)이 포함된다. 그리고 비판적 기술(비교하고 대조하기, 문제해결하기, 범주화하기, 의문 갖기, 분석하기, 예측하기, 강조하기, 연계하기, 공통 배경을 인지하기, 상관성을 발견하기, 상대방의 주장을 평가하기)도 포함된다. 세상을 읽는 기술의 또 다른 측면은 학생들에게 그동안 당연하게 받아들이고 있는 정보나 사실의 출처(근거)를 재평가해보도록 하는 것이다. 정보나 사실에 다양한 자원이 있다는 것을 학생들이 알도록 하는 것은, 하나의 토픽에 다양한 관점이 있을 수 있다는 것을 알도록 해줄 뿐만 아니라 정보의 다양한 자원을 비교·분석하여 편견(편향성)을 감지하고 정확성을 기할 수 있도록 해줄 수 있다. 또한, 학생들이 시사 문제, 1차 자료(primary sources), 과거 역사가들의 기록을 분석함으로써 학생들의 비판적 문해력을 개발할 수 있다. 그리고 '이 정보의 출처(근거)는 무엇(어디)인가?', '이슈 또는 문제에 관한 어떤 관점이 촉진되었는가?', '정보에 대한 다른 관점을 갖는 출처(근거)는 무엇(어디)인가?', '누구의 관점이 반영되고, 누구의 관점이 배제되었는가?' 같은 핵심 질문은 학생들에게 어떤 사안에 대해 분석하고 비판할 수 있도록 도움을 줄 수 있다. 학생들이 '진리'라고 무작정 받아들이기만 하는 존재가 아니라, 자신의 관점과 타인의 관점을 종합적으로 확인하여 근거 중심의 이해력을 개발시키는 존재가 되도록 하는 것이 가장 중요하다고 하겠다.

② 실천하는 기술(skills for activism)

사회정의 교육과정을 위한 두 번째 기술은 공동체 실천에 필요한 것이다. 여기에는 정보와 자료를 수집하는 기술(예를 들어, 면담하기, 노트 작성하기, 전문가 확인하기 및 컨설팅하기, 사회적 단서 및 보디랭귀지 파악하기, 전화로 통화하기, 이메일 및 인터넷 사용하기), 집된 정보를 조직하는 전략(예를 들어, 협력하기, 그룹으로 일하기, 그래프 만들기, 통계 분석하기, 출처 인용하기), 타인에게 정보를 전달하는 전략(예를 들어, 설득력 있는 편지 쓰기,

항의(이의) 제기하기, 연설하기, 토론하기, 발표하기, 웹사이트 만들기, 공익광고 만들기), 구체적인 실천 전략(예를 들어, 모금활동하기, 캠페인 조직하기, 탄원서 돌리기)이 유용하다고 하겠다.

3. 사회정의를 위한 교사교육

교사양성 기관(사범대학, 교육대학, 교직이수)에서 학생들에게 가르치는 교육과정을 살펴보면 거의 대부분이 전공교과에 관한 지식, 교육학에 관한 지식, 수업방법 등을 학습하는 것으로만 구성되어 있다. 교사가 되기 위한 과정에서 사회와 교육에 관한 문제점과 비판 그리고 대안을 탐색하는 교육과정은 거의 전무한 상태이고, 또한 교육과 사회정의의 관련성과 의의 그리고 실천방안 등을 가르치는 교육과정도 거의 전무한 상태이다. 교사의 인성과 역량 그리고 사회변화의 중요성에 대하여 사회적으로 많이 강조하면서도 정작 교사가 되기 위한 과정에서는 그러한 내용을 중점적으로 가르치지 않고 있는 실정이다. 사정이 이렇다보니, 사회와 교육의 문제와 개선에 관한 비판적 사고를 함양한 교사가 배출되는 것이 아니라 임용시험에 맞춤형으로 암기위주의 공부를 잘한 교사가 배출된다. 결과적으로, 참된 교육과 사회정의를 위한 교육을 하고 학생들을 가르쳐야 한다는 사명감이 투철한 교사가 부족하게 되고, 이기주의적 시대적 흐름과 함께 교직을 단순한 하나의 직업으로만 간주하는 교사가 늘어간다고 하겠다.

따라서 교사양성 기관에서 가르치는 교육과정에 참된 교육과 사회정의에 관한 내용을 심오하게 가르치는 교육과정이 포함될 필요가 있다. 그래서 참된 교육과 사회정의에 무감각하거나 이기주의적인 교사가 아니라 참된 교육발전과 사회개선을 위한 비판적이고 실천적 이성과 용기를 갖춘 교사들이 교단에 설 수 있도록 해야 한다. 하지만 교사양성 기관의 교육과정은 사회의 기득권층이 결정하고 좌우하는데, 이들은 현시대의 여러 가지 문제점을 지적하고 비판하며 대안을 모색하는 내용이 포함될 수밖에 없는 '참된 교육과 사회정의'에 관한 교육과정 개설에 불순한 사상을 가르친다는 이유로 반대할 것이다. 여기에 현실적 한계가 있다. 이 같은 현실을 고려할 때, 빌레가스 등(Villegas et al, 2002)이 제안한, 사회정의를 위한 교사교육의 핵심 요소들은 의미가 있다. 즉, 사회정의를 위한 교사교육은, 교사가 기존의 사회질서로 정해진 관점이 아닌 다양한 사회문화적 방식으로 현실을 인지할 수 있도록 가르쳐야 하고, 교사가 학생들의 다양한 배경을 이해할 수 있고 학습에 있어 학생들을 차별하는 것이 아닌 모든 학생들을 위할 수 있도록 가르쳐야 하며, 교사가 교육 변화의 중요한 주체가 될 수는 역량을 가지고 있고 또한 책임도 있음을 자각하도록 가르쳐야 한다. 그리고 교사가 학습자의 지식 구성에 대해 알고 학습자의 지식 구성을 증진시킬 수 있도록 가르쳐야 하고, 교사가 학생들의 삶에 대해 이해할 수 있도록 가르쳐야 하며, 교사가 학생들을 가르칠 때 기존에 해왔던 방식으로만 답습하는 것이 아니라 보다 나은 삶과 관련하여 새롭게 수업을 디자인할 수 있도록 가르쳐야 한다.

만약 사회정의가 교육의 목적으로서 추구되고 학생들이 공정한 사회를 추구하기 위해서는 무엇이 요구되는지를 비판적으로 이해하기를 바란다면, 학교 역시 그러한 목적을 성취하도록 하기 위해 정비되어야 한다. 그러기 위해서는 학생들이 사회정의의 가치를 좀 더 쉽게 파악할 수 있도록 가르침의 실제와 구조가 지원되는 방향으로 학교가 조직될 필요가 있다. 학생들이 공정한 사회의 철학적 가치와 실제에 대해 배울 수 있고 또 살아갈 수 있도록 해주는 것이 사회정의의 한 측면이다. 구체적으로, 학교 규칙, 학급 실제, 교수-학습 활동, 사람들 간의 관계, 사회적 상호작용, 행정 절차, 평가 방법, 성적 책임 여부, 그리고 학교의 공식적·비공식적 일상생활 등에 따라 학교가 학생들에게 사회정의를 깨닫도록 하는 기회와 경험을 풍부하게 제공하는지의 여부가 결정된다. 그리고 특히 중요한 것은 학생들이 학교에서 질적으로 평등한 교육을 받을 수 있도록 하는 학교에서 사회정의를 경험하도록 해주는 것임을 깨닫는 것이다(Clark, 2006).

학교교육을 통한 학생들의 사회정의에 대한 지식과 이해를 돕는 가장 좋은 방법은 교육과정을 통해서이다. 사회정의에 대한 교육과정을 통해서 학생들에게 사회정의의 본질, 공정한 사회, 사회 불평등의 원인, 사회 불평등 문제의 해결책, 사회정의를 성취하기 위한 방법, 그리고 개인과 사회를 위한 사회정의의 함의에 대한 비판적인 깨달음을 효율적으로 그리고 효과적으로 증진시킬 수 있다. 그러나 사회정의를 위한 내용을 교육과정으로 수록하는 것이 이데올로기의 가미로 어렵다는 현실적인 문제가 있다. 그렇다면, 만약 사회정의를 위한 내용을 교육과정으로 수록할 수 없다면, 수업 시간에 그러한 내용을 부가적으로 가르치면 된다는 차선책이 있다고 생각할 수 있다. 하지만 이것은 또한 현실적인 법률의 문제로 자칫 잘못 하면 교사가 불이익을 당할 수 있는 여지가 있다. 그래서 보다 현실적이면서도 정의를 위한 정치적 노력도 필요하다.

이런 측면에서 볼 때, 사회정의를 위한 교사교육은 소수 학생이 아닌 모든 학생들을 위한 학습 환경을 학교에서 적합하게 조성하려는 역할을 수행하고, 교육자가 모든 학생들을 위한 교육 환경을 사회적으로 더욱 공정하게 만드는 데 필요한 인식론적 지식, 구조, 가능성을 증진시키려는 최선의 노력을 다하는 것이다. 또한, 더 공평하고 공정한 사회와 교육체제를 위한 것이라는 신념으로 학생들에게 돌봄(care), 정의(justice), 비판(critique)을 강조하여 가르침으로써, 학생들이 현실의 문제점을 정확하게 진단하고 비판할 뿐만 아니라 정의로운 관점에서 해결책을 모색할 수 있는 능력을 길러주는 것이다(Dantley & Tillman, 2010). 이를 위해서는 펠드만 등(Feldman et al, 2007)이 사회정의를 위한 교사교육 프로그램으로 제안한 네 가지 즉, 반(反)편견 교육(anti-bias education: 사회적 변화를 위한 실천으로서 교육의 진보적·대중적 실행과 정체성 발달 이론에 근거한 사회정의의 발달적 접근), 비판적 교육학(critical pedagogy: 현재의 학교교육의 모순에 비판적인 의문을 가짐으로써 억압받는 자를 해방시키는 교육과 관련된 사회정의의 권한위임 접근), 다문화 교육(multicultural education: 사회의 모든 집단들을 포용하기 위한 지식의 파급과 확장적 생산에 근거한 사회정의의 지적인 접근), 백인학 연구(whiteness studies: 인종적 측면에서 백인들이 지배적인 구조를 형성하고 있다는 것을 이해시키는 데 근거한 사회정의의 탈중앙적/탈구조적 접근)가 도움될 수 있다. 그리고 미국 인디아나 대학교의 교사교육 프로그램(Cambron-McCabe,

2010)은 교육자가 학교에서 첫째, 다양성의 가치를 존중하는 민주적 학교공동체를 형성하는데 있어 나타나는 갈등과 긴장을 기꺼이 마주할 것, 둘째, 모든 학생들의 교육을 지원해줄 수 있는 공평한 재정 구조를 새로 만들고 증진시킬 것, 셋째, 사회정의의 방향을 설정하고 희망의 학교문화를 형성하는데 헌신할 것, 넷째, 모든 학생들에게 높은 기대 부여를 통한 지속적인 학교개선을 추구할 것, 다섯째, 모든 학생들의 학습을 지원해주는 조건을 증가시키기 위한 분배적 리더십을 발휘할 것을 기대한다. 이 같은 사항은 사회정의를 위한 교사교육에 시사점을 제공한다고 하겠다.

Ⅲ. 결론 및 논의

이 글에서는 사회정의를 위한 교육의 이론적 고찰을 세 가지(사회정의를 위한 교육의 원리와 법칙, 사회정의를 위한 교육 주제와 교육과정 기법, 사회정의를 위한 교사교육) 차원에서 전개하였다. 구체적으로, 사회정의를 위한 교육의 원리와 법칙에서는 자유, 민주주의, 기회의 평등, 경제적 성장이 강조되어야 하고 사회정의 교육이 학생중심적, 협동적, 경험적, 지식적, 비판적, 실천적이어야 함을 다루었고, 불의한(injustice) 사태와 불행한 사태의 차이를 구분해야 함을 다루었다. 사회정의를 위한 교육 주제에서 인권, 민주주의, 보존이라는 주제가 적합함을 다루었고, 사회정의를 위한 교육과정 기법에서는 세상을 읽는 기술과 실천하는 기술이 중요함을 다루었다. 그리고 사회정의를 위한 교사교육에서는 돌봄, 정의, 비판, 반편견 교육, 비판적 교육학, 다문화 교육 등을 강조할 필요가 있음을 다루었다. 본 저서에서 다룬 내용들은 사회정의를 위한 교육에 있어 정답이 될 수는 없지만, 사회정의를 위한 교육의 가능성을 제공한다는데 의의를 둘 수 있다.

우리는 사회정의가 실현되는 세상에서 살고 싶어 할 것이다. 하지만 사회정의의 구현을 위한 출발점을 어디에서 어떻게 시작해야 하는지에 대해서는 모호할 수 있다. 그 출발점으로서 학교교육을 들 수 있다. 학생들은 어려서부터 학교에서 많은 내용들을 학습하고 활동하며 배운다. 만약 어려서부터 학생들이 학교에서 사회정의에 관해 체계적으로 중요하게 배운다면, 사회정의가 무엇이고 사회정의를 위해서는 사회의 정치, 경제, 교육, 문화 등이 어떻게 변화할 필요가 있으며 사회의 한 구성원으로서 어떻게 사고하고 실천해야 하는지 등에 관해 알 수 있을 것이다. 학생들을 가르치는 대표적인 지성인인 교사는 사회의 계층, 인종, 성, 기타 영역에서 차별과 억압 그리고 불의에 대해 침묵하거나 외면해서는 안 된다. 교사는 학교교육 내외에서 보다 나은 사회를 만들기 위한 변화의 주체로서 임무와 책임을 다해야 한다. 승진이나 매월 받는 보수에 만족하거나 개인의 재산 증식과 자식의 성공에만 관심을 가져서는 지성인다운 교사라고 말할 수 없다. 학생들에게 무엇이 옳고 그르며 어떻게 살아야 하는 것인지를 부끄러움 없이 똑바로 가르칠 수 있기 위해서는 사회정의에 대해 관심을 갖고 실천하는 것이 선행되어야 한다. 그리고 사회변화는 나로부터 시작된다는 신념으로, 학생들에게 가르침을 통해 사회정의에 공헌하는 것이 필요하다.

그리고 사회정의를 위한 학교 내부의 요소로서 교육과정이 중요하다면, 학교 외부의 요소로서는 교육정책, 사회제도, 법률, 문화 등이 중요하다. 비록, 학교에서 교육과정을 통해 사회정의에 대한 여러 가지 본질적인 내용들을 가르친다고 할지라도, 학교 밖에서는 그러한 내용이 무색할 정도로 정의와 거리가 먼 현실이 존재한다면 학생들은 학교에서 배우는 사회정의에 대한 내용들은 어디까지나 비현실적인 이상에 지나지 않는다고 생각하기 쉬울 것이다. 따라서 예를 들면, 사회정의의 핵심 요소라 할 수 있는 평등성의 가치가 학교 밖에서 존중되고 실현될 수 있는 교육정책, 사회제도, 법률, 문화 등이 이루어질 수 있도록 하는 것이 중요하다고 하겠다(수산해양교육연구, 2014, 26, 474-484.).

2부

사회정의와 교사리더십

사회정의에 근접한 학교교육이 추구되기 위해서는 학교현장에서 학생들과 직접 상호작용하는 교사의 철학과 교육리더십이 매우 중요하다.

교사의 사회정의감에 영향을 미칠 수 있는 사상가와 교육리더십을 살펴볼 필요가 있다.

3장

안토니오 그람시(Antonio Gramsci) 사상과 교사리더십

Ⅰ. 서론

한국의 학교교육은 이런저런 이유로 학생들에게 비판적 의식을 가르치는 것을 등한시해왔다. 단편 지식 위주의 암기 교육과 테스트하는 것을 강조해 왔고, 학생들에게 비판적 의식을 가르치는 것을 소홀히 해왔다. 학교는 사회의 축소판이다. 학교에서 학생들에게 어떤 가르침을 강조하느냐에 따라 사회 구성원들의 인식이 점진적으로 변화될 수도 있다. 따라서 만약 사회가 더 나은 방향으로 발전하기를 바란다면, 지금의 사회가 어떤 문제가 있고 그 문제를 해결하기 위한 어떤 대안이 있으며 어떻게 실천할 수 있는가를 강조하는 가르침이 학교교육에서 이루어질 필요가 있다. 이 같은 관점에서, 그람시의 사상은 의미를 가질 수 있다. 왜냐하면, 그람시의 사상은 전통적으로 사회혁명이라는 급진적 사상으로 간주되었지만, 현대의 실정에 맞게 의미부여를 하면 학교교육에 시사점을 제공해 줄 수 있기 때문이다.

그런데 그람시의 사상을 교육적 맥락에서 적용하고 분석한 연구는 미진한 상태다. 그람시에 관해 수행된 대표적인 연구로는 '그람시적 시민사회론과 비판이론의 시민사회론: 한국적 수용을 위한 비판적 탐색'(김호기, 1993), '그람시와 그의 이론에 대한 현실적 고찰'(차명제, 1996), '마르크스의 정치경제학비판에 비추어 본 그람시의 이데올로기 비판'(주정립, 1999), '그람시와 "서발턴" 개념'(강옥초, 2002), '그람시 사회이론의 반결정론적 순간들'(신조영, 2002), '그람시의 시민사회론 재조명'(이성백, 2004), '유물론에 관한 그람시의 견해'(이순웅, 2007), '그람시의 유기적 지식인과 정당 기능의 재해석'(박선미, 2009), '그람시 역사적 블록 개념을 통해 본 한국지배계급 연구'(김종법, 2010), '그람시적 대항 헤게모니의 현재적 의미와 그 가능성'(성일권, 2010), '대안세계화 논의에서 네오그람시 이론의 기여와 한계'(이정구, 2010), '그람시와 리소르지멘토: 리소르지멘토는 실패한 혁명인가?'(장문석, 2010), '그람시의 시민교육론에 관한 연구'(안승대, 2011), '문화연구에 있어 그람시 수용의 문제에 관하여'(김재철, 2012) 등을 들 수 있을 정도이다. 이처럼, 그람시에 관한 많은 연구들이 정치학적, 사회학적, 인문학적 관점에서 분석되었다. 이 같은 연구들이 그람시의 사상을 이해하는 데 도움을 제공해주는 것은 맞지만, 그람시의 사상이 교육적 적용에 어떤 시사점과 한계를 갖는가에 초점을 둔 연구는 미진한 실정이다.

그리고 이 같은 실정은 한국뿐만 아니라 국외도 비슷한데, 이를 두고 모나스타(Monasta, 2002)는 "그람시에 관한 많은 연구들은 그람시의 사상을 학교와 교육에 대한 관점에서 분석하기보다는 그람시의 모든 메시지를 의미 있는 것으로 간주하여 분석하였다."(p.69)고 비판하였다. 또한, 킨첼로(Kincheloe, 2008)는 "그람시의 사상은 교육적으로 매우 중요한 의미를 갖지만 이에 관한 연구는 미진하다."고 강조하였다. 따라서 그람시의 사상을 교육적 차원에서 고찰해보는 것은 의미 있는 일이다.

II. 본론

1. 그람시의 생애와 사상

Antonio Gramsci

안토니오 그람시(Antonio Gramsci 1891-1937)는 이탈리아 사르데냐에서 미미한 공무원의 일곱 자식 중 넷째로 태어났다. 그람시는 항상 병약했으며, 척추가 휘는 포트병으로 인해 꼽추가 되었고, 다 자란 후에도 키가 150센티미터에도 미치지 못했다. 그람시의 아버지는 지역의 정치적 분규에 휘말려 횡령죄를 뒤집어쓰고 거의 5년을 복역하였고, 가족은 빈곤상태에 빠져 어린 시절 내내 가정형편이 어려웠다. 1911년에 소액의 장학금을 받고 급속히 팽창 중이던 이탈리아 자동차 산업의 심장부인 토리노의 대학에 들어갔다. 그람시는 20세기 이탈리아에서 가장 영향력 있는 지식인 중 한 명인 신헤겔주의 철학자 베네데토 크로체(Benedetto Croce)의 저서들을 읽었는데, 이것은 젊은 그람시에게 큰 영향을 미쳤고, 이후에는 마르크스의 사상에 심취하면서 영향을 받았다. 그람시의 학업은 언어와 문학 연구에 초점을 두었다. 그람시는 언어에 대한 관심을 포기하지는 않았지만, 정치에 좀 더 깊이 관여하게 되면서 학업에는 소홀해졌고, 1916년에 학위를 얻기 위한 형식적인 공부를 그만두고 정치에 전념했다(Crehan, 2002).

그람시는 20세기 초반 이탈리아에서 좌파 정치 활동가이자 노동 운동가로 활약하였다. 그람시는 이탈리아 국회의원에 당선되었음에도 불구하고, 이탈리아의 새로운 파시스트 정부에 의해 체포당하여 20년 징역형을 당하였으며, 징역형을 다 마치기 전인 1937년에 감옥에서 사망하였다. 그람시는 감옥에 있을 때, 나중에 「옥중수고」(prison notebooks)로 알려지게 되는 글을 쓰게 되는데, 내용은 주로 파시즘에 대항할 전략을 다루었다. 이 「옥중수고」는 1940년까지도 출판되지 못하였으며, 1950년 후반까지도 영어로 번역되지 못하였다. 따라서 그람시의 사상은 1960년대까지도 북미 지역에 잘 알려지지 못하였다. 21세기 미국 같은 산업화된 세계에서 나타나기도 하는 파시스트 운동의 출현을 볼 때, 그람시의 사상은 교육적으로 매우 중요한 의미를 갖는다(Kincheloe, 2008).

2. 그람시 사상의 주요 개념

그람시 사상의 주요 개념으로는 유기적 지식인, 진지전, 헤게모니 등을 들 수 있다. 이에 대해 간략히 살펴보면 다음과 같다.

1) 유기적 지식인

그람시가 보기에 종래의 통상적인 지식인 개념은 지나치게 협소한 개념이었다. 왜냐하면, 지적인 혹은 정신적인 활동이 특정한 범주의 직업 속에서만 이루어지는 것은 아니기 때문이다. 그람시에 의하면, 모든 인간은 누구나 지성을 소유하고 있으며, 일에서나 일 바깥에서나 어느 정도 지적인 활동을 수행하기 때문에 잠재적으로 지식인이다. 기계적으로 이루어지는 어떠한 육체노동에도 최소한의 기술적 자질, 즉 창조적이고 지적인 활동이 존재하기 때문에 정신과 무관한 순수히 육체적인 노동은 존재하지 않는다. 따라서 지식인과 비지식인을 구분하는 기준을 지적 활동의 내재적 특성에서만 찾았던 종래의 접근 방법은 잘못되었으며, 이런 기준으로써 특정한 직업 집단에서 지식인을 찾는 것은 부적절하다는 것이다(강수택, 2002). 그람시가 강조하는 지식인은 일하는 직업에 의해 정의되는 것이 아니라 사회 내에서 지식인이 하는 역할에 의해 정의되는 것이다(Monasta, 2002).

지식인은 보통 '뛰어난 지적 능력을 지녔거나 지녔다고 생각되는 지적인 존재'라고 정의된다. 하지만 그람시의 지식인에 대한 정의는 다르다. 지식인을 규정하는 것은 '뛰어난 지적 능력'이 아니라, 지식을 생산하고 그 지식을 다른 사람에게 전달할 사회적 책무다. 지식인의 기능은 무엇보다도 '지도적이고 조직적인, 곧 교육적이고 지적인 것'이다. 지식인은 단지 생각하는 사람이 아니라, 일정한 중량감과 권위를 갖춘 것으로 여겨지는 생각을 하는 사람이다. 그람시는 생각만 한다고 지식인이 되는 것은 아니라는 사실을 강조하였다. 또한, 그람시는 지식인에 대한 관습적인 정의를 확대하여, 다른 사람들에게 지식을 전달하고 세계를 바라보는 특정한 방식의 재생산을 보장할 책임을 지닌 사람들까지 포함시켰다(Crehan, 2002).

그리고 그람시는 "지식인들은 자율적이고 독립적인 사회집단인가, 아니면 모든 사회집단이 자신만의 전문화된 지식인 범주를 가지는가?"라는 질문을 하였고, 이에 답하기 위해 가장 중요한 두 가지 형태라고 판단되는 유기적 지식인(organic intellectuals)과 전통적 지식인(traditional intellectuals)을 구분할 것을 제안하였다. 그람시는 우발적이거나 이차적인 것이 아니라 근본적이고 구조적인 모든 관계를 가리키기 위해 '유기적'이란 용어를 사용한다는 점이 특히 중요하다. 유기적 지식인이란, 특수한 계층에 근본적·구조적으로 연결되는 사람들이다(Crehan, 2002: 188). 또한, 유기적 지식인은 헤게모니에 저항하며 시민들이 역사적 의식을 갖도록 도와주는 역할을 하는 지식인을 뜻한다. 반면에, 전통적 지식인은 현존하는 권력 관계(power relations)를 유지하는 데 기능하며, 현존하는 헤게모니 질서를 지지하는 가공된 정보(sanitized information)를 창출하고 전달하는 역할을 하는 지식인을 뜻한다(Kincheloe, 2008).

또한 지식인의 역할과 관련하여, 먼저 지식인과 대중의 관계에서 그람시는 지식인을 기본적으로 조직가 또는 지도자로 묘사하고 있다. 대중의 조직화 과정에서 지식인은 집단 정체성 및 집합 의식을 제공하는 역할을 수행한다. 그리고 대중에게 이들의 열정이 갖는 역사적 의미를 설명하고 정당성을 제공해준다. 그러나 그람시는 지식인에게 지도적·조직적·교육적 역할을 부여하면서도 다른 한편으로 영웅주의적·귀족주의적 지식인론을 거부하였다는 점을 간과해서는 안 된다. 그람시는 지식인 개념을 정의할 때 대중과의 유기적인 연관성을 특별히 강조하면서, 자신의 지식인 개념이 대중으로부터 분리된 지적 엘리트 개념과는 구별된다고 지적하였다. 지식인은 대중의 실제 생활에 능동적으로 참여함으로써 심정적 유대와 유기적 결속을 이루어야 한다는 점을 강조하였다. 또한, 전통적 지식인에 대한 유기적 지식인의 관계에서 그람시는 역사적으로 진보적인 계급의 지식인은 강력한 흡인력을 행사하여 결국 다른 사회 집단의 지식인을 흡수할 수 있다고 보았다(강수택, 2002).

그람시의 이 같은 '유기적 지식인'의 개념을 교육에 적용해본다면, 교사는 지식인이지만 단순히 교직을 직업으로서 학생들의 가르침을 수단적·수동적인 것으로 간주하고 현실에 안주하는 전통적 지식인이 되어서는 안 되며, 학생들의 가르침을 목적적·능동적인 것으로 간주하고 교육의 사회적·비판적 기능을 최대한 반영하려고 하는 유기적 지식인이 될 때 그 가치가 인정받는다. 그리고 유기적 지식인의 핵심이라 할 수 있는 깨어 있는 의식을 가지려 노력하고 교육의 참다운 기능을 통해 더 나은 사회가 되도록 교사로서의 헌신을 다하려는 자세와 관련된다.

2) 진지전

그람시가 기동전(war of movement)과 대비시켰던 진지전(war of position)의 정확한 의미는 오랫동안 논쟁거리였다. 하지만 기본적으로, 그람시는 정치적 투쟁의 상이한 국면을 규정하기 위해 군사적 은유를 사용하고 있다. 공개적이고 전면적인 형태의 공격이 적절한 시점도 있고, 그것이 불가능할 경우 투쟁은 참호전 같은 양상을 띤다(Crehan, 2002: 95). 기동전은 러시아 10월 혁명처럼 노동계급과 국가 사이의 전면적이고 빈번히 발생하는 격렬한 대치를 의미하고, 진지전은 통치정부의 권위가 크게는 시민사회에 대한 국가 개입과 사회적·문화적 수준에서의 집단적·민족적 조직의 결과로서 얻어진, 어느 정도의 민중 동의에 기반을 둔 근대적 선진 산업사회의 환경에 더욱 부합되는 복잡하고 장기화된 투쟁을 의미한다. 그람시는 민중혁명의 관념이 지속되는 한 진지전이 항상 기동전보다 우위에 있어야 한다고 하였다(Kearney, 1986).

그람시의 이 같은 '진지전'의 개념을 교육에 적용해본다면, 교사가 깨어 있는 의식으로 사회정의를 위한 교육과 실천을 행할 때 섣부르고 조급하며 급진적인 마음가짐과 행위로 해서는 안 되고, 합법적인 범주 내에서 점진적으로 인내심을 갖고 학생들과의 상호작용을 통한 사회정의의 안목을 가르쳐 주려고 해야 한다. 또한 뜻을 함께 할 주변 인물들에게도 천천히 준비해나가면서 적합한 방법과 내용을 겸비하여 사회정의의 참뜻을 일깨워주려고 실천해야 한다. 이 과정에서 반드시 숙지하고 겸비해야 하는 것은 그람시가 말한 '비관적 지성'(pessimism of the intellect)과 '낙관적 의지'(optimism of the will)이다. 비관적 지성은 비판적 지성과 맥락상 동의어로 사용이 가능하며, 그동안 배워왔고 전달받아 온 각종 정보나 지식을 포함하여 우리 사회에서 일어나는 거의 모든 일에 비판적 안목으로 의구심을 가져보고 냉철하게 분석해보려는 마음가짐을 뜻한다. 낙관적 의지는 비관적 지성으로 알게 된 과거와 현재 그리고 미래의 일들에 분노만 하거나 체념하려 해서는 안 되고 "가장 사적인 것이 가장 정치적이다"는 명제의 마음가짐으로 실천하고 노력하면 더 나은 교육과 사회를 만들 수 있다는 기대와 희망을 뜻한다.

3) 헤게모니

그람시가 사용한 '헤게모니'(hegemony) 개념은 그의 사상에서 가장 중요한 개념 가운데 하나로서, 물리적 강제력에만 의지하지 않고 구성원의 자발적인 동의를 통하여 이들에게 영향력을 행사하는 것을 의미한다. 헤게모니 개념의 중요성은 이것이 선진자본주의 사회에서의 계급 지배를 이해하는 데 있어서 문화적 요소의 고려가 필수적임을 잘 드러내는 데 있다. 그리고 그 결과, 그람시의 혁명 전략이라 할 수 있는 진지전의 전략이 필요함을 매우 적합하게 보여주는 개념이라는 데 있다(강수택, 2002: 86-87). 그람시가 말하는 헤게모니의 의미가 정확히 무엇인지에 대해서는 많은 논쟁이 있었지만, 권력관계와 그것이 구체적으로 경험되는 방식을 탐구하기 위해 사용된 개념이라는 데에는 별다른 이견이 없다. 권력의 실체는 하위주체의 문화와 의식에 대한 그람시 이론의 핵심이다. 그람시가 볼 때, 하위주체는 상대적으로 무력하기 때문에 자연히 그들의 의식도 빈곤하고 비체계적일 수밖에 없다 (Crehan, 2002).

한편, 리토위츠(Litowitz, 2000)는 그람시가 헤게모니의 개념을 개발시킨 것은 "지배"(domination)나 "통제"(command)를 뜻하는 물리적 힘에 의해서뿐만 아니라 "리더십"(leadership)이나 "지도"(direction)를 통한 합의적 순응에 의해서도 사회집단의 유지와 변화가 가능하다는 것을 설명하기 위해서라고 하였다. 실제로, 그람시(1971)는 '사회집단의 최상위층은 두 가지 방법으로 자신들을 명시하는데, 하나는 "지배"의 방법을 사용하는 것이고 다른 하나는 "지식인과 도덕적 리더십"의 방법을 사용하는 것'(pp.57-58)이라고 밝혔다. 따라서 그람시의 헤게모니 개념을 현대적 맥락에서는 '리더십'으로도 파악할 수 있다는 것이 중요하다.

이상에서 살펴본 그람시 사상의 주요 개념을 바탕으로, <표 3-1>과 같은 도식을 전개할 수 있다. 즉, 그람시의 사상은 유기적 지식인이 비관적 지성과 낙관적 의지의 마음을 갖고 진지전의 방법을 사용하여 더 나은 사회로의 변화를 위한 헤게모니를 갖도록 추진하는 것이 중심이라고 말할 수 있다. 이 같은 사상을 학교교육에 적용한다고 할 때, 유기적 지식인은 깨어 있는 교사와 관련되고, 진지전은 교육과 연대와 관련되며, 헤게모니는 리더십과 관련된다고 할 수 있다. 즉 교사가 깨어 있는 의식을 갖고 학생들의 가르침과 사회적 연대라는 점진적인 변화의 방법을 실천하여 변화의 리더십을 궁극적으로 달성해나가는 것과 관련된다.

〈표 3-1〉 그람시의 주요 사상과 교육적 적용

	변화의 주체	변화의 방법	변화의 실현
그람시의 개념	유기적 지식인	진지전	헤게모니
교육적 적용	깨어 있는 교사	교육과 연대	리더십

3. 그람시 사상의 교육적 적용의 시사점

앞에서 살펴보았지만, 그람시의 사상은 사회적 억압과 사회구조적 모순의 문제점을 비판하고, 그러한 문제를 해결하기 위해서는 지식인들의 깨어 있는 이성과 실천의 중요성을 강조한 것이 핵심이라고 할 수 있다. 결국, 그람시의 사상을 교육적으로 적용해본다고 할 때 교육을 통해 불평등, 억압, 차별의 문제가 해결되도록 강조하는 것이라 할 수 있다.

1) 깨어 있는 교사

그람시의 '유기적 지식인'이라는 개념을 교육적 차원에 적용해보면 '깨어 있는 교사'의 맥락을 갖는다. 즉 교사가 단순히 직업으로서의 교직에 몸담고 교과서의 정해진 내용만을 그대로 전달하는 것에 만족하고 안주하는 것이 아니라, 더욱 건전한 정의(justice)가 구현되는 교육과 사회를 만들어 나가기 위해 자신부터 무엇을 어떻게 할 수 있는가를 고민하고 반성하며 깨닫는 교사를 고려할 수 있다.

이와 관련해서 덴틀리 등(Dantley et al, 2010)의 제안을 고려할 때, 교사는 개인의 행복과 쾌락만을 추구하거나 사회적 무관심으로 안주해서는 안 되며, 교육적·사회적 불평등을 발생시키고 재생산시키는 쟁점들을 연구하고 해결하기 위해 노력하려는 마음가짐을 진정성 있게 갖는 것이 필요하다. 또한, 교사는 학교교육에서 돌봄(care), 정의(justice), 그리고 비판(critique)을 제시하고 충족될 수 있도록 이끌려 하는 의식을 가질 수 있어야 하며, 사회에서 소외된 집단들에 속하는 학생들에게 진지하고도 특별한 관심을 보이려는 마음과 실천을 수행할 필요가 있다(Starratt, 1994). 즉, 그람시의 사상을 학교교육에 적용할 때에는 깨어 있는 교사의 존재가 필수적임을 알 수 있다. 왜냐하면, 그람시 사상에서 강조하는 변화의 주체는 현실에 안주하지 않고 비판적 안목으로 의문을 가지며 반성하고 참여와 실천하려는 지식인이어야 하기 때문이다.

이 같은 맥락에서, 리즌 등(Reason et al, 2005)의 제안을 고려할 때 교사가 교육 및 사회에서 권력, 특권, 억압, 그리고 그런 것들에 대한 저항을 학생들에게 가르치기 위해서는 교사 자신의 전체 삶에서 하루하루 어떻게 살아가야 하는가를 먼저 이해하는 것이 선행되어야 한다. 또한, 교사 자신을 비판적으로 자각하도록 도움을 제공해줄 수 있는 방법들로서, 첫째, 사회정의에 관한 쟁점을 계속 공부하고 사회정의에 관한 책을 꾸준히 읽으며, 권력, 특권, 그리고 억압과 같은 주제에 높은 지적 안목을 갖고 이해하고, 둘째, 자신의 일상생활 속에서 권력, 특권, 그리고 억압이 어떻게 발생하고 있는지 비판적으로 점검하고, 그러한 세 가지 이슈를 실생활 속에서 구체적으로 이해하며, 셋째, 불평등을 강화하는 사회구조의 현실적인 삶을 인지할 때까지 시간적으로 조급해하지 말고 여유를 가지며 사회의 부조화를 파악하고, 넷째, 사회정의 연대의 정체성을 함양하고 사회정의에 대해 고민하고 실천하는데 어려움에 직면할 수도 있음을 인지하고, 다섯째, 사회정의를 위해 노력하려는 자신의 동기와 목적, 신념과 가치는 무엇인지를 분명히 하고, 여섯째, 사회정의를 위해 노력함으로써 얻게 되는 교육적·사회적 보람을 인지하는 것이 필요함을 알 수 있다.

그리고 쿠마시로(Kumashiro, 2000)의 제안을 고려할 때, 교사는 다른 처지에 있는 학생들의 경험을 향상시키는데 초점을 두는 '다른 처지에 있는 사람의 교육'(education of the other), 특권계층과 소외계층을 포함한 모두에게 다른 처지에 있는 사람에 관해 알리는데 초점을 두는 '다른 처지에 있는 사람에 관한 교육'(education about the other), 특정한 집단의 정체성이 어떻게 다르게 분류되고 어떤 집단의 정체성이 선호 받게 되는가를 조사하는데 초점을 두는 '특권과 차별에 비판적 교육'(education that is critical of privileging and othering), 사람들이 생각하고 느끼고 상호작용하는 구조 내에서 사회적 억압이 어떻게 시작되는가에 초점을 두는 '학생과 사회를 변화시키는 교육'(education that changes students and society)의 교육적 및 사회적 가치와 의미를 깨닫는 것이 중요하다는 시사점을 얻을 수 있다.

2) 교육과 연대

그람시의 '진지전'이라는 개념을 교육적 차원에 적용해보면 '연대와 합법적·교육적 방법'의 맥락을 갖는다. 즉 교사가 급진적인 방식의 접근이 아니라 자신이 위치한 곳에서 합법적이고 온건한 방식으로 학생들에게 사회정의에 관한 생각을 할 수 있도록 가르치며, 또한 뜻을 함께 하는 주변의 사람들과 점진적으로 연대해나가는 것을 고려할 수 있다.

먼저, 학생들에게 사회정의와 관련되는 교육 주제들을 학생들에게 가르친다고 할 때, 사회정의와 관련되는 대표적인 주제들은 세 가지(인권, 민주주의, 보존)로 분류하고 가르칠 수 있다. 하지만, 사회정의를 위한 가르침은 인권, 민주주의, 보존이라는 주제를 넘어설 수 있다. 학생들이 세상의 현실을 이해하고 영향을 미칠 수 있는 기술을 가르치는 것도 요구된다. 학생들은 세상의 현실에 관해 학습하고, 분석하고, 의문을 갖는 기술을 배워야 한다. 이를 위해 사회정의 가르침을 위한 기법 두 가지로서, 세상을 읽는 기술(skills for reading the world)과 실천하는 기술(skills for activism)을 가르칠 수 있어야 한다(Wade, 2007).

다음으로, 연대와 관련해서는 리즌 등(Reason et al, 2005)이 제안하였던, 사회정의 연대의 어려움을 극복하고 효과적인 사회성의 연대가 되도록 도움을 제공해주는 단계와 지침들이 의미를 갖는다. 즉, 교사는 사회정의에 관한 쟁점들을 구체적으로 구성하는 것도 중요하지만 사회정의의 관점이 학교풍토에 만연하도록 노력하고, 학교와 지역 그리고 전국에서 부당하게 대우받는 사회집단들을 확인하며, 왜 그러한 대우가 부당한지 그리고 어떻게 변화되어야 하는가를 널리 알리도록 한다. 또한 그 연장선상에서 불의한 정책, 실제, 법에 해당하는 것에는 어떤 것이 있고 어떻게 변화되어야 하는지도 널리 알리도록 한다. 그리고 제도적 변화가 느리게 진행되더라도 포기하는 것이 아니라 인내심을 갖도록 한다. 사회정의에 부합하는 제도를 만드는데 많은 학생들과 지성인들이 동참한다면 상당한 힘을 발휘할 수 있다는 점을 알리도록 하는 것이 필요함을 알 수 있다.

또한 교사가 사회정의 연대를 위해서는 사회정의에 대한 태도와 실천이 필요하다. 사회정의의 태도는 현재의 상태에서 사회정의의 목표를 달성하려는 판단과 신념을 뜻한다. 그리고 사회정의의 실천은 사회정의의 태도를 행동으로 옮기는 것을 뜻한다. 사회정의 연대가 형성되고 발전하기 위해서는 이러한 사회정의에 대한 태도가 기본적으로 갖추어져야 하고 그것을 실천으로 옮기는 용기와 집중하는 것이 요구된다(Bishop, 2002). 동시에 Bishop(2002)이 제안한 여섯 단계의 사회정의 연대를 고려하면, 교사는 ①억압이 어떻게 시작되었고, 어떻게 유지되며, 어떤 패턴으로 개인과 제도로 반복되는가를 이해하고 ②여러 가지 억압들 간의 상호작용을 이해하며 ③고통을 치유하고 ④억압이 어디에서 사람들에게 가해지고 있는지를 파악하고 변화를 위한 실천을 행하며 ⑤억압자로서 우리들 각자의 역할을 반성과 함께 고찰해보고 사회정의 연대를 결성하기 위한 새로운 기술을 학습하며 ⑥사회정의를 위한 노력을 계속하면서 사회정의의 희망과 이상을 유지하는 것이 중요하다는 시사점을 얻을 수 있다.

3) 리더십

그람시의 '헤게모니'라는 개념을 교육적 차원에 적용해보면 '리더십'의 맥락을 갖는다. 즉 교사가 사회정의에 관한 리더십을 체계적·안정적으로 구현해 나가는 것을 고려할 수 있다. 이와 관련해서 라르손 등(Larson et al, 2003)이 제안한 사회정의를 위한 리더십의 세 가지 조건을 교육에 적용해보면, 교사는 성과와 결과 위주에 초점을 두는 기존의 리더십 논리에서 벗어나야 하고, 사회정의를 구현하는데 실질적으로 도움이 되는 리더십을 대안적으로 제시할 수 있어야 하며, 사회정의를 위한 구체적이고 실질적인 이론, 체제, 과정을 구성할 수 있어야 함을 알 수 있다.

또한 사회정의를 위한 학교교육을 하고 리더십을 발휘한다고 할 때, 반드시 준수되어야 하는 것이 다양성(diversity)과 포용성(inclusiveness)이다(Riehl, 2000). 따라서 교사가 진정으로 사회정의를 위해 학생과의 상호작용을 한다면, 학생들을 성적이나 기타의 기준으로 학생들을 구분하여 수업이나 활동에서 차등하는 것이 아니라 학생들을 다함께 포용하여 교육하고 활동하도록 이끌어야 한다. 또한, 학생들에게 다양성의 의미를 진정으로 알려주려고 해야 하고, 사회적·경제적·정치적으로 포용되지 못하고 배타적 대우를 받는 현실적 사안들을 학생들에게 가르쳐 깨우치도록 하며, 학교 및 학급 내에서 학생들이 협동하여 다함께 하는 활동을 권장해야 하며, 모든 교육활동에서도 편애와 차별 없이 참여와 존중을 바탕으로 한 민주주의의 공동체 가치가 충만한 학교 및 학급 풍토를 만들어가야 함을 알 수 있다.

그리고 멕켄지 등(McKenzie et al, 2008)이 제시한 교육적 상황에서의 세 가지 사회정의의 목적을 고려할 때, 교사는 학교에서 소수가 아닌 모든 학생들의 학업성취도를 향상시키려 관심을 가져야 하고, 학생들이 사회에서 비판적인 시민으로 살아갈 수 있도록 준비시켜야 하며, 학급에서 학생들을 집단편성 할 때, 동질집단편성이 아니라 이질집단 편성함으로써 서로 배울 수 있도록 해주어야 한다는 점을 알 수 있다. 마찬가지로, 덴틀리 등(Dantley et al, 2010)이 제안하였던 사회정의를 위한 교육적 리더십을 고려할 때, 교사는 학교의 사회적·문화적·정치적 맥락에 대한 폭넓은 자각을 할 수 있어야 하고, 학생들을 구별하고 차등하는 학교 운영에 대한 비판을 할 수 있어야 하며, 학교에서 진정한 민주적 원리가 더 실행되도록 헌신해야 하고, 교육에 관한 헤게모니가 반영되지 않도록 하려는 도덕적 의무를 다해야 하며, 사회정의를 말이 아닌 행동으로 시민 권리를 추구하려는 용기와 결정을 내릴 수 있어야 함을 알 수 있다.

결국 사회정의를 위한 리더십은 소수 학생이 아닌 모든 학생들을 위한 학습 환경을 학교에서 적합하게 조성하려는 역할을 수행하는 것이다. 그리고 사회정의를 위한 리더십은 교육자가 모든 학생들을 위한 교육 환경을 사회적으로 더욱 공정하게 만드는데 필요한 인식론적 지식, 구조, 가능성을 증진시키려는 최선의 노력을 다하는 것이다. 또한, 사회정의를 위한 리더십은 더 공평하고 공정한 사회와 교육체제를 위한 것이라는 신념으로 학생들에게 돌봄(care), 정의(justice), 비판(critique)을 강조하여 가르침으로써, 학생들이 현실의 문제점을 정확하게 진단하고 비판할 뿐만 아니라 정의로운 관점에서 해결책을 모색할 수 있는 능력을 길러주는 것이다(Dantley & Tillman, 2010). 또한, 사회정의를 위한 리더십이란 사회에서 소외된 집단에 속하는 사람들이 자신들의 상황을 전환시키는데 필요한 사회적·경제적·정치적 메커니즘에 접근하기 용이하도록 사회적 변화를 추진하는 것이다. 그리고 교육적 및 사회적 불평등과 불공정을 개선하기 위해 노력하는 것(Evans, 2007)이라는 시사점을 얻을 수 있다.

4. 그람시 사상의 교육적 적용의 한계

그람시 사상을 교육에 적용해본다고 할 때, 가장 대표적인 시사점은 사회정의를 강조하고 가르치는 것이 의미 있다는 점이다. 그리고 중요한 것은 교사마다의 깨어 있는 의식과 실천이다. 깨어 있는 의식을 바탕으로 실천을 하기 위해서는 교사의 수업 및 가르침에 있어서 자율성이 보장되어야 수월하게 가능해진다. 하지만 이 과정에서 한국의 교육 현실을 감안할 때 부딪히는 갈등과 한계도 존재한다. 가장 뚜렷한 한계는 법적인 측면에서 나타난다. 왜냐하면, 교사는 교육공무원이자 국가공무원으로서 관련 법령을 준수해야 하기 때문이다.

먼저 「헌법」 제31조 제4항에는 "*교육의 자주성·전문성·정치적 중립성 및 대학의 자율성은 법률이 정하는 바에 의하여 보장된다.*"고 명시되어 있다. 이 조항은 대학교육은 자율성이 보장되지만, 초·중등교육은 자율성이 보장되지 못하며 특히 '정치적 중립성'이라는 추상적이고 모호한 명목으로 교사의 자율성을 구속하는 명분으로 작용한다. 실제로 이명박 정부 때 교사들의 시국선언에 대해 일부 법원에서는 교사가 정치적 중립성을 준수하지 않았다는 명목으로 실형을 선고하기도 하였다. 그리고 「초·중등교육법」 제29조에는 "*학교에서는 국가가 저작권을 가지고 있거나 교육부장관이 검정하거나 인정한 교과용 도서를 사용하여야 한다. 교과용 도서의 범위·저작·검정·인정·발행·공급·선정 및 가격 사정 등에 필요한 사항은 대통령령으로 정한다.*"고 명시되어 있다. 이 조항은 교사가 학생들을 가르치는 내용과 범주에 있어 교과서의 틀을 벗어나거나 넘어서서는 안 된다는 명분으로 작용한다.

실제로 이 같은 법 조항들을 바탕으로 내려지는 헌법재판소와 교원소청심사위원회의 판결들을 통해 교사의 학생 가르침의 자유에 한계가 있음을 파악할 수 있다. 먼저, 헌법재판소의 판결을 살펴보면 1989년 당시 서울 휘경여자중학교의 국어 교사로 재직하던 청구인은 국정교과서인 국어교과서의 저작·출판이 원천적으로 불가능함을 알고 이것이 헌법상의 기본권을 침해하고 있어 위헌이라고 주장하면서 헌법소원심판을 청구하였다(89헌마88). 이에 헌법재판소는 다음과 같은 이유로 "기각" 결정을 내렸다(헌재1992.11.12).

> 보통교육의 과정에 있는 학생은 사물의 시비, 선악을 합리적으로 분별할 능력이 미숙하기 때문에 가치 편향적이거나 왜곡된 학문적 논리에 대하여 스스로 이를 비판하여 선별 수용할 것을 기대하기 어려우며, 따라서 공교육 책임을 지고 있는 국가가 어떤 형태로 이에 간여하는 것은 불가피한 것이라 할 수 있는 것이다. (중략) 물론 수업의 자유는 두텁게 보호되어야 합당하겠지만 그것은 대학에서의 교수의 자유와 완전히 동일할 수는 없을 것이며 대학에서는 교수의 자유가 더욱 보장되어야 하는 반면, 초·중·고교에서의 수업의 자유는 제약이 있을 수 있다고 봐야 할 것이다. (중략) 교사의 수업권을 내세워 수학권을 침해할 수는 없으며 국민의 수학권의 보장을 위하여 교사의 수업권은 일정범위 내에서 제약을 받을 수밖에 없는 것이다. 만일 보통교육의 단계에서 개개인의 교사에 따라 어떠한 서적이든지 교과서로 선정될 수 있고 또 어떤 내용의 교육이라도 실시될 수 있다면 교육의 기회균등을 위한 전국적인 일정수준의 교육의 유지는 불가능하게 될 것이며 그 결과, (중략) 크나 큰 갈등과 혼란이 야기될 수 있는 것이다.

헌법재판소의 이 같은 결정을 통해, 교사의 수업권보다 학생의 수학권을 더 우선시 하고, 대학에서의 가르침의 자유는 인정할 수 있되 초·중등교육에서의 가르침의 자유는 인정할 수 없으며, 초·중등교육 단계의 학생들은 사리분별 능력이 미숙하기 때문에 자칫 교사의 자유로운 가르침이 사회의 갈등과 혼란을 불러일으킬까 우려한다는 점을 알 수 있다.

다음으로, 교원소청심사위원회의 판결을 살펴보면 1991년 당시 중학교 교사로 재직 중이던 청구인은 편향된 의식화 교육을 하였다는 등의 사유로 정직 3월의 징계처분을 받았는데, 징계처분이 객관적인 판단에 근거하지 않은 채 내려진 것이므로 부당하다고 주장하면서 교원소청심사위원회에 취소를 요구하는 재심을 청구하였다(사건91-79). 이에 교원소청심사위원회는 다음과 같은 결정을 내렸다.

> 청구인은 사회교과 시간에 1학년 사회교과서 70쪽 9-11행의 "북부지방에 공산집단이 들어선 이후로는 모든 활동이 통제되고 군수산업 위주의 생산 활동에 치중하여 주민생활이 어려워졌으며 민족의 이질화가 심해지고 있다"는 부분을 삭제·지도하였다. (중략) 지도하는 교사로서는 확인되지 아니한 사실을 다룸으로써 학생들에게 인식의 혼란이 오는 일이 없도록 유의해야 한다. 그럼에도 청구인이 임의로 교과서를 수정하여 지도한 것은 교과용도서의 수정에 관한 권한이 교육부장관에게 있음을 규정한 「교과용 도서에 관한 규정」 제26조에 위반된 것으로 결국 청구인의 행위는 「국가공무원법」 제56조의 법령 준수 의무에 위배된다고 할 것이다.

교원소청심사위원회의 이 같은 결정을 통해, 교사가 교과서의 범주를 벗어나거나 넘어선 내용을 학생들에게 가르쳐서는 신분상의 불이익(징계)을 받을 수 있음을 알 수 있다. 특히 정치적으로 민감한 사안에 해당되는 내용일수록 더욱 그 가능성이 크다는 것도 알 수 있다.

손희권(2007)은 교원의 교육권의 법리를 헌법재판소, 교육법학자, 헌법학자 등의 견해를 중심으로 고찰한 후, 다음과 같은 결론을 내렸다. 즉 교육의 개념에 비추어 볼 때, 교원의 교육권의 내용으로 교육내용, 교육방법 그리고 학생 평가·징계·지도권이 포함될 수 있고, 교원의 교육권의 성격에 관하여 권한, 권리, 기본권 등 다양한 견해가 제시되고 있으나 권리주체의 법리 및 임무의 개념에 비추어볼 때 권한으로 간주하는 것이 적절하며, 교원의 교육권의 근거 및 성격과 교육의 자주성·전문성의 개념을 고려할 때 헌법적 한계 및 제한 중 기본권 제한요건, 표현의 자유의 제한 요건, 학문의 자유의 한계, 교육의 자주성·전문성은 교원의 교육권의 헌법적 한계 및 제한으로서 부적절하다고 보았다.

Ⅲ. 결론

본문에서 고찰해보았듯이, 안토니오 그람시의 사상은 동시에, 교육개혁에 있어 교사들의 깨어 있는 의식의 힘으로 '위에서 아래'로 아닌, '아래에서 옆으로'의 점진적인 전개의 중요성을 시사한다. 그람시의 '유기적 지인'의 개념은 교육에 있어 '깨어 있는 교사'를 시사하고, '진지전'의 개념은 교육에 있어 '교육 및 연대'를 시사하며, '헤게모니'의 개념은 교육에 있어 '리더십'을 시사한다는 점은 의미가 크다. 특히 한국의 교육 및 사회가 원론적으로는 창의성, 다양성, 개혁성 같은 가치들을 고무시키는 것처럼 하면서도 실질적으로는 비판적 사고를 위험한 사고로 치부하는 한국교육의 현실 속에서는 교육에 적용한 그람시의 사상이 더욱 강하게 시사점이 있다. 왜냐하면, 창의성, 다양성, 개혁성 같은 가치들은 비판적 사고를 바탕으로 할 때 진정한 실현이 가능하기 때문이다. 깨어 있는 의식과 연대의 힘으로 자신의 위치에서 점진적인 개혁을 강조하는 그람시의 사상은 '가장 사적인 것이 가장 정치적인 것이다'는 유명한 명제와 맥락이 통한다고 볼 수 있다.

다만, 그람시의 사상을 교육적으로 적용한다고 할 때, 유기적 지식인으로서 교사의 깨어 있는 의식으로 필요하다면 교과서 내용을 벗어나거나 넘어서는 가르침도 필요할 수 있다. 하지만 이 같은 실행이 자칫 「헌법」 제31조 제4항에서 명시한 교육의 '정치적 중립성'을 위배했다거나 「초·중등교육법」 제29조에서 명시한 '학교에서는 국가가 저작권을 가지고 있거나 교육부장관이 검정하거나 인정한 교과용 도서를 사용하여야 한다.'는 조건을 위배했다고 판결 받을 수 있기에 현실적으로는 한계에 부딪힐 수 있다. 그러나 이 같은 현실을 체념만 한다거나 분노만 하는 것은 바람직하지 않다. 합법적인 범주 내에서 그리고 교사 자신이 처한 위치와 여건 속에서 할 수 있는 노력을 다하려고 해야 한다. 예를 들어, 비판적 사고를 고무할 수 있는 EBS의 관련 교양프로그램을 활용하거나 인정도서를 개발하거나 찾으려 하는 방법도 노력의 일환이 될 수 있다.

교사의 가르침은 어떠해야 하는가의 본질을 고려할 때, "지식인의 책무는 현실을 있는 그대로 증언하는 것이며, 사람들을 일깨워주는 것이다."고 말한 데브레이(Debray, 1978)의 제안, "지식인의 책무는 진실을 말하는 것이다. 도덕적 행위자로서 지식인이 갖는 책무는 인간사에 중대한 의미를 갖는 문제에 대한 진실을 그 문제에 대해 뭔가를 해낼 수 있는 대중에게 알리려고 노력하는 것이다."고 말한 촘스키(Chomsky, 1995)의 제안, 그리고 "알고 있다'(know)와 사고하다(think)는 다른 것이다. 정보(information)와 지성(intelligence)은 같지 않다. … '인간은 무엇을 알아야 할 것인가'라는 문제는 어떤 사회가 바람직한 사회인지를 묻는 물음과 관련이 있다. 우리의 지성이 무엇 때문에 있으며, 우리는 어떤 사회를 지향해야 하는지를 다시 생각해 볼 필요가 있다."고 말한 강상중(2009)의 제안을 그람시 사상의 교육적 적용의 시사점과 한계와 함께 깊이 고민할 필요가 있다(인문학연구, 2017, 27, 299-326.).

4장

존 롤스(John Rawls) 사상과 교사리더십

Ⅰ. 서론

사회는 점차 부유해지는데도 경제성장이 가져오는 사회적 혜택은 오히려 줄어들고 있다. 비록 기대 수명은 계속해서 높아질 수 있겠지만, 그것을 오로지 경제성장 덕분으로 보기는 어렵다. 사회구성원들이 느끼는 행복감은 점차 줄어드는 반면, 걱정·우울·자살·비만을 나타내는 사회지표들은 지난 몇 세대 동안 계속 증가하고 있다. 그리고 신뢰, 공동체 생활의 참여, 살인, 적대감 등은 겉보기에는 별개인 것처럼 보이지만 실제로는 그렇지 않다. 이러한 것들은 모두 사회적 관계의 질이라는 근원적인 변수를 측정하는 다양한 척도들이기 때문이다. 이 척도들이 모두 불평등과 연결되어 있다는 사실은 소득격차의 크기에 따라 사회적 관계의 질이 총체적으로 변할 수도 있다는 점을 말해준다. 또한 이것은 불평등한 사회에서 공동체 생활에 참여하려는 의지가 낮아지는 현상과 관련이 있다. 불평등 때문에 '그들'과 '우리'의 차별이 증가하게 되면, 국가에 대한 불신도 커지게 된다는 더 광범위한 경향을 말해준다(Wilkinson, 2005).

'불평등' 혹은 '사회정의'에 관한 문제의식과 성찰의 차원에서 고려해 볼 수 있는 것이 존 롤스(John Rawls)의 사상이다. 롤스는 그의 저서 『정의론』(*A Theory of Justice*)에서 사회정의에 관한 실질적인 접근을 완성도 높게 구현함으로써 학자들 및 대중들에게 사회정의에 관한 성찰을 할 수 있도록 하였다. 특히 타당한 이론과 근거들을 바탕으로, 사회적 약자의 입장에서 사회정의를 우리가 어떻게 이해할 필요가 있는지 제시하였다. 사회 불평등 및 교육 불평등이 심화되고 양극화 현상이 커져가는 한국의 현실을 감안할 때, 롤스의 사회정의에 관한 사상을 교육적 차원에서 어떻게 적용하여 의미를 살릴 수 있는지 고찰해보는 것은 사회적·교육적 의의가 있다고 하겠다.

하지만 롤스의 사상을 교육적 맥락에서 적용하고 분석한 연구는 전무한 상태다. 실제로 "John Rawls"를 검색 키워드로 하여 검색해보면 다수의 논문들이 검색되지만, 이들 논문들의 거의 대부분이 롤스의 사상에 초점을 두고 있다. 국내학술지에 나타난 대표적인 논문들로는 '존 롤즈(John Rawls)의 정치철학의 형성에서 기독교적 유산에 대한 연구: 후기 롤즈의 『만민법』과 청년 롤즈의 "죄와 믿음의 의미에 대한 짧은 탐구"의 비교'(김기호, 2017), '존 롤즈(John Rawls)의 분배정의론과 한국적 적용에 대한 연구'(정진화, 2016), '존 롤즈(John Rawls)의 공적 이성(Public Reason)과 관용(Toleration)의 한계'(장동진 외, 2005), '현대 사회에서 정의감의 문제: 존 롤즈(John Rawls)의 정의감을 중심으로'(고현범, 2014),'존 롤즈의 관용 개념 고찰'(목광수, 2010), 'Rawls의 정의론적 관점에서 본 한국 교육시민운동의 이념 지향에 대한 고찰'(최미향 외, 2006), '존 롤즈의 정의론과 재산소유 민주주의론'(정태욱, 2016) 등을 들 수 있다.

이처럼, 롤스에 관한 연구들은 그의 사상에 초점을 둔 것이 대부분이며, 교육적 관점에서 적용해보고 고찰해보는 것은 전무한 실정이다. 롤스의 사상은 사회정의에 관한 성찰을 해볼 수 있는 기회를 충분히 제공해주기 때문에 교육적 차원에서 어떻게 적용해볼 수 있는가를 짚어보는 것은 사회적·교육적 의미를 가질 수 있다.

II. 본론

1. 롤스의 생애와 사상

John Rawls

존 롤스(John Rawls 1921-2002)는 미국 볼티모어에서 태어나 1950년 프린스턴 대학에서 철학박사 학위를 받은 후 코넬 대학과 매사추세츠 공대(MIT)를 거쳐 1962년부터 하버드 대학 철학과 교수와 명예교수를 지냈으며, 2002년 11월 24일 타계했다. 그는 1958년 「공정으로서의 정의」라는 논문을 발표한 뒤 사회정의에 대한 현대적 해석의 문제를 집중적으로 연구하여 「분배적 정의」, 「시민불복종」, 「정의감」 등의 논문을 연이어 발표하면서 학계의 주목을 받기 시작했다. 그리고 그의 오랜 탐구의 결실로 나타난 것이 바로 그의 필생의 대작인 『정의론』(*A Theory of Justice 1971, 1991*)인데, 이 책은 출간과 동시에 20세기를 대표하는 고전의 반열에 올랐다(황경식, 2003).

롤스는 『정의론』을 통해, 정치적 자유주의와 재분배론적 공정의 정의뿐만 아니라 각 지역의 특수성에 맞는 정의의 틀을 개발할 수 있도록 시민사회의 이론으로 그 길을 열어놓았다. 롤스의 이러한 원칙은 사회적·경제적 불평등은 가장 불리한 처지에 있는 사람들의 편익이 되도록 하는 조건에서 용인되도록 하는 것이 합리적이라는 안목을 많은 사람들이 가질 수 있도록 했다. 또한 롤스의 정의론은 사회계층과 관련하여, 최우선의 관심과 배려를 요청하는 복지국가를 목표로 하는 공동체를 위한 현대 시민사회의 이론과도 부합된다(박진, 2002)는 평가를 받고 있다.

존 롤스(1999)의 사회정의에 관한 사상을 나타낼 수 있는 대표적인 개념들을 살펴보면 다음과 같다.

민주주의적 평등(democratic equality)의 입장은 공정한 기회 균등의 원칙과 차등의 원칙의 결합에 의해 이루어진다. 이 원칙은 기본 구조의 사회적·경제적 불평등을 판정할 특정한 입장을 선정함으로써 효율성 원칙에 있어서의 불확정성을 배제한다. 만일, 평등한 자유와 공정한 기회 균등이 요구하는 제도의 체계를 가정할 경우에 처지가 나은 자들의 보다 높은 기대치가 정당한 것으로 인정될 수 있는 유일한 조건은 그것이 사회의 최소 수혜자(the least advantaged)들의 기대치를 향상시키는 체제의 일부로서 작용하는 경우이다.

최소 극대화(maximin)의 원칙에 의하면, 여러 대안들의 우열을 그것들이 가져올 가능한 최악의 결과에 따라 가리는 것이다. 즉 우리는 어떤 대안의 최악의 결과(최소)가 다른 대안들이 갖는 최악의 결과에 비하여 가장 우월할 경우(극대화)에 그 대안을 채택하게 된다는 것이다. 혜택 받는 사람들에게 보다 매력적인 전망을 허용함으로써 보다 혜택 받지 못하는 사람들의 이익이 도모되지 않는 한 사회질서는 그러한 전망을 설정하거나 보장하지 않아야 한다.

원초적 입장(original position)은 전통적인 사회계약론에 있어서의 자연상태(state of nature)에 해당한다. 이 원초적 입장을 역사상에 실재했던 상태로 생각해서는 안 되며, 더구나 문화적 원시 상태로 생각해서도 안 된다. 그것은 정의관에 이르게 하도록 규정된 순수한 가상적 상황으로 이해해야 된다. 이러한 상황이 갖는 본질적 특성 중에는 아무도 자신의 사회적 지위나 계층상의 위치를 모르며, 누구도 자기가 어떠한 소질이나 능력, 지능, 체력 등을 천부적으로 타고났는지를 모른다는 점이다.

이 같은 무지의 베일(veil of ignorance) 속에서 정의의 원칙들은 선택된다. 그 결과, 원칙들을 선택함에 있어서 아무도 타고난 우연의 결과나 사회적 여건의 우연성으로 인해 유리하거나 불리해지지 않는다는 점이 보장된다. 모든 이가 유사한 상황 속에 처하게 되어 아무도 자신의 특정 조건에 유리한 원칙들을 구상할 수 없는 까닭에, 정의의 원칙들은 공정한 합의나 약정의 결과가 된다. 또한 특정한 정의관에 대한 만장일치의 선택을 가능하게 한다. 그리고 상호무관심과 무지의 베일이 결합되면 이타심과 동일한 의도를 성취할 수 있다. 왜냐하면 그와 같은 조건들을 결합시키면 원초적 입장에 있는 사람들은 각기 타인들의 선을 고려하게끔 되어 있기 때문이다.

그리고 롤스의 사상을 구체적이면서도 명확하게 파악하기 위해서는 그의 대표적인 저서에서 찾을 필요가 있다. 먼저, 롤스의 저서 『정의론』(*A Theory of Justice*)에서 엿볼 수 있는 그의 뚜렷한 사상을 간략히 살펴보면 다음과 같다.

> "다수가 누릴 보다 큰 이득을 위해서 소수에게 희생을 강요해도 좋다는 것은 정의롭지 않다. 정의로운 사회에서 평등한 시민적 자유란 이미 보장된 것으로 간주되며, 정의에 의해 보장된 권리들은 어떠한 정치적 거래나 사회적 이득의 계산에도 좌우되지 않는 것이다."(p.36)
>
> "기본적인 권리와 의무는 평등해야 한다. 사회적·경제적 불평등은 불가피하게 허용하되, 그것이 모든 사람, 그중에서도 특히 사회의 최소 수혜자에게 그 불평등을 보상할 만한 이득을 가져오는 경우에만 정당화 되어야 한다."(p.49)
>
> "혜택받는 사람들에게 보다 매력적인 전망을 허용함으로써 보다 혜택받지 못하는 사람들의 이익이 도모되지 않는 한 사회질서는 그러한 전망을 설정하거나 보장하지 않아야 한다."(p.123)
>
> "출생이나 천부적 재능의 불평등은 부당하며, 이러한 불평등은 어떤 식으로든 보상되어야 한다. 진정한 기회균등을 제공하기 위해서 사회는 마땅히 보다 적은 천부적 자질을 가진 사람과 보다 불리한 사회적 지위에서 태어난 사람에게 더 많은 관심을 가져야 한다. 예를 들어, 지능이 높은 사람보다 낮은 사람의 교육에 더 많은 재원을 소비해야 한다."(p.151)
>
> "우리가 가장 자신 있게 정의롭다고 생각하는 제도와 정책은, 적어도 그것이 허용하는 불평등은 보다 불리한 사람들의 복지에 기여한다는 의미에서 박애의 요구를 만족시킨다."(p.158)

> "우리가 인정할 수 있는 것은 민주주의 체제란 언론 및 집회의 자유, 그리고 사상 및 양심의 자유를 전제로 한다는 점이다. 또한, 모든 시민들은 정사에 대한 정보를 얻을 수 있는 수단을 가져야 한다. 시민들은 어떤 제안이 그들의 복지에 어떤 영향을 주며 어떤 정책이 그들이 공공선으로 생각하는 것을 증진시켜 줄지를 평가할 수 있는 입장에 있어야 한다. 나아가서 시민들은 정치적 논의를 위한 의제에 대안적인 제안을 첨가할 수 있는 공정한 가회도 가져야만 한다."(p.305-306)

> "개인은 모든 사람의 유사한 자유의 체계와 양립할 수 있는 평등한 기본적 자유의 가장 광범위한 전체적 체계에 대해 평등한 권리를 가져야 한다."(p.337)

> "자유는 자유를 위해서만 제한될 수 있다. 덜 광범위한 자유는 모든 이에 의해 공유된 자유의 전체적 체계를 강화해야만 하고, 덜 평등한 자유는 보다 작은 자유를 가진 그러한 시민들에게 받아들여질 수 있어야만 한다."(p.337-338)

> "교육의 기회균등과 관련하여, 정부는 일반적인 종류의 사회적 공통 자본을 보존함과 더불어 사립학교를 보조하고 공립학교 체제를 확립함으로써 비슷한 재능과 의욕을 가진 사람들에게 동등한 교육과 교양의 기회를 보장하고자 노력해야 한다."(p.369)

> "정부는 경제 활동과 자유로운 직업 선택에 있어서의 기회 균등을 실시하고 보장해야 한다. 이러한 일은 기업과 사립 단체에 대한 지침을 정하여 독점적인 제약이나 방해물을 제거함으로써 보다 바람직한 상태를 도모할 수 있다."(p.369)

> "시민 불복종은 법이나 정부의 정책에 변혁을 가져올 목적으로 행해지는, 공공적이고 비폭력적이며 양심적이긴 하지만 법에 반하는 정치적 행위이다. 이러한 행위를 통해서 우리는 공동 사회의 다수자가 갖는 정의감을 나타내게 되고, 우리의 신중한 경지에서 볼 때 자유롭고 평등한 사람들 사이에서 사회 협동체의 원칙이 존중되지 않고 있음을 나타낼 수 있다."(p.475-476)

이상의 인용문들은 롤스의 사상을 명확하게 드러내주는 것들로서, '롤스 사상의 교육적 적용의 가능성과 한계'를 초등학교 교사들을 대상으로 심층 면담하여 밝히는데 활용되었다.

2. 롤스 사상의 교육적 적용의 가능성과 한계

앞에서 살펴본, 롤스의 사상 부분을 초등학교 교사 3명에게 제시하고 내용을 충분히 이해할 수 있도록 설명해주었다. 그리고 이 같은 롤스의 사상을 학교교육에 적용할 수 있는 가능성과 한계에 관해 심층 면담하였다. 여기에서 나타난 주요 내용을 정리하면 다음과 같다.

1) 롤스 사상의 교육적 적용의 가능성

롤스 사상의 교육적 적용의 가능성에 관한 초등학교 교사들의 견해를 종합 정리하면 다음과 같다.

첫째, 학교경영과 관련한 가능성을 살펴볼 때, 롤스의 정의 이론은 누가 어떤 잠재능력을 가지고 어떤 가정에 태어나느냐는 순전히 우연의 결과로서 '자연주의 복권추첨'과 같다고 하였다. 따라서 잠재능력을 잘 타고났거나 좋은 가정에 태어난 사람은 복권을 잘못 뽑아 불리해진 사람에게 어느 정도의 적선을 하는 것이 필요하며 이는 학교교육을 통해 이루어져야 한다고 하였다. 예를 들어, 불우 계층의 취학 전 어린이에게 기초학습능력을 길러주어 이들이 학교교육에서 뒤떨어지지 않도록 조취를 취하거나 학교의 업무조직 체계와 운영방법, 교수-학습 과정의 계획과 평가, 학급 내 사회관계 구조를 정립할 수 있도록 학교경영 방침을 세워야 한다. 또한 이런 일련의 방침들이 이루어지기 위한 바탕에는 교사들의 평등주의적 수업 실천, 학생들에 대한 적절한 규제와 보상을 줄 수 있도록 학교경영의 기본 방침들이 평등에 초점이 맞추어져 있어야 한다. 특히 학생들에게 적용되는 교육내용이나 교과목의 편제 및 단위배분, 개인의 흥미, 적성, 희망 등에 따라 교육과정을 어떻게 평등하게 구성할 것인가는 학교경영의 관점에 있어 최우선적으로 고려해야 할 부분이다.

둘째, 교육정책과 관련한 가능성을 살펴볼 때, 롤스는 교육정책의 기회균등과 관련하여 정부는 공립학교 체제를 확립함으로써 비슷한 재능과 의욕을 가진 사람들에게 동등한 교육과 교양의 기회를 보장하고자 노력해야 한다고 하였다. 현재의 교육기회란 학교교육의 기회를 의미하는데, 우리의 학교교육의 실태는 곧 교육기회의 실태라고 볼 수 있다. 교육기회의 평등화 입장에서 초·중등학교는 의무교육으로 국가가 교육기회를 국민 모두에게 준다는 정책을 실시하고 있고 사회적 차별이나 불평등을 철폐하기 위한 '평등화 전략'은 학교교육의 급격한 양적 증대와 교육기회의 평등도 이루어질 것으로 생각하였다. 그러나 이는 새로운 차원에서의 평등에 대한 논의를 가져왔다. 즉 학교시설이나 교육내용의 내실화와 평등화를 달성하려 하였지만, 학생들의 학교성적은 평등화를 이루지 못하였고 이는 상급학교 진학률이나 학교 졸업 후의 취업기회, 생활기회의 평등화가 실현되지 않았음을 시사한다.

따라서 롤스의 이론을 보다 명확하게 교육정책에 반영하기 위해서는 결과에 대한 평등까지도 염두에 두어야 함을 알 수 있다. 통계청이 내어놓은 '2017년 사교육비 실태조사 결과'는 가구의 소득수준과 지역, 부모학력에 따라 사교육비 지출 규모의 양극화가 심화되고 있다고 하였으며, 이는 한국사회의 소득과 학력에 따른 자녀의 학력차가 그대로 교육결과의 불평등으로 나타내고 있음을 시사했다. 아무리 법적으로 교육기회의 균등을 보장한다 하더라도 달성 학력 수준의 차이는 부모의 계층차이며, 자녀의 학업성적의 계층차로 이어진다는 점에 주목할 필요가 있다. 결국 교육기회의 평등정책과 더불어 향후 직업 선택과 연계되고, 낮은 능력을 가진 학생에게는 더 많은 보상을 제공해야 하며, 계층 간의 균형을 맞출 수 있는 일련의 교육정책들이 구안·적용되어야 함을 시사 받을 수 있다.

교육정책 차원에서 롤스의 정의론이 적용되기 위해선 전체 학생에 대하여 교육활동의 전 분야에서 무상교육이 이루어져야 할 필요가 있다. 왜냐하면 선별적인 지원은 보이지 않는 차별을 낳기 때문이다. 현재 교육정책은 정규교육과정 내에선 무상교육이 실시되고 있으며, 그 외 학교에서 이루어지는 교육활동에서는 사회적 배려대상자(기초수급대상자, 한부모가정, 다문화가정 등)에 대한 교육기회를 보전하려는 노력은 있다. 예를 들면, 무상으로 지원되는 방과후수업이나 돌봄교실 운영, 수학여행 비용지원 등을 들 수 있다.

하지만 이러한 사회적 배려대상자에게만 제공되는 방과후수업 등의 무상교육기회는 오히려 차별적 요소로 작용되기도 한다. 예를 들면, 몇 년 전까지 있었던 무상급식 대상자 선별과정으로 인하여 무상급식대상자와 유상급식대상자 간의 보이지 않는 차별적 요소들이 아이들의 마음에 멍을 지우기도 했던 것과 같다.

현재 한국은 유치원(공립유치원에 한함)에서 중학교까지 정규교육과정 내에서 무상교육이 이루어지고 있으나 방과후수업, 현장체험학습 등은 학부모가 교육비를 부담하고 있다. 이 부분에서 무상 지원되는 학생과 지원되지 않는 학생 간에 차별이 발생하기에 이러한 부분까지 전 학생에게 무상으로 지원될 수 있는 정책이 이루어져야 할 것이다.

이상에서 초등학교 교사들의 반응을 살펴보았듯이, 롤스의 사상은 한국의 학교교육이 불평등, 차별화, 서열화 등으로 작동하는 현실에서 반성적 지향점을 제시해준다. 즉 학교 밖에서는 자본주의의 시장경제 논리가 지배하더라도, 최소한 학교 안에서만큼은 평등, 기회균등, 다양성의 가치가 존중되고 구현되어야 함을 깨닫도록 해준다. 이를 위해 교사들의 평등주의적 수업 실천, 무상교육의 확대, 불우한 계층의 학생들을 위한 기회균등 확대가 가능할 수 있는 다양한 방법들을 성찰해보고 적용해볼 수 있다는 점도 알 수 있다.

2) 롤스 사상의 교육적 적용의 한계

롤스 사상의 교육적 적용의 한계에 관한 초등학교 교사들의 견해를 종합 정리하면 다음과 같다.

첫째, 학교경영과 관련한 한계를 살펴볼 때, 일단 학교경영에 있어 자율성이 이루어지지 않으면 학교차원에서 롤스의 정의론이 학교교육에 적용되기는 어렵다. 현재 학교는 경영에 있어 단위학교경영책임제에 의하여 자율화가 되고 있는 것처럼 보이지만 실제적으로는 완전한 자율화가 이루어지지 않고 교육과정, 예산 등으로 통제가 이루어지고 있다.

교육과정 측면에서 보자면, 국가는 국가 수준의 교육과정을 제공하고 학교에서 자율적으로 재구성하라고는 하지만, 국가 수준의 교육과정의 양이 방대하여 재구성하기가 힘들다. 또한 평가에서 내용의 대부분을 핵심성취기준으로 지정하여 반드시 성취기준을 평가하도록 되어 있다. 이러한 것들이 학교교육과정을 보이지 않는 부분에서 통제하고 있어 진정한 자율적인 학교 경영이 어렵다.

예산적인 측면에서는 기본적으로 학생들의 학습을 위한 예산이 편성되어 있기는 하지만 그 금액이 정해져 있다. 그 외에 학생들의 체험이나 학습을 위해 좀 더 지원하려고 해도 예산이 부족하기 때문에 편성하기 어렵다. 뿐만 아니라 특정 예산은 목적성 예산으로 분류되어 해당된 목적에 벗어나는 곳에 예산을 편성할 수가 없다.

이러한 것들은 눈에 보이지는 않지만 학교경영의 자율성을 제한하기 때문에 롤스의 이론이 학교에 적용되기에는 많은 한계가 있다.

둘째, 교육정책과 관련한 한계를 살펴볼 때, 롤스의 이론은 결과의 평등을 지향하는 보상적 평등주의 입장을 강조하고 있어, 소수 엘리트주의의 축소와 계층 간의 균형발전이라는 점에서 장점을 지니고 있지만 전반적인 학생들의 하향평준화와 경쟁력의 약화라는 사실에서 자유로울 수 없다. 오히려 공교육 약화와 사교육의 활성화, 자율권의 제약이라는 비판을 상시 받고 있으며, 우수학생 및 학교의 역차별이라는 점도 피할 수 없는 비판중의 하나이다.

또한 한국의 현행 교육제도의 경우 학교의 설립과 운영, 교사의 자격, 교육내용 등을 국가가 통제하는 공교육체제이고, 특히 중앙집권적 국가관리 공교육체제를 운영하고 있다. 전반적으로 교육경쟁의 과도함이 항상 문제가 되고 있으며, 고등교육의 해외 의존성이 심각한 상황이다. 결국 교육의 평등화 정책을 정립·실천하기에 앞서 위와 같은 비판의견을 교육체계의 변화를 통해 합리적으로 해결할 수 있다는 믿음을 구성원들에게 줄 수 있어야 한다. 모든 사람이 성별, 인종, 계급 및 거주 지역에 관계없이 사회에서 바라는 더 높은 지위를 획득할 기회를 가질 수 있도록 교육정책의 기본 방향을 설정할 수 있어야 한다. 단순한 원리만을 가지고 너무나도 모순적인 성격을 가지고 있는 자유와 평등이라는 두 가지 가치관을 융합시키는 것은 현실적으로 녹록치 않으며 모든 교육정책에 적용할 수 있는 이론 또한 불가능한 것이 현실이다.

실제로 사람들이 이러한 사회를 거부하거나 동참하지 않을 것이라는 위험도 존재한다.

교육공무원의 '정치적 중립성'이라는 통제수단으로 인하여 사회정의에 대한 교육이 어렵다. 이 논리로 인하여 교육적인 이슈가 정치적 논리에 의해 왜곡되었을 때 이에 저항하는 것도, 사회 이슈에 대하여 비판적인 사고로 바라볼 수 있도록 학생들에게 가르치는 것도 법에 위배되어 제재를 받게 된다(예를 들면 세월호 사건으로 인하여 시국선언을 하게 되면 또는 학생들에게 세월호 계기교육을 하게 되면 징계대상이 되기도 하였음).

롤스의 정의론에 의한 기회균등의 교육정책이 이루어지려면 무상교육이 실시되어야 하며, 이에 대한 전제조건으로 무상교육에 대한 사람들의 인식의 변화와 무상교육 실시에 따른 비용을 지불함에 있어서의 사회 여러 집단의 대타협이 이루어져야 한다. 왜냐하면 사람들의 인식이 변화와 사회 여러 집단의 타협이 없으면 어떠한 정책을 시행하더라도 저항이 발생되거나 또는 비용적인 문제로 인하여 올바르게 정착하는데 많은 시간이 걸리기 때문이다.

특히, 무상교육 정책을 펼치고자 할 때 사람들의 무상교육에 대한 부정적인 인식은 정책의 시행 과정에 있어서 저항이나 왜곡을 불러일으키고 비용적인 측면에서 협조가 이루어지지 않게 되어 정책이 제대로 정착되지 못하거나 정착하더라도 많은 시간이 걸리는 문제가 생긴다. 예를 들면 무상급식에 대한 소위 보수층이라고 하는 사람들의 부정적인 시각으로 인하여 일부 지역에서는 무상급식이 폐지되기도 하는 등 저항을 불러 일으켰고 결과적으로 정착하는데 상당한 시간과 에너지가 소요되었다.

이처럼 무상교육 정책을 시행하고자 할 때 사람들의 인식변화가 이루어지지 않으면 그 정책을 효과적으로 실시하기 어렵다. 그러므로 교육에 있어서 무상교육의 실시는 어려운 사람들에게 베푸는 혜택이나 배려가 아니라 우리나라를 이끌어갈 사회구성원을 다함께 키운다는 관점으로 인식의 전환과 사회 여러 집단의 대타협이 필요하다.

이상에서 초등학교 교사들의 반응을 살펴보았듯이, 롤스의 사상은 훌륭하지만 한국의 학교교육이 불평등, 차별화, 서열화 등으로 작동하는 현실에서 적용하기가 쉽지 않다는 한계에 봉착하게 된다. 즉 평등과 기회균등의 가치를 실현하기 위해 학교와 교사가 실천하고 싶어도 교육과정 및 예산에 있어서 엄격한 통제를 받는 현실 속에서 롤스의 사상을 학교경영 차원에서 반영하기란 쉽지 않다. 따라서 교사 개인의 힘으로 롤스의 사상을 학교현장에서 적용하기만을 기대하고 요구하는 것은 무리이기 때문에 교육정책 차원에서 평등과 기회균등의 가치를 더욱 강화해 나갈 필요가 있으며, 평등과 기회균등을 학교현장에서 실천해나갈 수 있도록 교사의 교육과정에 대한 권한과 자율성을 강화해 나갈 필요가 있다는 점도 알 수 있다.

Ⅲ. 결론 및 논의

불평등한 사회에서는 모든 사람들이 갈등적인 인간관계를 더 많이 맺게 된다. 불평등은 더 자기중심적이고, 덜 친화적이며, 반사회적이고, 스트레스를 더 받게 하고, 폭력 수준을 높이며, 공동체적 결속을 약화시키고, 건강을 악화시키는 사회 전략들을 부추긴다. 반면에, 평등한 사회는 친화적이며, 덜 폭력적이고, 상호 지원적이며, 포용적이고, 좀 더 나은 건강상태를 가능하게 한다. 또한, 상대적으로 평등한 사회일수록 사회적 관계의 질이 높게 나타나는 경향을 보여준다. 그리고 불평등이 심한 사회일수록 사회적 관계의 성격은 권력과 지위에 따라 결정되며, 사회적 상호작용은 점점 더 권력, 지배, 복종의 논리에 잠식된다(Wilkinson, 2008).

우리가 불평등한 사회가 아닌 평등한 사회로 나아가야 하는 이유도 바로 여기에 있으며, 평등과 기회균등을 사회정의의 중요한 가치로 확립한 롤스 사상의 의의도 바로 여기에 있다. 프레드만(Fredman, 2008)이 제시하였던, 평등의 네 가지 잠재적 목표를 감안할 때, 평등은 모든 사람의 동등한 존엄성과 가치를 증진해야 하고, 평등은 사회 내 특정 집단의 고유한 정체성을 수용하고 적극적으로 인정하며 북돋워주어야 하며, 평등은 소외 집단과 관련된 불이익의 사슬을 끊어야 하고, 모든 집단이 사회에 온전하게 참여할 수 있도록 장려해야 한다. 이 같은 평등의 가치가 학교현장에서 구현되어야 한다.

하지만 한국사회의 과도한 교육열, 불평등, 차별화, 서열화, 통제가 팽배해져 있는 현실 속에서 롤스의 사상을 교사가 학교현장에서 자유롭게 실천하기에는 현실적으로 어려운 것이 사실이다. 따라서 1차적으로는 교육정책 차원에서 불평등과 서열화를 부추기는 학교선택제 및 수준별 수업(능력별 집단편성) 같은 교육정책을 폐기하거나 축소해나가야 한다. 학교선택제와 수준별 수업은 이미 많은 연구결과들을 통해 그것의 여러 문제점들(학생들의 학업성적 향상에 도움이 되지 않으며, 사교육비를 더욱 부추기며, 학생들 및 학교들 간의 불평등과 서열화를 강화시키는 문제점들)이 입증되고 있다. 또한, 교육정책 차원에서 무상교육을 더욱 확대함으로써 교육에 있어서의 기회균등과 복지가 학교현장에서 자연스럽게 정착될 수 있도록 해나가야 한다.

그리고 2차적으로는 교육에 있어서의 평등과 사회정의를 가르치고 실천해나가기 위해 교육과정에 있어서의 자율성을 확대해나갈 필요가 있다. 현행 교육 관련 법률들에 의하면, 교사는 자신이 가르치는 교육과정(교육내용)에 있어서 자율성이 거의 없는 상태이다. 실질적으로는 국가 수준의 교육과정을 거의 그대로 따라야 하는 실정이다. 학생들은 수업을 통해 많은 것을 배우므로, 교사가 교육과정을 통해 학생들에게 평등과 사회정의에 관한 현실과 대안을 가르칠 수 있어야 한다. 교육과정에 관한 실질적인 자율성을 교사가 가질 수 있어야 하는 이유가 바로 여기에 있다.

이상에서 언급한 교육정책 차원에서의 평등과 기회균등을 통한 사회정의 구현도 중요하지만, 가장 중요한 것은 학생들을 직접 가르치고 상호작용함으로써 학생들에게 직·간접적으로 영향을 미치는 교사의 평등, 기회균등, 사회정의에 대한 진정성 있는 마음가짐이다. 따라서 교사 개인의 깨어 있는 의식을 가지려는 노력과 함께 참다운 교육자는 어떤 사람이어야 하는가를 늘 성찰해나가는 것이 중요하다고 하겠다.

5장

버트런드 러셀(Bertrand Russell) 사상과 교사리더십

Ⅰ. 서론

영국의 철학자 버트런드 러셀(Bertrand Russell)은 20세기의 저명한 수학자이자 철학자이다. 영국의 명문가 집단에서 출생하여 가문에서 내려오는 백작의 작위를 세습하였으나, 그의 삶은 그러한 것에 안주하지 않은 것으로 유명하다. 즉 학자로서 그리고 인간으로서 끊임없는 회의(의심)를 가졌으며 분명한(명확한) 것을 추구하려고 하였으며, 사상의 자유와 인권의 증진을 위한 학자와 실천가로서 적극적인 활동을 하였다. 인류애의 이상과 사상의 자유를 위한 수많은 글과 책을 집필한 공로로 노벨문학상을 받기도 하였다. 특히 전쟁에 반대하여 징집반대 운동과 핵무기 반대 운동을 펼쳐 교수직에서 해임되고 투옥되는 것도 감내하면서 죽을 때까지 사회운동가로서도 최선을 다하기도 하였다. 무엇보다도 러셀은 자신이 주장한 사상을 몸소 실천하는 삶을 거침없고 용기 있게 실천하며 살았다는 데에 그의 삶과 사상이 큰 의미가 있다.

러셀의 이 같은 훌륭한 삶과 업적에 비해, 한국에서 러셀이 차지하는 학문적·사상적 위치는 상대적으로 높지 않은 것이 현실이다. 많은 사람들이 러셀에 관해 전혀 모르는 실정이다. 한국의 공교육 단계에서 러셀의 삶과 사상을 가르치는 경우는 거의 없다. 대학생이 되어서도 특정한 전공의 소수의 학생이 아니면 러셀에 관해 들어본 기회가 거의 없을 정도이다. 이러한 현실은 훌륭한 학자에 관한 그 자체를 모른다는 아쉬움과 함께 그의 사상을 배움의 분야로 확장시키지 못했다는 측면에서 매우 아쉬운 것이다.

이러한 아쉬움은 연구 분야에서도 그대로 나타난다. 버트런드 러셀에 관한 단행본은 많은 실정이다. 대표적인 예를 들면 「버트런드 러셀의 삶과 철학」(박병철, 2006), 「버트런드 러셀: 확실한 지식을 찾아서」(박병철, 2013), 「러셀의 교육론」(Russell, 2010), 「행복의 정복」(Russell, 1930) 등을 들 수 있다. 하지만 학술논문은 빈약한 편이다. 학술논문의 대표적인 예로는 '버트런드 러셀의 윤리적 주관주의, 그 이론적 배경과 영향'(김중규, 2014), '무신론과 불가지론의 사이: 인문지식인 버트런드 러셀의 영적 갈등'(정정호, 2007), '러셀의 플라톤주의에 관한 고찰'(김중규, 2012), '러셀의 기술 이론과 철학의 보편성'(박준호, 2001) 등을 들 수 있을 정도이다. 이 같은 단행본들과 학술논문들은 버트런드 러셀의 사상과 삶을 이해하는 데 도움을 주는 것은 명확한 사실이다. 하지만 러셀의 사상을 교육에 직접적으로 접목하여 어떤 의미와 시사점을 가질 수 있는가를 연구한 것은 거의 전무한 실정이다.

러셀의 삶 그 자체와 그의 사상은 용기 있고 실천적이며 강렬하면서도 독특한 특징을 가지고 있다. 또한 교육에 관해서도 자신의 견해를 뚜렷이 나타내기도 하였다. 이 같은 러셀의 삶과 사상은 권위 추락과 소진 현상으로 힘들어 하고 있는 교사를 비롯해 교육자에게 잘 전달되어 이해하고 공감할 수 있다면 삶의 추진력을 불러일으킬 수 있다. 따라서 그의 삶과 사상을 교육에 직접적으로 접목시켜 한국의 맥락에서 의미와 시사점을 찾아 확장시켜보는 것은 매우 큰 의의가 있다고 하겠다. 러셀의 생애가 주는 의미, 러셀의 종교관이 주는 의미, 러셀의 행복관이 주는 의미, 러셀의 교육관이 주는 의미 차원에서 내용을 고찰하고 교사에게 주는 시사점을 살펴보면 다음과 같다.

II. 본론

버트런드 러셀의 사상과 교사에게 주는 시사점을 고찰하기 위해, 러셀의 생애가 주는 의미, 러셀의 종교관이 주는 의미, 러셀의 행복관이 주는 의미, 러셀의 교육관이 주는 의미 차원으로 살펴본다.

1. 러셀의 생애가 주는 의미

Bertrand Russell

버트런드 러셀(Bertrand Russell 1872-1970)은 영국의 휘그 귀족의 명망가에서 태어났으며, 엠벌리 경이라고 불린 거의 아버지는 진보적 정치인이었고, 그의 할아버지는 빅토리아 여왕 치하에서 두 차례나 총리를 지낸 러셀 백작 1세였다. 버트런드 러셀이 어렸을 때 그의 부모가 세상을 떠나긴 했지만 매우 진보직인 인물들이었다. 그의 아버지는 진보적인 지식인이었던 존 스튜어트 밀(J. S. Mill)에게서 배웠으며, 그의 영향으로 종교로부터 자유로운 사상, 여성의 참정권 등을 지지하기도 했다. 버트런드 러셀은 11살 때 형으로부터 유클리드 기하학을 배우면서 놀라운 수학적 재능을 나타내었다. 또한 철학 분야에서도 두각을 나타내었으며, 캠브리지 대학에서 펠로십을 받게 되어 향후 학자로서의 길을 밝히게 되었다(박병철, 2006, 11-16). 1900년대 초반에는 철학자 화이트헤드(Alfred North Whitehead)와 공동으로 「프린키피아」[1])를 저술하였으며, 논리학

1) 뉴턴의 저서 중 하나인 「자연철학의 수학적 원리」(Philosophiæ Naturalis Principia Mathematica)를 줄여서 나타낼 때, 그 세 번째 단어인 프린키피아(Principia)로 부른다. 버트런드 러셀과 화이트헤드가 공동 저술한 「수학 원리」(Principia Mathematica)도 간략히 그 첫 단어를 따서 '프린키피아'라고 부르기도 한다.

이론과 언어철학의 대가인 비트겐슈타인(Ludwig Wittgenstein)과도 학문적 관계를 가졌다. 1차 세계대전이 발발하였을 때에는 전쟁 자체에 대해 비난하는 대중 강연을 하였으며. 영국과 미국에 반전 운동의 메시지를 전달한다. 전쟁을 위한 징집에 반대하는 적극적인 활동을 하다가 체포되기도 하고, 하버드 대학의 방문교수의 기회도 박탈당하고, 캠브리지 대학교 내 트리니티 대학의 강사직을 박탈당하기도 하였다.

버트런드 러셀의 긴 생애의 마지막 20여 년 동안은 반전·반핵 운동 등의 정치적 활동에 매진했다. 특히 1950년의 한국전쟁을 계기로 미국과 소련 등에 의한 핵전쟁 가능성을 비판하였고, 아인슈타인 등 최고의 과학자들과 연대하여 핵무기 위협을 종식시키기 위한 선언을 주도하는 등 이념과 국경을 초월하여 과학자들이 앞장서서 핵무기를 사용하지 않도록 강대국 지도자들을 설득시키는 운동에 꾸준히 참여했다. 또한 1960년대에는 뜻을 같이 하는 젊은 인사들과 핵으로부터의 무장해제를 촉구하는 시민불복종 운동을 조직적으로 전개하여 1961년에는 90세를 바라보는 나이에 잠시 투옥되기도 하였다. 1963년에는 '버트런드 러셀 평화 재단'을 만들었다. 이 기구를 통해 각계로부터 모금된 재정을 기초로 세계평화 활동에 사용하려는 아이디어였으며, 미국의 제국주의에 대항하는 투쟁을 지지하고 그러한 목적에 쓰일 자금을 모으는 것이었다(박병철, 2006, 48-50).

정리하자면, 버트런드 러셀은 20세기 최고의 지식인 중 한 명으로서 영국 캠브리지 대학에서 공부하여 논리기하학 이론을 정립한 수학자였고 논리실증주의를 믿었던 철학자였으며 1950년 노벨문학상을 수상한 문필가였고 수십 권의 책을 쓴 저술가였으며 반전반핵운동을 이끌다가 투옥까지 당한 사회운동가였다. 그리고 러셀은 인간의 이성과 과학의 합리성, 철학의 논리성과 낙관적으로 진보를 신봉했던 근대적 자유주의적 인본주의 지식인(정정호, 2007, 345-346)이라고 평가할 수 있다.

러셀은 선한 행위와 악한 행위 자체가 아니라 선한 행위와 악한 행위에 대해 참인 명제를 발견하는 것이어야 한다고 주장한다. 그러나 곧 윤리적 판단은 사실을 진술하지 않는다. 종종 과장된 형태이긴 하지만, 그것은 어떤 욕구 혹은 회피, 어떤 사랑 혹은 증오를 진술한다는 견해를 드러낸다. 또한, 러셀은 인간행위의 원천을 욕구에서 찾고 선과 악의 대립을 욕구와의 관계에서 파악하면서 개인적 욕구를 될 수 있는 한 전체의 선과 합치하도록 하는 방향으로 개선해 나가야 할 것으로 본다. 그래서 우리에게 필요한 일은 가능한 한 상용적 욕구를 조장하고 불가상용적 욕구를 억제하는 길이며, 그렇게 될 때 비로소 개인과 전체사회의 행복이 실현될 수 있을 것으로 본다(김중규, 2014, 105).

러셀의 이 같은 생애가 교사에게 주는 시사점은 다음과 같다. 먼저 교사라는 직업을 단순한 경제적 수단으로서만 간주하거나 현실에 안주할 것이 아니라 더 나은 학생들의 삶을 위해 그리고 보다 나은 교육을 위해 그리고 보다 나은 사회를 위해 적극적이고 용기 있는 삶을 살려고 노력해야 한다는 점이다. 이를 위해서는 교사의 적극적인 사회 참여와 활동이 보장되어야 하지만 한국은 교사를 공무원으로서 정치적 중립성을 지켜야 한다는 법률을 들어 일체의 정치적 의사표현과 활동을 금지하고 있다.

사회의 변화는 정치를 통해 합법적이면서도 효율적으로 추구할 수 있다. 즉 사회를 변화시키려면 잘못된 정치적 과정에 그 의사를 분명하게 표현하여 참여하는 것이 필수적으로 요구된다. 교사 또한 사회의 구성원이므로 교사의 정치적 의사표현 및 참여 활동이 보장되어야 한다. 민주주의를 침해하는 사회문제가 발생한다면 교사도 과감하게 그것을 비판하는 의사표현과 활동을 할 수 있어야 한다. 예를 들면, 시국선언도 할 수 있어야 하며 정당 활동도 할 수 있어야 한다. 우리가 살아가는 사회에서 민주주의가 훼손되는 일이 발생하더라도 교사는 침묵을 지키도록 강요하는 것은 학생들에게 민주주의의 가치를 가르치는 교사에게 모순되는 것이며, 민주주의의 근본 원리인 참여를 제약한다는 점에서도 문제이다.

법률이나 판례 같은 것도 영원히 불변하는 것이 아니며, 사회 전반의 여론이 어떻게 지속적으로 형성되고 또 그것이 얼마나 타당하고 중요한가에 따라 결과가 달라질 수 있다. 따라서 교사 혼자서 그 뜻을 펼치기에 어려움이 있고 도움이 필요하다고 느낀다면, 그러한 뜻을 펼치기에 가장 적합한 교원단체에 가입하여 적극적인 활동을 하는 것을 고려해볼 수 있다. 그리고 현재의 법률의 합법적인 틀을 준수하되 학교 내에서 그리고 학교 밖에서 교사로서 보다 나은 교육과 사회가 되도록 하는 방법을 적극적으로 모색하고 실행하는 것도 필요하다. 러셀의 생애가 교사에게 주는 시사점을 간략하게 정리하면, '교사는 행동하는 양심을 갖고, 실천하는 지식인으로 살아야 한다.'로 요약할 수 있다.

2. 러셀의 종교관이 주는 의미

버트런드 러셀이 신의 존재에 관해 회의론적인 이유는 그의 '제1 원인론'에서 찾을 수 있다. 즉 우리가 이 세상에서 보는 모든 것은 원인이 있고, 그 원인들의 사슬을 점점 더 거슬러 올라가면 제1 원인에 도달할 수밖에 없으며, 바로 그 제1 원인에 신이라는 이름을 부여해야 하지만 이런 주장은 설득력이 없다고 보았다. 러셀은 존 스튜어트 밀의 자서전을 읽다가 다음과 같은 문장을 발견했다. 이 문장을 통해, 러셀은 제1 원인론의 오류를 알게 되었다(Russell, 2014, 81).

> "아버지는 '누가 나를 만들었는가?'라는 질문에는 대답할 수 없다고 가르쳐주셨다. 이것은 '누가 신을 만들었는가?'라는 추가적인 질문을 즉각적으로 불러오기 때문이라는 것이었다."

또한, 러셀은 만약 우리가 원자들의 실제 움직임에 대한 지식을 파악할 수 있는 위치에 있다면 원자들이 생각보다 훨씬 더 종속되어 있다는 것을 알게 될 것이라고 보았다. 대다수 자연법칙은 우연히 나타나는 원자 운동의 통계적 평균에 해당하며, 확률의 법칙들로부터 나오는 것과 같은 통계적 평균이라고 보았다. 그리고 마치 자연법칙 뒤에 그 법칙들을 부여하는 존재가 있다는 생각은 자연의 법칙과 인간의 법칙을 혼동한 데서 기인한 것으로 간주하였다. 인간의 법칙은 우리에게 특정한 방식으로 행동하라고 지시하는 명령인데, 그 속에서 우리는 행동하기를 선택하거나 행동하지 않기를 선택할 수 있다. 하지만 자연의 법칙은 사물들이 실제로 어떻게 움직이는지 기술한 것에 불과하므로, 사물들에 그렇게 하라고 지시한 누군가가 거기에 있어야 한다고 주장할 수는 없다고 보았다. 왜냐하면, 그런 존재가 있다고 생각하는 순간 '왜 신은 하필이면 그런 자연법칙들만 만들어내고 다른 법칙들은 만들어내지 않았는가?'라는 질문에 직면하기 때문이라고 보았다(Russell, 2014, 83-84).

종교철학 분야에서 러셀이 영향력 있는 이론적 업적을 남긴 것은 아니지만, 종교는 그가 전 생애를 통해 꾸준하게 다루었던 주제임에는 틀림없다. 그는 열다섯 살까지 할머니를 따라 교회를 다니면서 신앙심을 가졌지만, 청소년기에 접어들면서 3년에 걸친 철학적 고뇌를 통해 종교에 대한 믿음을 잃게 되었다고 자서전에 적었다. 러셀이 종교에 대한 믿음을 포기하는 과정의 이면에는 그가 유클리드의 공리에 대해 가졌던 의문과 동일한 논리가 적용되었다. 이후에도 그랬지만 러셀은 이성적으로 확실성을 지니지 않는 것은 어떤 것도 받아들이려 하지 않았는데, 신의 존재와 같은 경우 이성적으로 확인 가능한 근거를 찾을 수 없다고 결론내린 것이다. 기하학의 공리(axiom)든, 도덕적 규칙이든, 신의 존재에 대한 믿음이든, 러셀이 그것을 의미 있는 지식으로 받아들이기 위해 한결같이 적용했던 기준은 바로 '이성적으로 정당화 될 수 있는 것인가?'였다.[2] 그래서 러셀은 신의 존재를 부정했다기보다는 존재를 확인할 이성적 근거가 없다는 점을 강조한 것으로 볼 수 있다. 또한 러셀은 기독교 자체를 반대한 것이 아니라 이성적 건전함을 넘어선 도그마(dogma)에 사로잡힌 기독교에 반대한 것이다(박병철, 2013, 82-91).

러셀의 종교관이 주는 의미를 고찰해보는 것이 중요한 이유는 바로 지식인기 가져야 하는 '합리적인 의문'의 중요성을 되새겨주기 때문이다. 러셀도

---

2) 어린 시절 러셀은 그의 형에게서 배움을 접했으며, 형으로부터 정의(definition)를 배우는 것으로 기하학 교습을 시작했다. 공리(axiom)을 배우는 단계에서는 "공리들을 증명할 수는 없지만, 나머지 것들을 증명하려면 반드시 전제해야 하는 것"으로 배우게 되자, "만약 그것들을 증명할 수 없다면 왜 인정해야 하는가?"라는 의문을 품게 되었다. 반론의 여지가 없는 명료함을 발견할 수 있으리라는 희망을 가졌던 영역에 대한 의심과 혼란이 일어났지만 수학 분야에서 큰 기쁨을 발견하였다(Russell, 2014, 143).

어렸을 때는 가족이 이끄는 대로 종교를 갖고 행사에도 참석하였으나, 그가 성장하면서 합리적인 논리로 종교에 관해 의문을 갖게 되었다. 그리고 그의 지성에 따른 논리와 소신에 의거해서 종교에 빠지지 않는 모습을 보여주었다. 또한 종교에 빠지지 않음으로 해서 사고와 행위에 있어 보다 자유롭고 개방적인 면면을 보여주었다. 종교는 그 사람의 사고방식과 행동에 기본적인 영향을 미칠 수 있다는 점을 상기할 때 그 인과관계를 쉽게 인정할 수 있다.

교사는 학생들에게 공식적·비공식적으로 영향을 미친다. 즉 교사는 수업시간의 공식적인 상호작용만을 통해 학생들에게 특정한 영향을 미치는 것이 아니다. 교사는 평소에 자신이 어떤 사고방식을 가지며 고민을 하고 무엇을 어떻게 실천하는가에 따라 그 자체와 과정이 학생들에게도 은연중에 영향을 미친다. 한국의 학교교육은 안타깝게도 암기위주교육과 입시위주교육이 주를 이루고 있지만, 교육은 학생들에게 사고력을 높여주는 것이 이상적이어야 한다. 사고력을 높이는 데 있어 중요한 것은 합리적인 의문을 갖는 습관과 실천이다. 따라서 교사는 자신이 담당하는 교과 영역뿐만 아니라 인간의 삶과 관련한 모든 영역에 이르기까지 합리적인 의문을 갖고 대처해나가는 모습을 자연스럽게 보여줄 필요가 있다. 러셀의 종교관이 교사에게 주는 시사점을 간략하게 정리하면, '교사는 교과 영역뿐만 아니라 삶의 모든 영역에 이르기까지 합리적이고 이성적인 의문을 가지며 대처해나가는 용기 있는 지식인으로 살아야 한다.'로 요약할 수 있다.

3. 러셀의 행복관이 주는 의미

러셀(Russell, 2014)은 '훌륭한 삶이란 사랑으로 힘을 얻고 지식으로 길잡이를 삼은 삶이다.'고 하였다. 지식과 사랑은 둘 다 무한히 확장될 수 있다. 그러므로 어떤 삶이 아무리 훌륭하다고 하더라도 그것보다 더 나은 삶을 얼마든지 상상할 수 있고, 지식이 없는 사랑이나 사랑이 없는 지식은 훌륭한 삶을 만들어낼 수 없다고 보았다. 그리고 사랑과 지식 모두 필요하지만 어떤 의미에서는 사랑이 더욱 근본적인 것으로 간주하였다. 왜냐하면 사랑은 순수한 자비심을 갖도록 해주며, 지성적인 사람들이 자신이 사랑하는 이들에게 도움이 되는 방법을 찾느라 지식을 탐구하도록 이끌어주기 때문으로 보았다. 하지만 지성이 없는 사람들은 남의 말을 믿는데 만족할 것이며, 지고지순한 자비심을 지녔음에도 타인들에게 해를 끼칠 수도 있다고 보았다(p.67). 그리고 훌륭한 삶의 한 구성요소로 지식을 이야기할 때, 윤리적 지식이 아니라 과학적 지식과 특정한 사실들에 관한 지식을 염두에 두고 있는 것임을 분명히 하였다(p.71).

러셀(Russell, 1930)은 '행복한 삶'과 관련하여, 진취성을 잃을 정도로 지나친 겸손은 피하되 지나치게 자만하지 않는 것이 지혜롭다고 하였다. 행복하게 살고 있는 사람들의 대부분은 감정적으로 단순하며, 자신의 직업에서 얻는 만족감이 대단히 크다고 하였다. 사람들이 진취성을 잃게 되는 주요 원인 중 하나가 자신이 사랑받지 못한다고 느끼는 데 있으며, 반대로 사랑받고 있다는 느낌은 다른 무엇보다 사람들의 진취성을 크게 북돋워준다고 보았다. 자신의 생활에서 그다지 중요하지 않은 문제에 대해서 전혀 흥미를 느끼지 못하는 태도는 불행과 피로, 그리고 정신적 긴장의 원인이 된다고 보았다. 모든 종류의 폭넓은 관심사는 긴장을 이완해주고, 사람이 균형감각을 유지할 수 있게 해주며, 어떤 분야에서 좌절과 위기 상황을 겪더라도 그 불행을 극복할 수 있게 해준다고 보았다.

자신의 능력을 최대한 발휘할 수 있는 일을 가져야 하고, 일 자체에서 즐거움을 찾을 수 있는 직업을 가지고 있어야 한다고 하였다. 일시적인 열광이나 취미는 근본적인 행복의 원천이 아니라 현실 도피의 수단에 불과하다고 보았다. 행복의 비결은 되도록 폭넓은 관심을 가지는 것, 그리고 관심을 끄는 사물이나 사람들에게 적대적인 반응을 보이는 것이 아니라 되도록 따뜻한 반응을 보이는 것이라고 하였다. 인생은 모든 것에 대해 관심을 가질 수 있을 만큼 길지 않지만, 죽는 그날까지 인생을 채워줄 수 있을 만큼 많은 여러 가지 대상들에 대해 관심을 가지는 것은 바람직한 일이라고 하였다.

행복한 사람들이 지닌 가장 일반적이고 뚜렷한 특징은 열정을 갖는 것이라고 하였다. 어떤 것에 열정적인 흥미를 가질 능력이 있으며, 어떤 것에 대한 관심이 생기는 순간, 인생은 권태에서 벗어나게 된다고 보았다. 대다수의 사람들이 회의적인 태도를 보이더라도 끊임없이 자기주장을 되새겨야 한다고 하였다. 행복한 삶에는 반드시 자유가 필요하다고 하였다. 문명화된 사회 속에서 열정을 잃게 되는 주된 원인은 바로 자유에 대한 제한이라고 보았다. 발전을 이끄는 잠재적 충동은 불규칙한데 문명사회의 습관은 규칙적인 것을 강요한다고 보았다. 그래서 삶의 모든 순간마다 발전적·잠재적 충동을 억제해야 하는 상황에 구속된다고 하였다.

행복한 삶은 노력과 체념 사이의 균형을 유지하는 것이라고 보았다. 또한 행복한 삶은 선한 삶과 매우 흡사한 것이라고 하였다. 행복한 사람은 자아의 내적인 통합이나 자아와 사회가 이루는 통합의 실패로 고통받지 않는 사람이라고 보았다. 행복한 사람의 인격은 분열되어 있지 않으며, 세상에 대항하여 맞서고 있지도 않다고 하였다. 그리고 행복한 사람은 자신이 우주를 구성하고 있는 한 요소임을 자각하고, 우주가 베푸는 아름다운 광경과 기쁨을 누린다고 하였다. 행복한 사람은 자신의 뒤를 이어 태어나는 사람들과 동떨어진 존재가 아니라고 생각하기 때문에 죽음을 생각할 때도 괴로워하지 않는다고 하였다. 마음속 깊은 곳의 본능을 좇아서 강물처럼 흘러가는 삶에 충분히 몸을 맡길 때, 가장 큰 행복을 발견할 수 있다고 하였다.

러셀의 이 같은 행복관이 교사에게 주는 시사점은 다음과 같다. 먼저 물질만능주의가 팽배한 현실을 극복하려는 마음을 가져야 한다. 소유욕은 끝이 없으므로 상대방에 비해 더 많이 가지려고 하고 이기려고 하는 마음이 앞서면 행복한 교사가 될 수도 없고 행복한 인간이 될 수도 없다. 이와 함께, 한국의 극심한 교육열을 극복하려는 마음도 가져야 한다. 자신이 가르치는 학생이든 자녀든 학벌주의 사회에서 계층 사다리를 한 계단이라도 더 올라가야 행복한 것이라는 생각을 버려야 한다. 기계적인 공부와 순응을 강요해서는 안 된다. 자칫 의도하지는 않았지만 학생들에게 인생에 대해 무기력하고 소극적인 태도를 가지라고 가르치는 결과를 초래할 수 있다.

또한 러셀의 행복관에 비추어 볼 때, 교사는 현실에 안주해서는 안 되며 폭넓은 안목을 갖기 위한 노력을 다해야 한다. 대학원 진학을 통해서 혹은 독서 등 끊임없는 배움의 자기반성과 올바른 교육과 좋은 교사를 위한 실천을 다하려 해야 한다. 교육 및 사회의 전반에 걸쳐 발생하는 사안들에 대해 합리적 의심과 불편한 진실을 마주하려는 자세도 가질 필요가 있다. 교육부나 교육청에서 정해주는 대로 실행만 하면 된다는 생각을 벗어나야 한다. 즉 '실행자로서의 교사'를 넘어서서 학문과 연구를 수행할 수 있는 '학자로서의 교사'에 도달하려고 해야 한다.

교사는 지식인이다. 지식을 교사라는 직업을 위한 수단으로만 간직해서는 안 된다. 안토니오 그람시(Antonio Gramsci)가 강조했던 '비판적 지성'과 '낙관적 의지'를 가질 필요가 있다. 즉 지식을 더 나은 교육과 사회가 되도록 하는데 있어 비판적 지성으로 활용해야 한다. 그리고 그 길이 비록 험난하고 실망감을 주더라도 포기하지 않고 끝까지 희망을 갖는 긍정적 의지를 가질 필요가 있다. 폭넓은 안목과 실천으로 교사로서 최선을 다하되 욕심은 내려놓는 삶을 살아야 한다. 러셀의 행복관이 교사에게 주는 시사점을 간략하게 정리하면, '교사는 올바른 교육을 위해 뜨거운 열정을 갖고, 자연을 사랑하며, 최선을 다하되 마음을 비우는 지식인으로 살아야 한다.'로 요약할 수 있다.

4. 러셀의 교육관이 주는 의미

러셀(Russell, 2010)의 교육관은 미래를 위한 교육제도는 모든 남녀 아이들을 위해 최선의 교육을 제공하는 데 그 목적을 둔다. 러셀은 비록 이상적인 교육제도는 당장 실현되는 것이 아닐지라도 민주적이어야 하며, 민주주의와 교육에 관한 문제는 분명히 해야 할 중요한 문제로 보았다. 그리고 정신박약아나 천재와 같은 특별한 사유 외에는 아이들에게 특별대우를 하는 것은 권장할 일이 아니며, 교육은 소수 특권층에게 유리하도록 한정되어서는 안 되며 보편성을 지녀야 한다고 하였다(pp.16-17). 교육은 회의주의에 빠지거나 반대로 독단에 얽매이는 것 모두 교육의 결과가 되어서는 안 되며, 교육의 결과는 다소 어려운 점이 있다고 하더라도 어느 정도 지식을 획득할 수 있다는 신념이 있어야 한다고 강조하였다(p.43). 그리고 아이들은 이 세상의 한 인간으로 존중해야 하고, 현재의 편의를 위해 아이의 미래를 희생시켜서는 안 된다는 점을 강조하였다. 아이를 올바른 방법으로 기르기 위해서는 사랑과 지식의 결합이 무엇보다 필요하다고 하였다(p.81).

교육의 문제점은 경쟁을 강조하고 노력에 대해서는 아무런 동기를 제공하지 않는다는 것이라고 지적하였다. 학교에서 하는 것은 경쟁정신을 나타내는 것이지 협동정신을 나타내는 것이 아니라고도 지적하였다. 사회의 발전과 개인의 발전은 함께 나아가야 하지만 교육자는 학생 개인의 건전한 발전에 우선적으로 관심을 가져야 하며, 경쟁적인 동기가 아이들의 모든 행동에 얼마나 깊이 파고들었는지 깨닫고 경계해야 한다고 강조하였다(pp.110-111). 그리고 다음과 같이 비판하기도 하였다.

> 과거의 지배계층 중심의 교육의 결과로 학생들에게 제대로 된 지성을 가르치는 것이 희생되었다. 지성은 의혹을 낳게 할 수도 있기 때문이다. 동정심도 희생되었다. 동정심은 열등한 인종 혹은 열등한 계층을 통치하는데 방해가 될 수 있기 때문이다. 친절은 강인함을 가르치기 위해 희생되었으며, 상상력은 고정관념을 위해 희생되었다. 현대사회는 다양한 형태를 요구한다. 즉 더 많은 상상력에 의한 동정심, 더 많은 지적인 유연성, 불독식 만용에 대한 더 많은 불신과 기술적 지식에 대한 더 많은 신뢰를 요구한다(p.45).

러셀은 교육의 목적은 다음과 같은 네 가지 특징으로서 활력, 용기, 감수성, 지성을 가져야 한다고 다음과 같이 강조하였다(pp.50-68).

첫째, 활력은 완전한 건강이 있는 곳이라면 언제나 존재한다. 그러나 원기왕성한 아이는 학교에 입학하기 전에 활력이 절정을 이루지만 교육을 받으면서 점차 감소되는 경향이 있다. 활력은 외부세계에 관한 흥미를 촉진시킨다. 또한 활력은 그 자신의 생활을 유쾌하게 하기 때문에 곤란한 일을 극복하는 힘을 주며 질투심에 안전장치가 된다.

둘째, 용기는 여러 가지 형태를 지녔고 그 모두가 복합적이다. 공포가 없다는 것도 하나의 용기이고 공포를 자제하는 힘도 또 다른 용기이다. 즉 두려워하는 것이 합리적일 때 두려워하지 않는 것도 용기이고, 두려워하는 것이 비합리적일 때 두려워하지 않는 것도 용기이다. 전통적으로 지배계층은 공포를 표현하지 않도록 훈련해 왔고, 다른 한편으로는 종속적인 국민이나 계층과 여성을 겁쟁이로 만드는 훈련을 해왔다. 모든 국가와 모든 계층에서 남성 여성의 구분 없이 용기를 가르쳐야 한다. 아이들에게 이치에 맞지 않는 복종을 강요하거나 가르쳐서는 안 된다.

셋째, 감수성은 어떤 의미에서 단순한 용기의 변형이다. 인식한다는 것은 지적인 두뇌에서 나오기 때문에 감수성은 정서에 속한다. 순수한 이론적인 정의를 내린다면 많은 자극이 사람에게 여러 가지 감정을 유발시킬 때 정서적으로 감수성이 있다고 한다. 바람직한 감수성의 발달단계가 되는 것은 공감이다. 그리고 인지적 감수성은 실제 관찰의 습관과 같은 것이다. 이 문제는 지성과 관련지어 고찰하는 것이 더 자연스럽다.

넷째, 지성은 인위적이고 관습적인 도덕보다 인간을 행복하게 한다. 지성은 실제의 지식과 지식의 수용성을 포함하는 것이다. 사람은 배우면 배울수록 더 많은 것을 배우기 쉬워진다. 무지한 사람들은 습관을 바꾸지 못한다. 이들은 회의적이어야 할 때 쉽게 믿어버리고, 오히려 인정해야 할 때는 믿지 못한다. '지성'은 이미 획득된 지식이 아니라 획득할 수 있는 능력을 뜻하는 것이다. 따라서 지성에 필수적인 정신적 습관을 발견하도록 하는 것이 매우 중요하다. 또한 지적 생활의 기초는 호기심이므로 활발한 호기심을 자극해주어야 한다. 호기심이 결실을 맺기 위해서는 지식 획득을 위한 어떤 기술과 연결되어야 한다. 그것은 관찰하는 습관 그리고 지식의 가능성에 대한 신념과 인내심, 근면성을 들 수 있다. 그리고 굳게 믿어 왔던 것들에 대한 불신해보도록 하는 열린 마음을 갖게 해주어야 한다.

러셀은 이와 같은 네 가지 특징 즉 활력, 용기, 감수성, 지성을 지닌 남녀의 세상은 교육이 산출할 수 있는 최고의 수준에서 지금까지 존재해 온 어떤 사회보다 나을 것이라고 보았다.

러셀은 지식은 지적 목적을 위해 제공되어야 하고 어떤 도덕적 혹은 정치적인 결론을 입증하기 위해 가르쳐서는 안 된다고 하였다. 가르치는 목적은 학생의 입장에서 보면 일부분은 그의 호기심을 만족시키기 위해서고, 다른 부분은 호기심을 채우기 위해 필요한 기술을 학생에게 제공하기 위해서라고 하였다. 교사의 입장에서 본다면 다소 결실을 얻을 수 있는 호기심을 자극하는 것이 있어야 한다고 보았다. 비록 가르치는 방향이 학교 교육과정의 범위를 넘어서는 것이라 해도 호기심을 실망시키지는 말아야 한다고 강조하였다(p.200). 비록 어렵고, 인내심과 근면성, 집중력과 정확성이 있어야 하지만 호기심과 열린 마음이 있다면 지식은 가능하다고 보았다. 그중에서도 호기심은 그 기초가 되며, 호기심이 강하게 올바른 목표로 향할 때 나머지 모든 덕목은 따라오게 되어 있다고 보았다(p.202).

러셀은 교육에 있어 호기심과 함께 집중력도 강조하였다. 완전한 집중력의 특징은 세 가지인데, 즉 집중력이 강해야 하고, 지속성이 있어야 하며, 그리고 자발적이어야 한다고 하였다. 흥미 있는 대상이라면 자연스럽게 자발적인 관심이 생겨 깊이 집중하게 된다고 강조하였다. 또한, 정말 가치 있는 것이 되려면 집중력은 의지의 지배를 받아야 한다고 지적하였다(p.204). 만일 교육이 재미있는 것이 될 수만 있다면 무한히 큰 이득이 되므로, 단순히 교사가 강요하는 바람에 일어난 지루함은 나쁜 것이라고 하였다. 그러나 학생들이 자신의 야망을 만족시키기 위해 자발적으로 극복한 지루함은 가치가 있다고 하였다(p.206).

러셀은 태어날 때 별 재능을 갖지 못한 학생들도 만약 감동적인 교육을 받는다면 야망으로 분발할 수 있다고 하였다. 교육의 추진력은 교사의 권위가 아니라 배우고 싶어 하는 학생의 염원이어야 한다고 하였다. 정확한 지식을 얻는다는 것은 지루한 것이 되기 쉽지만 모든 우수한 것에는 필수적인 것이므로, 사실적인 정확성과 논리적인 정확성을 신경 써야 한다고 강조하였다(p.207). 그리고 교육과정보다 더 중요한 것은 교수법의 문제와 어떤 정신으로 가르치느냐의 문제라고 하였다. 이와 관련해서 중요한 것은 문제를 지나치게 쉽게 만들지 않고도 흥미 있는 것으로 만드는 것이라고 하였다. 학생들에게 무엇이든 일반화한다는 것은 의문의 여지가 있다는 것을 말해주고 그들이 갖는 상세한 지식을 지지할 것인지 아니면 거부할 것인지 고려하고 배우도록 권장해야 한다고 강조하였다(p.231).

이와 관련해서, 러셀은 정규적인 공부 외에 아이들은 정치적, 사회적, 종교적인 것까지도 논쟁거리가 되는 여러 가지 중요한 문제에 관심을 갖도록 해야 한다고 강조하였다. 아이들은 다양한 측면에서 나온 논쟁에 필요한 책을 읽도록 자극을 주어야 하며, 그중에서 어느 한쪽 혹은 다른 쪽에 강한 느낌을 받았다면 그 입장을 지지하는 사실들을 어떻게 찾아냈는지 밝히도록 해야 한다고 강조하였다. 그리고 그들과 반대되는 입장에 서 있는 사람들과 토론하게 해야 한다고 하였다. 토론은 진리를 확인하는 과정으로서 진지하게 해야 그 가치가 있음을 강조하였다. 이와 같은 토론에 교사는 한쪽으로 기울어지는 일이 있어서는 안 되며, 만일 거의 모든 학생이 한편으로 쏠리는 경우엔 교사는 다른 편에 서야 하는데, 그 이유는 오직 논쟁이 그 목적이기 때문이라고 하였다. 이런 방법으로 학생은 변론술의 경쟁에서의 승리보다는 진리를 확인하기 위한 토론을 학습할 수 있다고 보았다. 그리고 러셀은 아이들이 받고 있는 교육이 세상을 시끄럽게 하는 일에 대해 적절하게 맞서고 있다고 느끼게 해줘야 한다고 강조하였다. 즉 학교교육이 실제 생활과 동떨어져 있지 않다는 것을 느끼게 해줘야 한다고 강조하였다(p.233).

러셀의 이 같은 교육관이 교사에게 주는 시사점은 다음과 같다. 러셀은 민주주의와 교육에 관한 문제를 매우 중요한 문제로 보았으므로, 교사는 민주시민교육을 공식적·비공식적으로 잘 가르치려고 노력해야 한다. 한국의 많은 시·도교육청에서는 민주시민교육을 주요 사업으로 추진하고 있다. 따라서 교사는 공식적으로 주어진 민주시민교육 시간을 유익하고 알차게 진행하려고 노력하고, 수업 시간 외의 시간에도 학생들과 상호작용할 수 있는 기회가 있을 때마다 민주주의에 관한 사실적이고 중요한 내용들을 전달하려고 노력해야 한다. 그리고 무엇보다도 학급경영을 이끌어가는 방식에 있어서나 학생들과의 상호작용하는 과정 전체에 있어서나 민주주의의 원리(참여, 존중, 합의, 자유, 책임 등)가 반영될 수 있도록 해야 한다.

또한 러셀은 교육에 있어서 경쟁이 아니라 협동이 중심이 되어야 한다고 보았으므로, 교사는 비록 우리 사회가 교육을 경쟁으로 강요하더라도 그것을 그대로 받아서 학생들에게 강요하는 자화상을 비추어서는 안 된다. 우리 사회가 승자독식의 현실을 드러내더라도, 학교장이 서열과 실적을 강요하더라도, 학부모가 입시위주의 교육을 요구하더라도, 교사는 교육 본연의 목적과 교사 고유의 역할에 충실해야 한다. 수업을 진행하는 방식에 있어서나 기타 활동을 운영하는 방식에 있어서나 학생들 간의 협동을 중심에 두고 운영해나가려 해야 한다. 이 같은 협동을 근간으로 하되, 러셀이 강조한 교육의 목적 네 가지 즉 활력, 용기, 감수성, 지성이 최대한 발현되도록 내용을 구성하고 운영해나갈 필요가 있다. 그리고 교사가 몸소 모범을 보일 필요가 있다. 즉 교사 자신이 삶과 교직생활에 있어 행복하고 만족하여 자연스레 활력이 생기도록 하고, 학교생활에 있어 어렵거나 불의가 있는 상황에서 용기를 표출하도록 하며, 학생 하나하나에 어떤 크고 작은 변화가 나타나는지를 포착해서 더 나은 방향으로 이끌려고 하고, 끊임없는 배움을 통해 지성을 극대화하려 해야 한다.

그리고 교사는 학생들에게 단편적이고 분절적인 지식을 전달하기보다는 학생들의 호기심을 자극하는 교육을 하려고 애써야 한다. 이를 위해 정규적인 수업 시간이나 그 밖의 시간에서 학생들과 상호작용 과정에서 우리 사회의 정치, 경제, 사회, 문화, 종교 등 다양한 분야에 대한 중요한 정보와 에피소드 등을 재미있고 유익하게 전달함으로써 학생들 스스로가 자발적으로 그 분야에 관심을 가질 수 있도록 해야 한다. 즉 재미있고 유익한 이야기 중심으로 학생들에게 부담 없이 다가가고 전달될 수 있도록 하되, 호기심과 관심은 불러일으킬 수 있도록 노력해야 한다. 또한, 실생활과 관련될 수 있는 내용으로 토론 중심으로 상호작용을 주로 하여 학생들에게 정답이 아닌 세상을 보는 안목을 기르고 새로운 사실을 발견할 수 있도록 해주어야 한다. 이 같은 방법들과 상호작용을 통해 학생들이 깨어 있는 민주시민으로 육성될 수 있도록 해야 한다. 러셀의 교육관이 교사에게 주는 시사점을 간략하게 정리하면, '교사는 민주적인 지성을 사랑하고, 학생들을 깨어 있는 민주시민으로 육성하며, 늘 도전하는 지식인으로 살아야 한다.'로 요약할 수 있다.

Ⅲ. 결론

버트런드 러셀은 20세기의 가장 저명한 학자들 중의 한명으로서, 그의 삶과 철학 자체가 주는 의미가 상당하다. 본 연구에서는 러셀의 사상을 생애 차원, 종교관 차원, 행복관 차원, 교육관 차원에서 고찰한 후 교사에게 주는 시사점을 도출하였다. 러셀의 생애가 교사에게 주는 시사점으로 '교사는 행동하는 양심을 갖고, 실천하는 지식인으로 살아야 한다.' 러셀의 종교관이 교사에게 주는 시사점으로 '교사는 교과 영역뿐만 아니라 삶의 모든 영역에 이르기까지 합리적이고 이성적인 의문을 가지며 대처해나가는 용기 있는 지식인으로 살아야 한다.' 러셀의 행복관이 교사에게 주는 시사점으로 '교사는 올바른 교육을 위해 뜨거운 열정을 갖고, 자연을 사랑하며, 최선을 다하되 마음을 비우는 지식인으로 살아야 한다.' 러셀의 교육관이 교사에게 주는 시사점으로 '교사는 민주적인 지성을 사랑하고, 학생들을 깨어 있는 민주시민으로 육성하며, 늘 도전하는 지식인으로 살아야 한다.'로 정리하였다.

그런데 이 같은 정리는 교사 차원에서 의미 있는 시사점으로 한정한 것이다. 교사 차원을 넘어 교육제도나 교육정책 차원에서 러셀은 모든 남녀 아이들을 위해 최선의 교육을 제공해야 하고, 당장 실현되는 것이 아닐지라도 민주적이어야 하며, 교육은 소수 특권층에게 유리하도록 한정되어서는 안 되며 보편성을 지녀야 한다고 강조하였다. 이렇게 본다면, 학교들 간의 서열을 부추기고 학생의 능력을 기준으로 차별과 배제를 특징으로 하는 교육정책을 혁신할 필요가 있다. 즉 외고, 자사고 같은 학교들에 대한 학교선택제 교육정책을 재고해나갈 필요가 있다. 또한 학교 내에서 특정한 교과를 중심으로 수준별 집단편성해서 가르치는 정책도 재고해나갈 필요가 있다. 실제로,

학교선택제에 관한 많은 연구들(Davis, 2014; Donnelly, 2012; Egalite, 2013; Fleming, 2014; Põder et al, 2013; van Welie et al, 2013; Zimmerman et al, 2013)에 의하면 학교선택제는 학교들 간의 서열화를 부추기고, 학생들 간의 격차를 크게 만들며, 부모의 사회·경제적 배경이 학생의 학업성취도에 더욱 영향을 미치게 만들고, 협동보다는 경쟁의 문화를 더욱 조장시킨다는 등의 문제점이 많은 것으로 나타난다. 그리고 수준별 집단편성에 관한 많은 연구들(김천기, 2001; 김희란 외, 2015; 설보연, 2013; 신인철 외, 2013; 황여정, 2010)에 의하면, 수준별 집단편성은 특히 하위반에 편성된 학생들에게 불리하게 운영되고, 학생들 간의 교육격차와 위화감을 조성하며, 학생들 간의 협동보다는 경쟁을 더욱 부추기고, 불평등을 체득하도록 만드는 등의 문제점이 많은 것으로 나타난다.

러셀의 철학과 삶이 교사에게 주는 시사점이 큰 것은 분명하다. 하지만 교사도 사람이므로 무작정 교사의 변화와 실천만을 강조하는 것은 타당하지 못할 수도 있다. 교사가 러셀의 철학과 삶을 편하고 자연스럽게 투영할 수 있는 기본적인 토대는 교육정책적 차원이든 사회적 차원이든 해결해주어야 한다. 현대사회는 피로사회이며 교사가 몸담고 있는 교직사회도 마찬가지다. 교사들이 가장 힘들어 하는 것들 중의 대표적인 것이 과중한 업무이며, 이로 인해 교사소진 문제가 발생하고 있다. 따라서 학교현장의 맥락에서 교사가 실제로 어떤 업무들로 인해 소진을 겪고 스트레스를 받는지 구체적으로 밝혀야 한다. 그리고 밝혀진 과중한 업무들을 어떤 방식으로 해결해나가면 실효성이 있을 것인지 연구하고 추진해나갈 필요가 있다.

6장

노암 촘스키(Noam Chomsky) 사상과 교사리더십

Ⅰ. 서론

올바른 교육이란 무엇이고 교육이 진정으로 지향해야 할 바가 무엇인가에 대한 고민은 오랫동안 끊임없이 제기되어 왔던 문제이다. 그럼에도 불구하고 현재까지도 여전히 교육의 본질에 대하여 고민한다는 것은 합의된 하나의 답을 찾기가 매우 어렵기 때문일 것이다. 그렇다고 적당한 수준에서 암묵적으로 합의하고 덮어둘 수는 없다. 교육의 성패는 교육의 본질에 대한 분명한 규명으로부터 시작되기 때문이다. "참된 교육이란 무엇이며 이를 위하여 학교에서는 무엇을 어떻게 가르쳐야 하는가?"란 문제는 올바른 학교교육의 방향성 정립이 원칙적으로 교육의 목적 설정과 학교의 역할 수립에 달려있다. 물론 여기에는 두 가지 전제가 내포되어 있다. 하나는 올바른 교육의 목적을 세워야 한다는 것이고, 또 하나는 교육공동체의 구성원 모두가 합의된 교육의 목적을 달성하기 위하여 최선의 노력을 다해야 한다는 것이다. 하지만 문제는 모두가 동의하는 교육의 목적을 설정한다는 것이 결코 쉽지 않다는 점이며, 설령 일정한 교육의 목적에 합의한다고 하더라도 이를 실천으로 옮기기는 더욱 어렵다는 점이다. 또한, 목적뿐만 아니라 수단도 정당성과 타당성을 지녀야 한다는 점에서 이러한 논쟁은 늘 계속 될 수밖에 없다(김운종, 2014).

'올바른 교육' 혹은 '참된 교육'에 관한 이 같은 고민의 연장선 차원에서 생각해 볼 수 있는 것이 노암 촘스키의 교육사상이다. 왜냐하면, 촘스키는 올바른 교육 혹은 참된 교육에 관한 접근을 거시적이고 추상적으로 하는 것이 아니라 미시적이고 구체적으로 접근하기 때문이다. 즉 촘스키는 학교와 교사는 학생들에게 암기위주의 죽은 지식을 가르치고 만족해서는 안 되며, 학생들이 정의로운 민주시민으로 육성되도록 주안점을 두어야 하고, 이를 위해서는 용기 있고 정직한 교사로서의 모습을 실천하는 것이 학생들에게 뿐만 아니라 사회를 위한 올바른 교육이고 참된 교육이라고 보았다. 올바른 교육 혹은 참교육에 관한 촘스키의 이 같은 새롭고도 도전적인 교육사상은 암기위주, 성적위주, 입시위주의 교육을 강요하는 한국의 교육현실을 감안할 때 교육적 관점에서 재조명할 필요성이 있다.

하지만 촘스키의 사상을 교육적 맥락에서 적용하고 분석한 연구는 거의 전무한 상태다. 실제로 "Noam Chomsky"를 검색키워드로 하여 검색해보면 소수 몇 건이 검색될 정도이다. 국내학술지에 나타난 연구로는 '노암 촘스키(Noam Chomsky)의 비판적 교육론에 대한 반성적 고찰'(김운종, 2014), '노암 촘스키의 언어와 정치'(김명광, 2011), '노암 촘스키의 인간과 사상'(강명윤, 1996) 정도로 그칠 뿐이고, 학위논문으로는 '영어의 공범주원리(ECP)에 관한 고찰: Chomsky와 Kayne을 중심으로'(박현철, 1985), 'N. Chomsky의 언어철학과 언어사용의 창조적 측면'(이상국, 1977) 등을 들 수 있을 정도이다.

이처럼, 촘스키에 관한 연구들은 소수에 국한되며, 그것마저도 교육적 관점에서 연구된 것은 전무한 실정이다. 촘스키의 사상은 진보적이면서도 교육적 측면에서의 적용이 전무하다는 측면에서 볼 때, 교육적 관점에서 새롭게 적용해보는 것은 의미가 있다.

II. 본론

1. 촘스키의 생애와 사상

Noam Chomsky

노암 촘스키(Noam Chomsky 1928~)는 1928년 12월 7일, 미국 펜실베이니아 주의 필라델피아에서 러시아 이민자 가정의 2세로 태어났다. 양친이 모두 보수적인 정통 유대교 가문이었던 탓에 그는 당시 미국 문화의 편협한 억압 속에서도 엄격한 유태인적 전통 속에서 자라났다. 그의 부친인 윌리엄 촘스키(William Chomsky)는 히브리어와 유태어를 가르치는 대학교수이자 뛰어난 히브리어 문법 학자였으며, 모친도 교사이자 행동주의자였다. 특히 교육자였던 그의 부친은 존 듀이(John Dewey)로부터 매우 지대한 영향을 받았고, 일차적 관심사도 민주주의와 교육이었다(Chomsky, 2003, 28). 또한, 촘스키는 일찍이 두 살 때부터 열두 살 때까지인 1931년부터 1943년까지 템플대학이 운영하는 듀이식 실험학교인 '오크 레인 컨트리 데이 스쿨'에 다녔다. '오크 레인 컨트리 데이 스쿨'은 존 듀이의 교육이념을 따르는 실험적이고 진보적인 학교로서, 여기에서 그는 듀이식 교육을 직접 체험하는 매우 의미 있는 기회를 접하게 되었다(Chomsky, 2003).

이후, 1946년에는 펜실베이니아 대학교에 진학하여 언어학, 수학, 철학 등을 공부하였으며, 여기에서 정치적 이해의 공감을 가질 수 있었던 언어학 교수 젤리그 해리스(Zellig Harris)를 만나 많은 영향을 받았다. 1955년에는 『언어학 이론의 논리적 구조』(*The Logical Structure of Linguistic Theory*)라는 저서를 집필하여 세계적 이목을 끌었으며, 1956년에는 MIT의 '언어와 철학과'(Department of Linguistics & Philosophy) 교수로 임용되었다. 그리고

1960년대부터는 미국의 베트남 전쟁, 미국의 제국주의적인 대외정책, 미국의 CIA의 범죄적 행위 등에 대하여 날카로운 비판을 함으로써, 사회변화와 민주주의를 위해 행동하는 지식인으로 널리 인정받게 되었다.

특히 최근 들어 지배 이데올로기의 압력에 의해 왜곡되고 있는 미국의 교육현실에 대하여 냉철하게 비판하고, 교육의 본질과 학교의 본래적 역할의 회복할 것을 주장한다. 국가는 학교를 '순종을 강요하고 독립적 사고의 가능성을 저해하기 위한 교화기관'으로 전락시켰고, 교사는 문화의 중간전달자로서 진실을 말하는 대신 소수집단에 의하여 결정된 지식을 비민주적인 방식으로 학생에게 충실히 전달하는 역할을 수행하고 있다는 것이다. 그 결과로 학교는 사회에 순응하는 학생으로 길러낸다고 비판하면서, 학생을 '방관자'가 아닌 '행동하는 참여자'로 이끌어야 한다는 비판적 교육론을 주장한다. 이를 위하여 교육의 목적은 인간의 타고난 본성인 정신(mind)을 계발하는 데 두고, 실천적 측면에서는 학생의 자유와 창의성 계발을 위한 발견학습과 학습자 중심의 민주주의 교육을 강조한다. 이러한 촘스키의 교육적 신념은 플라톤으로부터 데카르트를 거쳐 칸트, 그리고 훔볼트 등으로 계승된 합리주의와 고전적 자유주의의 전통을 이어 받아 인간의 타고난 본성인 정신(mind) 능력에 대한 절대적인 신뢰를 사상적 배경으로 하고 있으며, 방법론적으로는 러셀의 인간 중심 교육과 듀이의 민주주의 교육철학을 지지한다. 촘스키의 비판적 교육론은 입시위주의 교육, 성적 제일주의, 무한 경쟁의 조장으로 얼룩진 우리나라의 교육 현실이 바람직한 교육의 방향성을 정립하는 데 일정한 시사점을 준다(김운종, 2014).

촘스키의 교육사상을 구체적이면서도 명확하게 파악하기 위해서는 그의 대표적인 저서에서 찾을 필요가 있다. 먼저, 촘스키(2000)의 저서 『실패한 교육과 거짓말』(*Noam Chomsky on MisEducation*)에서 엿볼 수 있는 그의 뚜렷한 교육사상을 간략히 살펴보면 다음과 같다.

"정직을 사명으로 생각하는 교사의 책임은 무엇보다 진실을 말하려 노력하는 자세에 있다"(p.38).

"중요한 사건이나 현상에 대해서 능력껏 진실을 찾아내어, 그 진실을 필요로 하는 사람들에게 정확히 알려주는 것은 도덕적 명령이다"(p.38).

"학생들을 단순한 대상이 아니라, 우리가 건설적으로 참여하기를 소망하는 공통의 관심사를 지닌 공동체의 일원으로 생각해야 하며, 학생들에게 일방적으로 말하지 말고 더불어 말할 수 있어야 한다"(p.38).

"교사가 학생의 학습을 돕는 최선의 방법은 학생 스스로 진실을 찾도록 일깨워주는 것이다. 그리고 교사는 학생들에게 거짓과 진실을 판별할 능력을 길러주어야 한다"(p.39).

"진정한 학습은 진실의 발견을 통해서 이루어진다. 대외적으로 진실이라고 발표된 것을 암기한다고 해서 창의적이고 비판적인 사고력이 발전될 수는 없다"(p.39).

"교사의 의무는 학생들이 진실을 발견하도록 도와주는 것이지, 학교에 관한 정책을 입안하고 설계하며 결정하는 부와 권력을 쥔 집단을 당혹스럽게 만들 수 있는 정보를 감추고 통찰력을 억누르는 것이 아니다"(p.39).

"교사는 학생들에게 진실을 가르쳐야 하고, 교사는 학생을 공동체의 일원으로 간주해야 하며, 교사는 학생을 '행동하는 참여자'로 길러내야 한다"(pp.38-40).

또한 촘스키(2002)의 저서 『촘스키, 세상의 물음에 답하다』(*Understanding power: the indispensable Chomsky*)에서 엿볼 수 있는 그의 뚜렷한 교육사상을 간략히 살펴보면 다음과 같다.

"학교가 경쟁을 강조하고 부추기는 것은 학생을 통제하는 최선의 방법이기 때문이다"(p.225).

"학교는 질서와 명령을 포상하고 독립적인 정신을 처벌한다"(p.222).

"학교는 학생을 복종과 순응으로 길들이고 세뇌당한 통제 가능한 시민으로 양성하는 것으로 그 역할을 충실히 수행하고, 그 대가로 제도권으로부터 후원을 받는다"(p.225).

"미국은 전쟁 후에 유럽의 노동운동을 분열시키기 위한 노력의 일환으로 마피아를 다시 살려놓았다. 마피아는 원래 파시스트들에 의하여 거의 궤멸되었다. 경쟁자를 좋아하지 않은 파시스트들은 철저히 마피아를 단속했었다. 그러나 미국 해방군은 시칠리아와 남부 이탈리아를 거쳐 프랑스로 들어가면서 노조의 파업을 없애기 위한 도구로 마피아를 다시 살려놓았다. 마피아는 그 대가로 헤로인 사업의 재건 허가를 받았고, 파시스트 치하에서 없는 것이나 마찬가지였던 헤로인이 다시 등장하게 되었다. 이것이 바로 그 유명한 전쟁 후에 헤로인 판매의 주된 원천인 '프렌치 커넥션'의 시작이다"(pp.68-69).

"교사는 학생들 스스로의 힘으로 세상을 탐구하도록 가르쳐야 한다. 예를 들어, 언론이 조작과 통제의 목적으로 어떤 이슈를 형성하고 그 한계를 설정하는 실태를 학생 스스로 직접 알아낼 수 있도록 도와주어야 한다. 언론이 어떻게 작동하는가에 대하여 장황한 이론을 늘어놓은 것은 학생들이 세상을 있는 그대로 파악하는데 도움이 되지 않는다. 교사가 먼저 해야 할 일은 구체적인 사례들을 제시하는 것이다"(p.168).

이상의 인용문들은 촘스키의 교육사상을 명확하게 드러내는 것들로서, '촘스키 사상의 교육적 적용의 가능성과 한계'를 초·중등학교 교사들을 대상으로 심층 면담하여 밝히는데 활용되었다.

2. 촘스키 사상의 교육적 적용의 가능성과 한계

앞에서 살펴본, 촘스키의 교육사상 부분을 초등학교 교사 4명과 중등학교 사회교과 및 역사교과 교사 4명에게 제시하고 내용을 충분히 이해할 수 있도록 설명해주었다. 그리고 이 같은 촘스키의 교육사상을 학교교육에 적용할 수 있는 가능성과 한계에 관해 심층 면담하였다. 여기에서 나타난 주요 내용을 정리하면 다음과 같다.

1) 촘스키 사상의 교육적 적용의 가능성

촘스키 사상의 교육적 적용의 가능성에 관한 초·중등 교사들의 견해를 종합 정리하면 다음과 같다.

현재 학교교육은 체계적인 지식의 전수와 교사의 주도권을 지나치게 강조한

나머지 아동의 자발적 참여와 학습동기를 가볍게 보았고, 결과적으로 민주사회의 필수 요건인 독립심, 비판적 사고, 협동정신을 소홀히 했다. 이와 관련하여 우리는 촘스키의 사상을 통해 비판적 시각으로 교육을 바라볼 수 있으며, 강제로 실시되었던 많은 예(체험학습, 일제 형 지필고사, 각종 행사 등)에 대한 전면적 재검토도 할 수 있을 것이다. 그리고 교육은 다른 사람에게 지식을 전해준다는 순기능만 가지고 있지 않고, 권력이 사유화되도록 부추기거나 이를 묵인하는 역기능도 가지고 있기 때문에 학생 중심이 아닌 수업 및 업무 등이 과감히 변해야 한다.

첫째, 수업과 관련해서, 교사가 학생의 학습을 돕는 최선의 방법은 학생 스스로 진실을 찾도록 일깨워주는 것이다. 그리고 학생들에게 거짓과 진실을 판별할 능력을 길러주어야 한다. '배움 중심 수업'과 같이 학생 스스로 발견하고 배우는 수업은 물론, 공동체적인 협동과 소통을 중심으로 하는 수업이 주를 이루도록 해야 한다. 4차 산업혁명 시기에 대비한, 토의·토론 학습, 코딩교육, SW교육 등을 주축으로 하는 수업이 실시되어야 하고, 객관식, 단답형 평가 보다 창의적, 서술형 평가를 위한 만들어가는 수업이 필요하다. 이를 위해서는 교사가 수업 개선을 위해서 연구 활동에 매진하고, 자신의 지식을 다른 교사 및 학생들과 공유하는 문화를 가질 필요가 있다.

둘째, 학급경영과 관련해서, 학급경영은 교사 중심의 전체성을 탈피하여 계획이나 실천 평가에 이르기까지 전 학생을 참여시킴은 물론 학급 담임교사끼리 횡적인 협력 체제를 구축한 민주적인 학급을 경영하는 것이 바람직하다. 지시적이고 규격화된 학급경영이 아닌 학급 담임교사의 교육철학이 용해된 주체적인 학급경영으로 발전되고, 학급의 개성이 중시되는 학급경영이 이루어져야 한다. 또한 개인의 흥미와 적성을 북돋아 주고, 상급학교 진학이나 입시 위주의 수업이 아닌 문제해결력, 창의성을 길러 줄 수 있는 수업과 생활지도가 이루어 질 수 있도록 학급경영이 이루어져야 한다. 단순 지식의 암기와 반복을 중요시 하는 것 보다는, 인성교육이 중심이 된 학급을 만들 수 있도록 경영해야 한다. 이를 통해 학생 스스로 생각하고 판단하며, 진실을 탐구할 수 있는 사회구성원으로 성장할 수 있도록 해야 한다.

셋째, 학교경영과 관련해서, 촘스키의 교육사상을 기저로 삼아 '기존의 학교교육과정, 수업, 평가, 행사, 교사 업무 등이 학생들이 민주시민으로 성장할 수 있도록 밑바탕이 되고 있는가?'에 대한 의문을 가지고 이에 대한 재검토가 필요하다. 또한 교육관을 새로이 정비하여 진정한 '민주시민' 양성의 장이 될 수 있도록 해야 한다. 참된 '교육이란 무엇인가? 학교에서는 무엇을 어떻게 가르쳐야 하는가?'에 대한 질문에서 출발하여 올바른 교육의 목적 설정과 학교의 역할 수립을 정하는 것이 중요하다. 교사가 학생들에게 진실을 가르쳐야 하고, 교사는 학생을 공동체의 일원으로 간주하기 위해 학교의 역할을 정하는 것이 학교경영에서 필요하며 중요한 사건이나 현상에 대해서 능력껏 진실을 찾아내어, 그 진실을 필요로 하는 사람들에게 정확히 알려줄 수 있는 학생을 만들기 위한 교육의 방법과 목표를 설정해야 한다. 목표설정 이후에는 학교의 모든 경영을 교직원과 토의 및 토론하여 결정하고, 그러한 과정을 통해 교직원의 자발적인 참여를 유도해야 한다. 이러한 과정을 통해 교직원 스스로 참교육을 위해 헌신하도록 만들며, 이러한 교직원의 문화가 학생들에게도 전달될 수 있도록 노력해야 한다. 교직원은 물론 학생들에게도 참여와 소통의 문화를 형성하여 가르침으로써 촘스키의 교육사상을 투영할 수 있는 기틀이 마련될 수 있다.

그리고 촘스키 사상의 교육적 적용의 가능성에 관하여 초·중등 교사들은 다음과 같은 의미를 부여하였다.

> "학습자 중심의 교육사상으로서 촘스키의 통찰은 시사적이다. 특히 학교와 사회를 분리하지 않고, 학습자와 교수자가 '사회관계' 안에 함께 있음을 전제하는 것은 매우 중요한 지점이다."

> "국가가 요구하는 '주입적 교육과정'이 아니라 '진실'에 도달하기 위한 교사의 노력과 학습자의 성취는 21세기 교육에서 매우 중요한 요소라서 그 의미가 크다."

> "권력에 휘둘리지 않고, 진실을 탐구하는 과정으로 학습을 설정하고 '비판적이고 창의적인 사고력'을 고취시키기 위한 사상이 우리 사회의 교육 현실을 반성하도록 만든다."

"학생을 공동체의 일원, 행동하는 참여자로 길러내는 사상은 '융합형, 통섭형' 인재를 길러내는 현 시기의 교육목표 실현을 위해 적극적으로 도입될 수 있다."

"한국사 교과에서는 건국절 논란, 한국 현대사의 많은 문제들이 역사적으로 정립되어 있지 않아 학생들에게 진실을 가르치는데 어려움이 있으며 교사 자신의 주관이 개입될 수 있는 여지가 많다. 이런 점에서 학생들에게 스스로 세상을 탐구하는 능력을 가르쳐 준다면 학생들은 자신들의 생각을 바탕으로 역사적 사건에 대한 판단을 하게 되고 자신만의 역사관을 정립해 나갈 수 있을 것이다."

"학생들을 학교공동체 일원으로 간주하여 많은 참여를 이끌어 낼 수 있을 것이다. 학교운영위원회에 학생대표가 참여하거나 교복선정위원회, 축제 준비, 학교자치법정 운영, 학생자치회의 자율적인 운영 등 다양한 부분에서 학생들이 주도적으로 참여하고 학교구성원으로서 학교운영에 있어 학생 자신들의 목소리를 낼 수 있다는 점은 현재도 부분적으로 실행하고 있지만 향후 보다 확대된 방향에서 학생들의 목소리를 학교현장에서 끌어낼 수 있을 것이다."

이상에서 교사들의 반응을 살펴보았듯이, 촘스키의 교육사상은 한국의 학교교육이 지식위주, 입시위주, 성적위주, 학벌위주로 작동하는 현실에서 반성적 지향점을 제시해준다. 즉 학교교육이 본연의 목적인 사고력 계발 및 민주시민으로서의 자질 함양에 초점을 두어야 하며, 학생 중심의 비판적 사고와 참여를 통한 민주시민의 자질 함양을 추구해야 함을 깨닫도록 해준다. 이를 위해 교사들은 수업 시간 속에서, 학급경영 및 학교경영 속에서 학생들과 함께 그러한 상호작용이 가능할 수 있는 다양한 그리고 가능한 방법들을 성찰해보고 적용해볼 수 있다는 점도 알 수 있다.

2) 촘스키 사상의 교육적 적용의 한계

촘스키 사상의 교육적 적용의 한계에 관한 초·중등 교사들의 견해를 종합 정리하면 다음과 같다.

변화하는 학교 및 사회에서 촘스키의 교육사상은 시사하는 바가 매우 크다. 하지만 한계점도 분명 있는데, 특히 한국 사회에서의 적용은 더욱 그러하다. 현행 대입제도 및 대학교의 구조상 한국에서는 대학입학을 위한 선발과정이 매우 중요하다. 소위 명문대에 입학하고자 하는 학생들은 많고 자리는 적은 상황에서 결국 선발과정의 줄 세우기가 필요하고 그러다보니 우리 사회에서의 학력 경쟁은 매우 심각한 상황이다. 이러한 상황이다 보니 학교에서는 탐구적이고 창의적이며 비판적인 수업만을 이끌어가기에는 교육수요자의 요구와 너무 맞지 않는 결과를 낳게 된다. 분명 촘스키의 교육사상은 긍정적인 부분이 많지만 우리 현실에 적용하기에는 아직 이른 감이 있다.

첫째, 수업과 관련해서, 학생들의 인성교육과 창의성교육 등 흥미와 동기를 유발할 수 있는 교육을 실시해야 하지만, 현재의 수업은 입시위주의 교육, 성적 제일주의, 무한 경쟁에서 자유로울 수 없다. 인성교육에 주력하여 인간관계의 회복, 정서적 안정 등을 실시하여 사교육에 대응할 방안을 마련해야 하지만, 사회 전반적인 인식이 변하지 않는 한 이는 더욱 어려울 것으로 보인다. 일부 지역의 경우 과밀학급을 해소하고 방송교육이나 방과 후 학습지도, 특별활동, 보충심화지도, 학교교육 시설의 방과 후 활동 활용 등을 통해 모든 학생들에게 골고루 수업의 혜택을 받을 수 있도록 하고 있지만, 지역적 차이, 재정적 차이 등으로 어려움을 겪고 있다.

둘째, 학급경영과 관련해서, 현재 학교교육의 목표는 학교교육을 담당하는 교장이나, 교사, 학생, 학부모의 의견이나 합의가 전혀 이루어지지 않은 채 결정된다. 이는 교사가 학급경영을 하면서 문화의 중간전달자로서 진실을 말하는 대신 소수집단에 의하여 결정된 지식을 비민주적인 방식으로 학생에게 충실히 전달하는 역할을 수행하게 하는 데 그치고 있다. 결국 획기적인 변화를 위한 방안이 마련되지 않은 채, 학습자 중심의 민주주의 교육을 아무리 강조한다 하더라도, 대다수 교사들의 인식 전환이 이루어지지 않고, 사회적 합의가 바탕이 되지가 않는다면 민주적인 학급경영 역시 어려움을 겪을 수밖에 없다.

셋째, 학교경영과 관련해서, 교육활동의 본질인 인간중심 교육, 민주주의 교육, 자기계발 등 교육의 본질적인 목적에 초점을 두고 학교경영을 해야 하지만, 현실은 실력보다 성적을 중요시하고, 다양한 인류의 지적 산물보다 사회적 요구를 우선시하며, 삶의 다양성을 인정하기보다 여전히 획일화된 문화를 염두에 둔 학교경영을 하고 있다. 즉 사회 곳곳에서 학교교육의 문제점과 해결방안의 모색에 대하여 끊임없이 요구하고 있고, 진정한 교육의 목적과 학교의 역할에 대한 재검토를 촉구하고 있지만, 현실의 목표는 단순히 학생들의 학업성취도를 향상시키고, 좋은 입시결과를 위해 지식교육에 충실하고 있다. 지식교육에 편중되어 실시하는 폐단을 줄이도록 이미 ①입시위주의 교육 형태 개선으로 인성교육 등의 교육본질 추구, ②언제 어디서나 학습자의 교육이 객관적으로 인정될 수 있는 체계적 입시제도 정립, ③학교교육이 입시위주의 교육이 아닌 진정한 교육실천의 공간이 될 수 있도록 교육정책의 마련 등 다양한 의견이 제시되었지만, 학교구성원들의 전반적인 공감과 합의가 이루어지지 않는 한 실현되기가 현실적으로 어려워진다.

그리고 촘스키 사상의 교육적 적용의 한계에 관하여 초·중등 교사들은 다음과 같은 의미를 부여하였다.

> "촘스키의 교육사상은 이론 체계로서 매우 완결하지만, 한국을 포함한 '제도교육'으로서 학교에서는 즉각적인 적용과 도입에 별도의 연구가 필요하다. 특히 한국의 학교교육은 '입시교육'의 큰 영향력 아래 존재하고 있으므로, 촘스키가 상정하는 '교수자-학습자' 모델을 실행하기에는 매우 큰 어려움이 있다. 특히 학부모, 학생의 요구가 '입시를 통한 신분 상승, 사회적 성공'으로 맞추어진 상황이므로, 근본적인 교육체제 개편과 사회적 합의가 없는 상태에서 촘스키의 사상과 방법을 도입하는 것은 논란의 소시가 매우 크다."

> "역사를 배우는 입장에서 학생들이 몇몇 구체적인 사례만을 가지고 역사적 판단을 하는데 있어 오류가 발생할 가능성이 크다. 실제 학생들은 역사적 쟁점이나 인물을 판단할 때 선악(善惡)구도로 판단하거나 흑백논리로 판단하는 모습을 볼 수 있다. 이런 점에서 교사가 올바른 역사관을 바탕으로 학생들이 판단할 수 있는 지침을 제공할 필요가 있다."

> "학교운영에서 학생들이 참여하는 경우, 구체적인 행정적 절차와 상충되는 경우가 많고, 현 입시경쟁 체제 속에서 학생들의 적극적인 학교구성원으로의 참여는 한계가 있다. 학생들에게 학교자치법정을 해보면 논리적이고 객관적인 선택보다는 감정적이고 주관적인 선택을 하는 모습을 많이 볼 수 있다. 학생 스스로의 힘은 한계가 있다."

> "학교의 교육구조 내에서 진실을 말하고 진실에 접근하기 위한 활동을 하는 것이 쉽지 않다. 특히 교사가 단독으로 수업을 진행하는 것도 힘들뿐더러 교사 역시 이런 교육의 목적을 달성하도록 훈련되지 않았다."

> "촘스키의 사상이 한국 사회에서 쉽게 통하지 않을 것이다. 한국의 학교가 여전히 입시위주의 교육이 이루어지는 현 상황에서 진실을 찾는 교육을 하려면 전 사회의 구성원이 교육에 대한 일정한 합의가 필요하고 교육과정 개선으로까지 이어져야 한다."

> "학교의 변화가 필요하다는 것에는 동의가 되나 현 사회는 학교의 변화만으로는 되지 않는다. 학교를 둘러싼 다른 사회구조가 함께 변화하지 않는 한 현실과 괴리된 학교가 될 가능성이 크다."

이상에서 교사들의 반응을 살펴보았듯이, 촘스키의 교육사상은 숭고하지만 한국의 학교교육이 지식위주, 입시위주, 성적위주, 학벌위주로 작동하는 현실에서 적용하기가 쉽지 않다는 한계에 봉착하게 된다. 즉 대다수의 학부모와 학생들 그리고 교사들이 학교교육을 진학과 출세의 수단으로 간주해온 '경로 의존성'에서 벗어나지 못한 현실 속에서 촘스키의 교육사상을 수업, 학급경영, 학교경영 차원에서 반영하기란 쉽지 않다. 따라서 교사 개인의 힘으로 촘스키의 교육사상을 학교현장에서 적용하기만을 기대하고 요구하는 것은 무리이기 때문에 공교육정상화가 가능해지는 입시제도 또는 교육정책의 큰 변화가 뒤따를 때 교사가 촘스키의 교육사상을 수업, 학급경영, 학교경영 속에서 원활하게 적용해볼 수 있다는 점도 알 수 있다.

Ⅲ. 결론

현재 한국의 학교교육은 변화의 과정을 밟고 있다. 4차 산업혁명에 발맞추어 새로운 인재상을 설정하고 미래의 사회에서 살아갈 수 있는 학생들을 길러내기 위한 다양한 변화를 모색하고 있다. 새로운 수업방법을 도입하고 과정중심평가로 학생들에게 결과보다 과정이 중요함을 알려주며, 혼자 우뚝 서는 것보다 함께 나아가는 것이 바람직함을 체득할 수 있도록 수업을 구안하고자 한다. 이러한 변화의 과정에서 촘스키의 교육사상은 시사하는 바가 크다.

우선 교사의 역할이다. 이전의 학교에서 교사의 역할은 전달자로서의 역할이 컸다. 기존의 사회에서 중요하다고 여겨지던 지식들을 학생들에게 전달하고 주입하고 그것을 잘 수행하면 좋은 점수를 받을 수 있었다. 하지만 점차 변화하고 있는 학교에서 교사는 조력자의 모습을 하고 있다. 촘스키의 교육사상에서 보이듯, 학생들 스스로가 세상을 탐구하도록 과정을 이끌어준다. 일방적인 전달이 아니라 학생들이 지식을 탐구하면서 창의적이고 비판적인 사고력이 성장할 수 있도록 안내하는 것이 교사의 역할임을 촘스키는 강조한다. 특히 탐구적, 비판적, 참여적 가르침을 실천하는 용기 있는 교사의 역할을 강조한다.

다음으로는 학교에서 전달하고자 하는 내용에 관한 점이다. 기존의 학교에서는 사회에서 중요한 지식이라고 인정받은 것들을 얼마나 잘 전달하는가에 초점이 맞추어 있었다면 변화하는 학교에서 그것을 중요하게 여기지 않는다. 이미 사회는 정보의 홍수 속에 놓여 있고 언제든 검색만 하면 필요한 정보를 무궁무진하게 얻을 수 있다. 그렇기 때문에 정보를 머릿속에 우겨 넣는 것이 이제 중요하지 않는 사회에서 촘스키는 지식을 얻는 법을 학습할 것을 강조한다. 사회현상을 제시하고 그 이면에 담긴 사회의 이치를 스스로 탐구하는 것이 미래 사회를 살아갈 학생들이 배워야 할 것이라고 말하고 있다.

하지만 한국사회의 과도한 교육열, 입시위주 교육, 지식위주 교육, 학교들 간의 서열화 같은 사회문제 속에서 촘스키의 교육사상을 교사가 자유롭게 실천하기에는 현실적으로 어려운 것이 사실이다. 비판적 사고 및 탐구적 활동을 통한 민주시민 육성으로 대표되는 촘스키의 교육사상은 공교육정상화의 기틀이 구현될 때 교사가 실천하기 용이해질 수 있다. 즉 교사가 진도에 쫓기지 않아도 되며, 지식 전달을 넘어 독서와 사고력을 강조해도 반겨질 수 있으며, 정답이 아닌 생각과 대안을 서로 교류하는 것이 존중될 수 있는 공교육정상화의 기틀을 마련하려는 노력도 요구된다.

공교육정상화의 기틀은 입시제도 및 교육정책을 통해 우선적으로 마련하려고 해야 한다. 이에, 특정 교과 위주의 입시를 벗어나 학생의 다양한 재능과 잠재력을 살려준다는 취지에서 학생부종합전형은 공교육정상화를 위한 의의가 크지만, 학교생활기록부의 신뢰성과 타당성을 더욱 확보해야만 하는 과제를 해결해야 한다. 또한, 학교들 간의 서열화가 뚜렷한 현실이 공교육정상화에서 멀어지는 힘으로 작용하기 때문에, 과학고 및 외고 그리고 자사고 같은 학교들에 대한 평가를 공정하고 엄격하게 하여 본래의 취지에서 벗어난 학교운영을 하거나 공교육정상화에 역효과를 유발하는 경우 일반고로 전환하고 평준화를 확대하는 교육정책도 고려할 필요가 있다. 그리고 한국의 공교육정상화에 있어 가장 큰 걸림돌은 대학들 간의 서열화에 있기 때문에 비록 단기간에는 실행 가능성이 희박하더라도 대학평준화의 방향도 함께 고려해볼 필요가 있다(인문학연구, 2017, 28, 309-327.).

3부

사회정의와 교육정책

사회정의에 근접한 학교교육이 추구되기 위해서는 그것에 부합하는 교육정책이 시행되어야 한다.

사회정의에 부합하는 교육정책으로서 평준화제도가 타당한지 아니면 학교선택제가 타당한지 가려볼 필요가 있다.

7장

사회정의와 고교평준화제도

Ⅰ. 서론

교육정책은 한 나라의 교육에 대한 가장 큰 방향의 지침이고, 그것에 따라 교육의 주체인 학생, 교사, 학부모의 교육에 대한 관심과 노력의 방향이 결정된다. 그리고 어떤 교육정책을 수립하고 어떻게 시행하는가에 따라 교육 주체들의 교육에 대한 기회, 헌신, 신뢰가 좌우될 뿐만 아니라 크게는 국가발전의 성패가 좌우되기 때문에 교육정책의 제반 활동은 매우 신중을 기해야만 한다. 그러나 그동안 정부에서 교육정책으로 추진해온 일련의 활동들은 경쟁, 선택, 수요자 중심 등의 시장원리를 근본으로 하고 있다. 그 대표적인 교육정책들에는 자율형 사립고 추진, 기간제 교사의 확대, 성과급 차등지급제, 학교와 교육청 평가 등이 있다. 이외에도 신자유주의적인 맥락과 같이 하는 것으로서, 아직 공식적인 교육정책으로 표면화되지는 못했지만 끊임없이 제기되고 있는 것이 바로 '고교평준화제도 폐지' 쟁점이다.

고교평준화제도는 한국에서 유래가 드물 정도로 지속적으로 명맥을 유지해온 교육정책이다.[1] 비록 고교평준화제도가 학생과 학부모의 학교선택권

1) 고교평준화제도는 고등학교의 교육조건을 평준화하여 학교 간 교육 격차를 해소하고 그를 통해 교육의 기회균등과 평등을 실현한다는 취지에서 1974년 서울과 부산에서 먼저 시행되는 것으로 시작되었고, 그 후 확대 시행되었다.

침해, 생활지도 및 진로지도의 어려움, 사학의 독자성과 자율성 위축 등의 부작용을 가져온다(서정화, 2001)는 비판을 받기도 하지만, 중학교 교육과정 운영의 정상화, 고등학교의 교육 격차 해소, 지방교육의 발전 실현, 대도시 인구 집중 억제 등의 성과(윤정일 외, 2002)를 가져온 것이 사실이다. 또한 여러 조사에서도 나타나듯이 고교평준화제도는 전반적으로 국민의 지지를 받고 있다.

그러나 고교평준화제도 폐지를 주장하는 사람들은 고교평준화제도 때문에 학생들의 학력 하향평준화 현상이 나타나고, 공교육 붕괴가 일어나며, 사교육비와 조기유학이 증가하고, 학부모와 학생의 학교 선택권이 침해받는다고 주장하면서 고교평준화제도 폐지를 요구한다. 교육인적자원부도 「국가인적자원개발 정책보고서」(2002)를 통해 '사학 완전 자율화' 방안을 추진하는 등 현행 고교평준화제도의 틀을 벗어나려는 움직임을 구체화하고 있다.

그렇지만, 새로운 교육정책이 시행되기 위해서는 기존의 교육정책의 문제에 대한 정확한 진단이 선행되어야 하고, 새로운 교육정책을 시행하는 것이 더 바람직하고 효과적인 결과를 가져온다는 확신이 실증적으로 검증되어야 한다. 특히 고교평준화제도는 한국의 사회정의와도 연관성이 있기 때문에 신중하게 고려되어야 한다.

이에, 고교평준화제도의 폐지를 주장하는 사람들이 고교평준화제도의 문제점으로 지적한 것, 즉 고교평준화제도 때문에 학생들의 학력 하향평준화, 공교육 붕괴, 학부모와 학생의 학교 선택권 침해, 사학의 자율성 침해가 발생한다는 것이 정확한 진단인지를 실증적인 자료를 바탕으로 고찰하고, 그리고 고교평준화제도의 폐지에 내재되어 있는 이데올로기를 조명하여, 고교평준화제도의 정당성을 재조명하고자 한다.

Ⅱ. 본론

고교평준화제도의 폐지를 주장하는 사람들이 제기하는 명분 즉, 고교평준화제도가 학력의 하향 평준화, 공교육 붕괴, 학교선택권 박탈, 사학의 자율성 침해를 가져온다는 논리의 진위를 아래에서 살펴본다.

1. 고교평준화제도 때문에 학생들의 학력이 하향평준화 되었는가?

고교입시 평준화가 학력의 하향평준화를 초래한다는 입장은 학생들 간에 수준 차이가 있음에도 불구하고 같은 교실에서 획일적인 수업을 받게 함으로써 상위권 학생 및 하위권 학생 모두가 학업에 흥미를 잃게 만들고, 교사의 학습지도 어려움을 가중시킨다고 한다(이성, 2001). 이에 맞물려, "서울대의 자연대와 공대는 신입생을 대상으로 '열(劣) 반' 강좌를 별도로 편성해야 할 정도가 됐다"(주간조선, 2002. 2. 27)는 보도와 함께 고등학생들의 학력저하 현상을 고교평준화제도 때문으로 그 원인을 돌리기도 한다. 그리고 2002학년도 2003학년도 대입수능시험에서 난이도 조절이 실패하고 성적이 낮아지자, 그 원인을 학생들의 학력 하향평준화로 돌리고, 그것은 다시 고교평준화제도 때문으로 귀속시킨다. 그러나 이것은 명확하고 실증적인 근거를 바탕으로 한 논리가 아니다. 고교평준화제도와 학생들의 학력 하향평준화는 직접적인 관련이 없다는 주요 실증적인 연구들을 살펴보면 다음과 같다.

김윤태 등(1978, 1979)은 고교평준화 정책과 학력의 하향평준화와 관련된 주제를 주요 분석의 내용으로 삼고 있는 연구를 하였다. 먼저 1차년도 보고서(김윤태 등, 1978)에서는 대학입학 예비고사 성적과 서울대학교 본고사 성적을 지역별로, 그리고 연도별로 비교·분석하였다. 평준화 정책 실시 전후의 비교조건을 통제하여 산출한 1977학년도의 서울·부산지역 예비고사 평균점수는 평준화가 적용되지 않았던 1976학년도 졸업생에 비해 1.4점밖에 떨어지지 않아 오히려 기타 지역의 3.0점보다 덜 떨어진 것으로 나타났다. 아울러

서울대학교 본고사 평균점수를 서울·부산지역 출신자와 기타 지역 출신자로 구분하여 비교하여 보아도 뚜렷한 차이가 나타나지 않은 것으로 조사되어, 결국 평준화를 통한 학력의 하향화 현상이 나타나지 않았다는 결론을 내리고 있다. 2차년도 보고서(김윤태 등, 1979)에서도 이와 유사한 방식으로 서울, 부산, 인천, 광주, 대구 지역의 고등학교 졸업자들의 학력을 측정하기 위해 전국 4개 국립대학의 본고사 결과를 비교하였다. 4개 국립대학교의 합격자와 응시자의 입시성적을 분석하고 출신지역별 합격자 수와 전체 합격자에 대한 구성비를 분석해본 결과, 평준화 지역이 비평준화 지역보다 해마다 높은 점수를 보였고 평준화 시책 실시 후의 변화도 두 지역 공히 비슷하였으며, 지역별 합격자 수와 전체 합격자에 대한 그 구성비를 비교한 경우에도 평준화 정책 적용 전후 사이에 별다른 변화를 보이지 않았다. 이를 토대로 일반적인 문제점으로 논의되었던 평준화 시책 실시 이후 평준화 지역의 학력 저하현상을 찾아볼 수 없다는 결론을 내리고 있다(성기선 외, 2001).

김영철 등(1995)은 고등학교별 입학성적과 고등학교 3학년 당시의 학업성취도 평균점수의 변화를 비교하였다. 연구 결과에 의하면, 고등학교 입학 연합고사 성적은 평준화 지역이 비평준화 지역보다 더 높게 나타나고 있다. 그리고 고등학교 3학년 성적과 고등학교 입학 당시의 성적 분포를 표준점수로 환산하여 비교한 결과에 의하면, 지역을 막론하고 전반적으로 큰 변화가 없는 것으로 나타났다. 특히 평준화 지역과 비평준화 지역의 변화를 비교하면 비평준화 지역이 약간 더 올라가기는 하지만 의미 있는 차이는 아니었다.

성기선 등(2001)은 고교평준화 실시에 따른 학생들의 학업성취도 변화를 보다 구체적으로 분석하기 위해 고교평준화 실시 여부별로 학생들의 학업성취도 변화과정을 1학년부터 3학년까지 종단적인 연구를 하였다. 연구 결과에 의하면, 첫째, 평준화 고등학교의 학업성취도 수준은 1, 3학년 모두 비평준화 고등학교보다 높은 편이었다. 1학년의 경우 평준화 지역의 고등학교가 약 13점 높으며 동일 학생의 3학년 성취도 수준은 약 15점 정도 비평준화 지역의 고등학교보다 높았다. 둘째, 고등학교 1학년 때의 학업성취도 변인의 영향력을 통제하였을 경우에도 3학년 때의 학업성취도 수준은 여전히 평준화 지역의 고등학교들이 높은 편이었다. 평준화 지역의 고등학교에 다닐 경우, 다른 조건이 동일하다면 비평준화 고등학교에 다닐 경우보다 3학년 성적이 평균적으로 15.75점 높아졌다. 셋째, 고등학교 입학 당시의 학생들의 성적집단별로 구분하여 분석해본 결과, 평준화 고등학교의 경우 비평준화 고등학교와 비교할 때, 최상위권 학생들의 성적은 다소 떨어졌으며 중하위권 학생들의 성적은 상대적으로 많이 상승하였다. 즉 평준화 고등학교는 비평준화 고등학교와 비교해볼 때, 성적 상위권 학생들에게는 상대적으로 다소 불리한 측면이 있는 반면, 중하위권 학생들에게는 매우 유리하다고 볼 수 있었다.

중앙교육진흥연구소(2001)는 고교평준화 지역과 비평준화 지역 학생들 간의 성적 집단별 학력이 어떻게 변화되는지를 추적하는 연구를 하였다. 전국의 평준화 고교 123개 학교와 비평준화 고교 121개 학교를 대상으로, 고등학교 입학 당시에 비해 동일 학교 학생들의 성취도 수준이 3년 후 어떻게 변화되었는지를 알아보기 위해, 1998년 3월 당시 고등학교 1학년을 대상(105,958명)으로 실시한 모의 수능시험 점수와 2000년 10월에 동일 학생들인 3학년을 대상(101,715명)으로 실시한 모의 수능시험 점수를 비교·분석하였다. 연구결과에 의하면, 300점 이상 점수를 받은 집단의 평균점수는 평준화 고교가 26.6점, 비평준화 고교가 30.8점 상승하였다. 260~300점미만의 점수를 받은 집단의 평균점수는 평준화 고교가 42.0점, 비평준화 고교가 33.5점 상승하였다. 220점~260점미만의 점수를 받은 집단의 평균점수는 평준화 고교가 43.2점, 비평준화 고교가 36.1점 상승하였다. 180~220점미만의 점수를 받은 집단의 평균점수는 평준화 고교가 42.8점, 비평준화 고교가 38.5점 상승하였다. 180점미만의 점수를 받은 집단의 평균점수는 평준화 고교가 21.4점, 비평준화 고교가 25.5점 상승하였다. 그리고 전체집단의 평균점수를 비교해보면, 평준화 고교는 42.3점, 비평준화 고교는 35.6점 상승하였다.

그리고 Watson과 Marshall(1995)은 능력별 이질집단 편성[2]의 효과성과

---

2) 학생집단 편성방법 중 동질집단편성은 학생 배치기준에 있어서 비슷한 성질의 학생으로 집단을 편성하는 방식이며, 이질집단 편성은 배치기준에서 성질이 다른 학생들이 고루 섞이도록 집단을 편성하는 방식이다. 예를 들면, 배치기준에는 능력, 성, 취미 등이 있을 수 있는데, 남녀공학은 성별 이질집단편성이 된다(박병량, 1997). 따라서 고교평준화제도를 따르면 학교 단위로 능력별 이질집단이 편성되고, 고교 비평준화 제도를 따르면 학교 단위로 능력별 동질집단이 편성된다.

학생들이 이질집단과 동질집단 상황에서의 경험을 어떻게 인식하는가를 규명하는 연구를 하였다. 독립변인은 이질집단 또는 동질집단 편성이었고 종속변인은 생물학 시험 점수가 사용되었으며, 자료분석 절차는 공분산 분석이 사용되었다. 연구 결과에 의하면, 학업성취도 측면에 있어서는 두 집단간에 별 차이가 없었다. 그러나 학생들의 학습경험에 대한 인식을 묻는 질문에서 이질집단 조건에 있던 학생들이 더 긍정적인 반응을 보였다. 즉, 능력별 동질집단 편성이 학생들의 학력 향상에 효과적이지 못하고, 오히려 능력별 이질집단을 통해 양적으로 계산할 수 없는 가치 있는 것을 배울 수 있음을 알 수 있다.

이상에서 살펴보았듯이, 학생들의 학력 하향평준화 현상은 고교평준화 정책 때문이 아니다. 학생들의 과외, 학원, 사교육비 등에서 학부모들과 학생들이 과거보다 더 교육에 열중함에도 불구하고 학생들의 학력이 낮아지는 것은 사회현상의 연장선상에서 파악해 볼 수 있다. 과거와 비교해볼 때, 정치와 경제 그리고 일반사회문화 등에서 '과정의 민주화와 자유'가 이루어지고 있는 것이 사실이다. 교육에도 이러한 사회현상이 접목되어 과거와 달리, 학교에서는 학생들에게 공부를 강요할 수 없게 되고 학생들도 자유로운 사회적인 풍토와 환경에 매료되어 공부를 재미없더라도 해야 하는 것으로 예전만큼 인식하지 않게 되는 요인이 큰 것이다. 그리고 고등학교 졸업생 정원보다 대학의 신입생 모집 정원이 더 크게 된 교육현실도 전체적으로 보았을 때 학생들의 학업열중에 대한 마음을 이완시킨 것으로 보아야 한다. 따라서 동일한 시점에서의 평준화 고등학교 학생들과 비평준화 고등학교 학생들과의 학력변화를 비교하지 않고, 과거의 학생과 현재의 학생의 학력을 비교하면서 고교평준화제도가 학력을 낮춘다는 논리는 모순이 있다.

2. 고교평준화제도 때문에 공교육 붕괴가 발생했는가?

학급붕괴는 학생들이 교사의 지시를 전혀 따르지 않아, 수업은 물론 학급 생활마저 이루어지지 않는 상황을 일컫는 말(심연미, 2000)로써, 1999년 일본의 '학급붕괴' 논의가 대중매체에 소개되면서 우리의 상황에 대한 대중매체들의 선정적인 보도들이 이어지는 가운데 '학교붕괴', '교실붕괴'가 커다란 쟁점으로 등장하였다(김정원, 2002).

그런데, 고교평준화제도 폐지를 주장하는 사람들은 이러한 공교육 붕괴현상이 고교평준화제도 때문이라고 한다. 즉, 고교평준화 때문에 학력의 차이를 무시한 이질집단의 학급 편성이 이루어지고, 그로 인해 공교육 붕괴 또는 교실붕괴가 초래되었다는 것이다. 이와 관련하여, 허혜경(조선일보 사설칼럼, 2001, 11, 27)은 고교평준화 정책이 공교육을 피폐화시킨 주범이고, 그 결과로 교실붕괴가 발생한다고 주장하였다. 그리고 한국교육과정평가원(2001)은 연구를 통해 다음과 같은 사례를 지적하면서, 고등학교 교육과정에서는 교사가 수업의 중심을 잡을 수 없는 지경이 되었다고 소개하였다.

(자습시간 다음 시간이고, 1학년과 3학년들이 하교하는 7교시 수업은 힘든 것 같다. 복도가 시끄럽고 학생들의 눈길은 자주 복도에 쏠린다. 여전히 자는 아이, 쪽지를 건네는 아이들이 있다.)

교사: (반장을 때린다.)
학생: 아, 짜증 나. 공부 안돼.
교사: 너네들은 언제나 공부가 안되는 애들이야. (창가의 아이들은 계속 떠든다. 50분이 매우 길게 느껴진다.)
학생: 띠리리 띵. (학생들은 수업이 끝날 때가 되었는데도 종이 울리지 않자 입으로 종소리를 내며 교과서와 자료를 책가방에 쑤셔 넣는다. 교실 뒤에 다른 반 아이가 들어와 기어 다니며 장난을 친다.)
교사: (시간이 지났는데도 악을 쓰며 계속 설명을 한다. 아이들은 아예 자리에서 일어나 돌아다닌다.)
학생: 끝났어요! The End.
교사: (허둥지둥 교실을 빠져나간다.)

※ 출처: 한국교육과정평가원(2001)의 '학교교육 내실화 방안 연구(1)' 중에서 C고교 2학년의 국어수업 참관록.

일선 학교현장에서 나타난다고 하는 위와 같은 현상은 올바른 학교교육이 되기 위해서 우리가 반드시 교육적으로 해결해야 하는 숙제이다. 그러나, 위와 같은 현상이 모든 학교들에서 일상적으로 나타나는 일들인지, 그러한 일들을 '붕괴'라는 개념으로 정의하는 것이 옳은지, 그리고 그 원인이 과연 고교평준화제도 때문인지는 명확히 규명해볼 필요가 있다.

김정원(2002)은 남녀공학 일반계 고등학교 27개 학급을 대상으로 학교붕괴가 실제로 일어나고 있는지 그리고 그 원인은 무엇인지에 대해 질적연구를 하였다. 연구 결과에 의하면, 수업의 질서가 심각하게 파괴되거나 학교규칙의 통제력이 심각하게 상실되고 있는 현상이 일반적인 것이 아니기 때문에 공교육체제 내의 학교상황을 설명하는데 '학교붕괴'라는 개념은 적절치 않다고 하였다. 그것보다는 학교 체제가 배움의 질을 높이기 위한 방향으로 원활하게 움직이지 못하기 때문에 '학교위기'라고 규정지었다. 그리고 학생들이 부정하는 것은 학교교육 자체가 아니라, 교과서나 참고서를 읽는 것과 다를 바 없는 학교수업, 별다른 원칙도 없이 만들어지거나 바뀌면서 지키기를 강요당하는 학교규칙임을 지적하였다. 학생들이 원하는 것은 재미있고 내용있는 수업이며, 합리적인 원칙에 근거한 교사와의 신뢰로운 만남이지만, 학교조직은 교육의 본질보다는 조직의 안정적 유지 중심으로 움직이는 경향이 강하다는 데 문제가 있음을 지적하였다.

황규호 등(2001)은 교실붕괴의 원인을 좀 더 섬세하게 연구하기 위해, 교사들과의 면담을 통하여 실제로 자신의 수업에서 '교실붕괴' 현상을 경험하였고 연구에 참여할 의사가 있는 중학교와 고등학교 교사들 및 그들의 학생들을 대상으로 질적연구를 하였다. 이들은 관찰한 교실수업을 세 가지 유형, 즉 학생들의 충동적 행동으로 수업의 '통제력이 깨어진 교실', 교사의 강제적인 규제로 수업이 일방적으로 진행되는 '생명력 잃은 교실', 그리고 드물게 일어나는 바 교사와 학생 간의 의미 있는 상호작용을 통해 수업이 이루어지는 '역동적인 교실'로 유형화하였다. 이들의 연구 결과에 의하면, 우리가 교실붕괴라고 부를 수 있는 상황인, 통제력이 깨어진 교실에서는 교수-학습 과정이 주로 교사가 교과서와 준비된 유인물을 중심으로 참고서의 내용과 크게 다르지 않은 설명을 해나가면서 계획된 진도 나가기 위주로 구성되었다. 그리고 학생들의 본질적인 학습동기를 이끌어내지 못하는 교사와 엇갈리는 반응으로 교수활동을 분절시키는 학생들은 물리적으로만 같은 공간에 있었을 뿐이라고 지적한다. 생명력을 잃은 교실에서는 학생들이 수업에 능동적으로 참여하는 것으로 보이지는 않지만 적어도 떠듦으로써 교사의 수업진행에 방해가 될 행동을 하는 학생들은 거의 없었다. 학생들은 교사가 무서워서 순응할 뿐 생생하게 깨어있지 않기에 수업내용 자체에 대해 능동적인 관심을 보이지는 않았다. 교사는 학생들과의 상호 교감 없이 준비된 교과내용을 일방적으로 전달하고 시험을 대비하여 핵심적인 내용을 정리하는 방식으로 수업을 진행하였다. 그러나 소수의 학생들 외에 실제로 대부분의 학생들은 조용히 자신이 하고 싶은 '딴 짓'을 하였다. 역동적인 교실에서는 교사는 학생들의 관심을 수업 상황 안으로 모으는 독특한 힘을 발휘하였다. 수업의 시작 단계에서 교사는 소집단 편성이나 수업 준비 상태 점검 등을 통해 학생들이 조금 전까지 산만하게 행하던 일들을 접고 진정으로 수업을 들어오게 만들었다. 그리고 교사는 단위 수업 시간을 미리 계획한 다양한 학습활동으로 속도감 있게 전개해 나갔다. 수업과정은 전체가 함께, 소집단별로, 또는 개별적으로 이루어지는 활동들로 옮아가면서 완급이 있었다. 많은 학생들이 교사의 질문에 대해 스스로 생각하고 반응하며 또한 교사의 적절한 피드백을 받으면서 수업에 능동적으로 참여하였다.

이들의 수업관찰을 통해 밝혀진 주목할 만한 현상은 동일한 학생집단으로 구성된 교실에서 각기 다른 교사를 만났을 때 현저히 다른 세 가지 수업유형들이 이루어졌다는 점이었다. 그리고 그 원인으로 다음과 같은 세 가지를 지적하였다.

첫째, 학생과 교사의 서로에 대한 부정적 정서이다. 학생들은 올바른 권위를 행사하는 교사의 모습을 마음에 그리면서 또 다른 한편에서 자신들을 독립적 존재로서 존중하며 수평적 관계를 맺는 '친구 같은 교사 이미지'를 기대한다. 그러나 실제 교사와의 관계에서 학생들은 빈번히 자신의 학업성적이나 용모, 가정환경 등 부분적 특성에 의거해 비교·평가되고 인격적으로 무시되는 상황을 겪는다. 한편 교사들은 학생들의 교사에 대한 태도가 현저히 변화한 점에 이해하기 힘들어하고, 수업지도나 생활지도의 상황에서 자신을 무시하고 도전적으로 맞서는 버릇없는 학생들의 태도에서 교사로서의 정체감에 위기를 느낀다.

둘째, 경험된 수업내용의 질적 성격이다. 즉 수업이 재미없거나 의미 없는 것이 되면 학생들은 수업에 집중하지 못하고 다른 행동을 하게 된다는 것이다. 학생들은 교사가 구체적인 사례를 들어주면 이해가 잘 되고 재미있다고 말한다. 또 무조건 외우기보다 그 이전에 왜 그러한지를 이해하기를 원한다.

셋째, 교실의 문화적 특성이다. 학습이란 개개인의 내면적 과정이 아니라 사회적 상호작용 과정이며, 따라서 교실에서 형성된 문화적 규범이 학생들의 학업성취도에 강한 영향 요인으로 작용한다(Bransford, et al, 2000). 이러한 관점에서 현재 많은 교실 수업 상황에 편재해 있는 개인주의적 경쟁적 문화가 문제시된다. 먼저 요즘 학생들은 각자의 독특하고 다양한 개성을 추구할 것 같은 예상과 달리 집단적 연대감에 의해 보다 더 크게 영향 받는 것으로 나타났다. 또한 단위 수업에서 형성되는 교실문화는 크게는 단위 학교가 속한 지역의 사회·경제적 수준 및 물리적 환경과 같은 구조적 요인에 의하여 영향 받는 것으로 나타났다. 교사와 학생 간의 갈등은 상대적으로 경제적 수준이 보다 높은 지역의 학교에서 더 심각하게 나타났다고 한다.

이상에서 살펴보았듯이, 교실붕괴 현상은 고교평준화 제도 때문이라기보다는 교사와 학생 간의 관계, 수업의 특성, 학교 및 학급의 문화 등 미시적이고 복합적인 과정요인 때문으로 볼 수 있다. 이를 뒷받침하는 연구들로서는 다음과 같은 것들이 있다. 드라이커스(Dreikurs, 1982)는 교사의 학급에서의 행동유형을 바탕으로 전제적인 교사, 허용적인 교사, 민주적인 교사로 분류하고, 교사가 민주적인 방식으로 학생을 대하여 학생들이 학급에서 소속감을 느끼게 될 때 학생들은 문제행동을 거의 하지 않는다고 하였다. 쿠닌(Kounin, 1977)은 교사가 수업을 추진력 있고 순조롭게 진행하며, 학생개인보다 학생집단에 초점을 맞추어 주의집중을 시키고, 학습에 대한 도전감을 자극하며, 다양한 방법으로 수업하고, 학생들이 진보감을 느낄 수 있도록 해줄 때 학생들은 수업 시간에 문제행동을 하지 않는다고 하였다. 글레이저(Glasser, 1990)는 학생의 학습부진과 문제행동은 학교교육의 질과 관계있다고 하였고, 정범

모(2000)는 학교붕괴의 주된 원인으로 학생들에게 학습실패와 학습의욕 상실을 가져오는 교육과정을 지적하였다. 그리고 김영천(1997)은 단위 학급문화의 특성은 구성원들 하나하나에 달려 있는 것이라기보다 학기 초의 집단적 수업경험을 통해 습성화되는 행동방식들의 축적을 통해 구성된다고 하였다. 즉 개별 교과 수업에서 만나는 교사의 스타일과 학습자의 속성이 서로 상호작용하여 다양한 집단적 반응 양식을 형성하며, 이렇게 형성되는 집단적 분위기는 효과적인 교실관리와도 유기적으로 관계 맺고 있다고 하였다.

3. 고교평준화제도 때문에 학교선택권이 침해되었는가?

고교평준화제도의 폐지를 주장하는 사람들은 학생들이 고등학교를 배정받는 방식에 있어서 학생 및 학부모들이 학교를 선택하는 것이 아니라 거주지에 가까운 고등학교에 배정받는 원칙에 의해 학교를 선택 당하기 때문에 학교선택권의 자유가 박탈되는 것을 지적한다. 또한 최근에는 고교평준화제도에 대해 헌법소원이 제기되는 등 논란이 일고 있는 가운데 서울대 법대가 이 제도가 국제인권조약에 위배된다는 내용의 연구서[3]를 발간하여 관심을 유도하고 있다.

고교평준화제도의 폐지를 주장하는 사람들이 학교선택권 보장을 내세우는 주요한 이론적 근거로는 다음과 같은 것이 있다(주철안 외, 1999).

첫째, 자유를 근거로 하는 입장으로서, 사회적 자원의 재분배를 통한 정의보다는 개인의 소유권 보장이 우선적이라는 논리를 펴고 있다(Nozick, 1974). 즉 어떠한 분배적 정의의 정형이라도 자유를 우선시하는 소유권리론에 비해 논리적으로 완벽하지 않다는 것이다.

---

3) 2002년 10월 22일자 조선일보에 의하면, 2002년 10월 20일 서울대 교내 공익인권법센터가 "고교평준화제도는 과열입시경쟁 해소라는 공공복리의 증진을 목적으로 실시되고 있지만 기본적인 인권을 지나치게 제한, 한국이 가입한 국제인권조약과의 충돌 문제가 야기될 수 있다"는 내용을 담은 연구서 '공익과 인권 – 고교평준화'를 발간했다고 보도하였다.

둘째, 평등을 근거로 하는 입장으로서, 교육기회의 평등이 학교선택권 보장의 주요 근거가 된다(Hallinan, 1996). 이러한 교육기회의 평등은 그동안 엘리트들에게 접근 가능하였던 기회를 모든 사람에게 선택 가능하게 함으로써 평등을 촉진할 수 있다는 입장이다. 즉 사회에서 여러 가지로 불이익을 받는 집단에게 학교선택을 할 수 있도록 함으로써 최고의 학교에 다닐 수 있는 기회를 공정하게 줄 수 있다는 것이다.

셋째, 교육을 경제의 개념으로 보는 입장으로서, 교육을 경제분야에서 서비스로 취급할 때 소비자의 상품선택은 소비자의 주권과 관련되기 때문에 학부모의 학교선택은 그 자체가 권리가 됨을 강조한다(Gorard, 1999). 또한 이 입장은 선택의 결정이 경쟁을 유발하여 제품의 질을 높일 수 있기 때문에 교육에서 학부모의 선택 보장은 교육의 질과 밀접하게 관련된다고 여긴다. 이러한 경제의 개념으로 교육을 보는 입장은 기본적으로 시장중심적 선택을 전제하고 있다(Powers & Cookson, 1999). 시중중심적 선택은 개인적 수준이나 기관적 수준에서 일련의 긍정적 변화를 일으켜서(Chubb & Moe, 1990), 학교를 본질적으로 개선할 수 있다는 입장이다.

그러나 학교선택권을 자유와 평등 그리고 경제의 개념으로 보는 이러한 입장에는 매우 명확한 오류와 모순이 내재되어 있다.

첫째, 학교선택권을 자유로 보는 입장은 자유의 개념을 기회의 개념과 혼동하고 있다. 그리고 고교평준화제도가 폐지되어 학교선택권이 부여되면, 자신이 가고 싶은 학교를 자유롭게 선택할 수 있는 것이 아니라 실제로는 성적 순서대로 등급화 되어 있는 학교를 자신의 성적에 따라 선택할 수밖에 없게 되기 때문에, 거기에는 자유가 존재하는 것이 아니라 기회의 개념 중에서도 명목적인 기회만 있게 된다. Whitty 등(1998)이 학교선택권 자체만으로는 이를 의미 있게 만드는 교육과정, 교수방법, 학교조직 등의 다양성을 조장해 주지 않으며 오히려 전통적인 교육방법이나 교육과정을 더 선호하는 경우가 있다고 지적하듯이, 학교선택권이 진정한 의미를 가지려면 먼저 교육과정 및 교육내용이 학교마다 특성이 있어야 하고 그런 학교를 성적 순서대로 정해지게 되는 교육문화가 바뀌는 것이 선행되어야 한다.

둘째, 학교선택권을 평등으로 보는 입장은 명목적인 기회 제공 보장을 평등으로 오인하고 있다. 학교선택권 보장은 공동체로서의 평등과는 거리가 멀어지게 된다. 학교선택권으로 인해 오히려 인종, 사회계층, 문화적 배경이 다른 학생들을 분리시킬 가능성이 높아진다(Fuller & Elmore, 1996). 김신일(1993)이 지적하였듯이, 우리는 교육기회의 허용적 평등에서 교육기회의 보장적 평등으로 나아가야 하고 다시 교육조건의 평등에서 궁극적으로는 교육결과의 평등으로 진보해야 한다.4) 부모의 사회·경제적 배경이 학생의 학업성취도에 결정적인 영향을 미친다(Coleman, 1968)는 점을 생각할 때, 사회·경제적 배경 및 성적에 불리한 입장에 있는 학생들에게 오히려 교육조건을 역차별적으로 제공하는 것이 교육에 있어서 진정한 평등이 아닐까? 우리는 현재의 교육이 어느 정도의 평등 수준에 도달해 있는지 자문해야 하고, 학교선택권 부여가 실제로 의미하는 것은 국가의 책임이 기껏해야 교육의 허용적 평등까지라는 점을 분명히 인식해야 한다.

셋째, 학교선택권을 경제의 개념으로 보는 입장은 경제의 논리가 갖는 순기능만을 교육에 그대로 적용할 수 있다는 안일한 안목을 갖고 있을 뿐, 교육을 시장경제의 논리에 맡길 경우 발생하는 문제점은 간과하고 있다. 즉 성적이 우수한 학생들로 동질집단이 형성된 학교에서는 학생들이 중요한 "투자"의 대상이 되고 교사들은 그들에게 높은 기대를 나타내지만, 성적이 평균 이하의 학생들로 동질집단이 형성된 학교에서는 학생들을 중요한 "투자"의 대상으로 보지 않게 되고 교사들도 학생들에게 높은 기대도 나타내기가 현실적으로 어려워진다. 퍼셀(Persell, 1977)이 밝히고 있듯이, 학생의 사회·경제적 배경과 우열반 소속이 교사의 기대치 형성의 원천이 되고, 이러한 교사의 기대치는 의식적·무의식적으로 학생에게 전달된다. 또한 학급에서 학생과 교사의 상호작용 및 교사의 수업행동 즉 수업계획, 자료준비 또는 자료 제시

4) 교육기회의 허용적 평등이란 법이나 제도상으로 교육받을 기회가 모든 사람에게 고르게 허용되어야 한다는 신념이다. 교육기회의 보장적 평등이란 취학을 가로막는 경제적, 지리적, 사회적 제반 장애를 제거해주어야 한다는 신념이다. 교육조건의 평등이란 학교의 시설, 교사의 자질, 교육과정 등에 있어서 학교 간의 차이가 없어야 한다는 신념이다. 교육결과의 평등이란 교육결과 즉 학업성취도의 평등을 위한 적극적인 조치를 취해야 한다는 신념이다.

방법, 수업에 임하는 시간, 평가방식 등에 반영되어 결과적으로 학생집단 간의 학업성취도 격차를 초래하기 때문에(김천기, 1995), 교육과 경제의 빈익빈 부익부 현상이 체제화될 것이다.

이렇듯, 학교선택권이 내세우는 외형상의 논리는 그 타당성이 결여되어 있다. 그런데도 학교선택권 현시점에서 끊임없이 제기되는 것은 외형상의 논리 이면에 내재되어 있는 이데올로기 때문이다. 고교평준화제도가 폐지되고 학교선택권이 주어지면, 학생들은 고등학교를 진학할 때 성적 순서대로 일류 고등학교에서 삼류 고등학교까지 자신의 능력별로 학교에 진학하게 되기 때문에, 학교 단위로 자연스럽게 능력별 동질집단편성이 이루어진다. 그러나 이러한 능력별 동질집단편성의 찬성과 반대에는 어느 정도 사회계층적인 요소가 반영되고, 그로 인해 혜택을 보는 집단도 특정 계층으로 한정되기 때문에 능력별 동질집단편성의 쟁점에는 이데올로기가 포함되어 있음을 간파해야 한다.

우리가 알아야 할 한 가지 사실은 학부모들과 교육자들이 모든 학생들을 위한 평등주의적 이념을 갖기보다는 자신들의 자녀들을 위하여 능력별 동질집단편성을 원하고, 거기에서 상대적으로 발생하는 교육적 혜택을 유지·보호하려고 한다는 점이다(McKerrow, 1997). 그리고 능력별 동질집단편성이 영재 학생들이나 사회·경제적 지위가 높은 학생들에게만 긍정적인 효과가 나타나고(Fiedler, Lange, & Winebrenner, 1992; Gallagher, 1995; Hoover, Sayler, & Feldhusen, 1993; Jaeger & Hattie, 1995; Kulik & Kulik, 1982; Rogers, 1991), 소수민족계 학생들이나 낮은 사회·경제적 지위를 가진 학생들에게는 부정적인 효과가 나타남(Haller, 1985; Peterson, 1989; Slavin, 1995; Smith-Maddox & Wheelock, 1995; Wheelock, 1992)에도 불구하고 이를 주장한다는 점이다.

오크스(Oakes, 1983)에 의하면, 능력별 동질집단편성에의 반대가 실패하는 이유는 능력별 동질집단편성에는 이데올로기, 선행경험, 그리고 높은 능력으로 구성된 사회계층 문화의 긍정적인 인식 등이 관여하고 있기 때문이고, 이는 결국 능력별 동질집단편성이 특정한 계층에 특정한 혜택을 제공하고 영향을 미치게 된다. 그리고 모든 학생들을 위한 평등한 기회에 반대하는 입장인 능력별 동질집단편성 주장은 여론 앞에 인정받기 어렵기 때문에, 모든 학생들을 위한 "평등성과 수월성", 그리고 "차등화된 교육과정" 형태로 재구성되어 나타나게 된다(Gallagher, 1995).

멕케로(McKerrow, 1997)는 435명의 학부모들을 대상으로 하여, 학부모들이 그들의 수입과 교육수준에 따라 능력별 집단편성을 세 가지 관점, 즉 사회적 억압, 교사의 경영, 그리고 학생의 효과 관점으로 어떻게 생각하는지를 알아보기 위해 연구하였다. 각 관점의 하위척도로써, 첫째, 사회적 억압의 하위척도는 민주주의 사회에서 평등주의자적인 이념을 반영하는 내용을 포함한다. 즉 '능력별 집단편성은 학생들의 수준 차이를 더욱 크게 한다.', '능력별 집단편성은 서로 다르게 집단편성된 학생들끼리의 사회적 접촉을 제한한다.', '능력별 집단편성은 사회적으로 볼 때 부정적인 효과를 가져온다.', '능력별 집단편성은 사회적 평등을 실현하는 것이 아니다' 등의 여섯 가지 항목으로 구성되었다. 둘째, 학생 효과의 하위척도는 능력별 집단편성이 학생 개인에게 직접적인 상처를 준다는 논쟁 내용을 포함한다. 즉 '능력별 집단편성은 불리한 학생들에게 열등감을 갖도록 한다.', '능력별 집단편성은 학생들에게 낙인을 찍음으로써 학교에서 학생들의 지위에 영향을 미친다.', '능력별 집단편성은 수준이 낮은 학생들에게 스스로 낮은 등급의 사람임을 느끼게 만든다.' 등의 다섯 가지 항목으로 구성되었다. 셋째, 교사 경영의 하위척도는 학교와 학급수준에서의 경영 쟁점 내용을 포함한다. 즉 '능력별 집단편성은 그 의미 그대로 정확하게 시행될 수는 없다', '능력별 집단편성은 수업을 쉽게 만드는 것이 아니다', '능력별 집단편성은 수업조직을 간단하게 하지 못한다.' 등의 네 가지 항목으로 구성되었다. 그리고 각 항목은 5점까지 사용하는 방식(five-point Likert-type scale : 1점은 매우 그렇다. 5점은 매우 아니다)을 적용하여 평가되었다. 따라서 모두 합한 점수가 높으면 능력별 동질집단편성을 찬성하는 입장이 되고, 점수가 낮으면 능력별 동질집단편성을 반대하는 입장이 되는 것이다. 또, 자본주의 사회에서 상대적인 혜택이라고 볼 수 있는 학부모들의 수입과 교육이 능력별 동질집단편성을 찬성하는지 반대하는지의 관계 변인으로 조사되었다. 연구 결과에 의하면, 학부모들의 교육은 능력별 동질집단편성과 유의미한 관계가 없었으나, 학부모들의 수입은 그것이 많을수록 사회적 억압과 교사의 경영 척도 면에서 능력별 동질집단편성을 찬성하고 지지하는 데에 매우 긍정적으로 관계되었다.

이상에서 살펴보았듯이, 고교평준화제도의 폐지는 학생들에게 실질적인 학교선택권이 아닌 명목적인 학교선택권을 제공할 뿐만 아니라 인격 침해를 제도화하게 된다. 그리고 학교선택권이 내세우는 자유, 평등, 경제 측면의 외형상의 논리는 그 타당성이 결여되어 있고, 그 이면에는 특정한 계층의 이데올로기가 작용하고 있음을 알 수 있다.

4. 고교평준화제도 때문에 사학의 자율성이 침해받는가?

학교의 자율성은 단위학교에서 무엇을 어떻게 언제 가르칠 것인지와, 학교의 재정과 인사, 학사의 운영 등을 법령의 범위 안에서 외부의 간섭을 받지 않고 독자적으로 결정할 수 있는 것을 의미한다(이기우, 2001). 이러한 의미로 볼 때, 사학의 자율성은 교육과정 운영, 학생 선발, 교원 인사, 등록금 책정 등에 있어서 정부나 지방자치단체의 간섭을 받지 않고 사학재단이 독자적으로 결정할 수 있는 것이라고 할 수 있다.

고교평준화제도의 폐지를 주장하는 사람들은 그 명분의 하나로서 이러한 사학의 자율성 침해를 지적한다. 즉 사립학교라면 본래 건학이념에 부합하는 학생들을 선발하여, 특성 있는 교육과정을 운영해야 그 존립 의의를 지니게 되지만, 고교평준화제도 하에서는 사립학교 역시 추첨에 의해 학생을 배정받게 됨으로써 학생선발 권한을 발휘하지 못하고, 나아가 사학 고유의 교육과정을 운영하기 어렵게 될 뿐만 아니라, 학교법인이 자체적으로 등록금을 책정할 수 없어 사립고의 재정난이 가중되고 결국 사립고등학교의 교육이 위축되고 있다고 주장한다. 따라서 이러한 문제점들이 과연 고교평준화제도 때문인지에 대해서는 규명해볼 필요가 있다.

첫째, 고교평준화제도 때문에 사학 고유의 교육과정이 운영되지 못하는 것인가. 사학 고유의 교육과정이란 사학의 설립 목적에 맞는 독특한 교육과정으로서 국·공립학교의 교육과정과는 다른 것이라고 할 수 있다. 그렇다면 사학 고유의 교육과정 운영과 관련하여 두 가지 의문이 생기게 된다. 하나는, 한국의 사립학교들 중에서 국·공립학교와 다른 독특한 교육과정을 운영해야만 사학의 설립 취지가 살아나는 사학은 얼마나 될까하는 것이고, 다른 하나는, 고교평준화제도만 폐지된다면 현재의 교육과정과는 다른 교육과정, 즉 대학입학 시험과 무관한 또는 학부모의 요구와 무관한 사학 고유의 교육과정을 현실적으로 운영할 수 있겠는가 하는 점이다. 이러한 두 가지 의문에 대해 자유로운 사학은 많지 않을 것이다. 따라서 교육과정 운영의 획일성과 경직성의 문제는 고교평준화제도 때문이라기보다는 한국의 교육열 그리고 대학입학 시험 체제와 관련된다고 볼 수 있다.

둘째, 고교평준화제도 때문에 학교법인이 자체적으로 등록금을 책정할 수 없어 재정난이 가중되고 결국 사립고등학교의 교육이 위축되는 것인가. 이러한 논리가 사실이라면, 1974년 고교평준화제도가 시행되기 전에는 그러한 문제들이 발생하지 않았어야 하지만 그렇지 못했다. 그리고 이러한 논리에 반대하는 입상에서는 실제 일부 극소수의 사학재단을 제외한 대부분의 사립학교들이 학교에 실질적인 투자를 하지 못하는 실정이었으나 정부가 평준화제도 도입과 함께 다양하게 사학을 지원하였기 때문에 이들 사학의 교육여건이 어느 정도 개선된 것이라고 주장한다. 따라서 사학의 재정난과 관련된 문제는 비단 고교평준화제도 때문에 비롯된 것이라고 보기는 어렵고 사학 재정상의 구조적인 문제로 볼 수 있다.[5] 그리고 우리는 사학의 재정난을 꼭 학생의 등록금 인상으로 해결해야만 사학의 자율성을 보장하는 것인지, 등록금을 많이 인상할수록 더욱 양질의 교육이 되는 것인지, 등록금에 대한 사학의 자유로운 책정이 사회 전반에 어떤 영향을 미치는지를 생각해 보아야 한다.

5) 공은배 등(1993)에 의하면, 사립고등학교의 교육재원 구성비가 대부분 납입금(61.5%)과 국고보조 등(38.5%)으로 구성되고 있음을 알 수 있다.

셋째, 고교평준화제도 때문에 사학이 학생선발 권한을 발휘하지 못하는가. 사학의 건학이념에 부합하는 학생을 자체적인 기준으로 선발할 수 있는 권한을 갖지 못하는 이유가 고교평준화제도에 있다는 논리는 제도의 형식상으로 사실이다. 그러나 이 논리가 본질적으로 사실이기 위해서는 학생선발 시 성적순이 아닌, 사학의 건학이념에 부합하는 학생을 선발하기 위한 기준이 각 사학마다 다양할 정도로 한국의 사학들의 독특성이 있어야 한다. 그렇지 않으면 앞에서 설명한 학교선택권 논리에서 보았듯이, 사학의 건학이념에 따른 학생선발이 안되고 일류 고등학교와 삼류 고등학교의 성적점수 서열에 의한 학생선발이 될 뿐이다. 한국 사학들의 독특성을 띠고 있는지 생각해볼 문제이다.

우리가 고려해야 할 또 다른 점은 사학에 대해서는 공공성을 요구할 수 없는가 하는 것이다. 교육의 기능은 개인적인 차원에서만 머무는 것이 아니라 사회적인 차원으로까지 확대되기 때문에, 교육의 공공성을 완전히 배제한 사학의 자율성은 불가능할지도 모른다. 「교육기본법」 제9조 제2항은 "학교는 공공성을 가지며, 학생의 교육 외에 학술과 문화적 전통의 유지·발전과 주민의 평생교육을 위하여 노력하여야 한다"라고 규정함으로써, 학교의 공공성을 규정하고 있다. 이 점에서 사학은 단순히 영리를 목적으로 하는 교습시설과는 구별되어야 한다고 할 수 있다.

그리고 한국의 전체 고등학교 중 사립고등학교 수의 비율이 47.8%, 사립고등학교에 다니는 학생 수의 비율이 55.7%(교육부·한국교육개발원, 1999)로 높은 한국 교육현실의 특수성도 감안할 필요가 있다. 사립고교의 자율성을 보장하고 있는 미국, 영국, 독일, 프랑스 등 선진 외국들은 고교까지 무상의무교육을 제공하고 있어 사립고의 비율이 매우 적고(평균 3-9%정도), 국민보통교육 단계에서의 극히 일부 학생들만 사립에 재학하고 있어 그 자율성을 보장해도 전체 공교육에 큰 영향을 주지 않는다. 그러나 한국은 일반계 고교 단계에서의 사립 비율이 세계적으로 그 유래를 찾아보기 어려울 정도로 높기 때문에 전체 사립의 자율성 허용은 곧 공교육의 자율 허용이라는 기이한 현상으로 이어질 가능성이 높다.

그렇지만 고교평준화제도 폐지 쟁점과는 상관없이, 개인뿐만 아니라 모든 사회구성원(조직)은 자율성을 최대한 누려야 한다. 그러나 자율은 자신의 문제를 제멋대로 처리해도 좋다는 방치 내지 아노미를 의미하는 것은 아니다(나병현, 1997). 오히려 자율은 자신이 정한 규율에 따라 자신이 정한 문제를 처리한다는 의미에서 자기구속성과 책임을 포함하며, 자기정화적인 기능을 통한 내부통제의 정상적인 기능을 전제로 한다.

따라서 사학의 자율성이 충실히 이루어지기 위해서는 사학의 내적인 노력이 선행되어 사학 외부의 간섭 또는 불신이 자연스럽게 발생하지 않도록 해야 한다. 그런 의미에서, 사립학교법 개정과 관련하여 문제가 되고 있는 교원임면권, 이사 구성, 감사 구성, 비리임원 복귀, 임시이사 재임기간, 이사회 친족관계 구성 등의 쟁점에 대해 사학은 적극적이고 열린 자세로 임해야 한다. 그리고 사학정책 차원에서는 사학 규제는 많으나 재정 지원과 사학 조성의 내용은 적은 '통제형'을 넘어서, 사학 규제는 약하나 사학 조성의 내용이 많은 '육성형'으로 진행해나가야 한다.

Ⅲ. 결론

이상에서 살펴보았듯이, 고교평준화제도의 폐지 명목으로 제기되고 있는 학력 하향평준화 현상, 공교육 붕괴 현상 등은 고교평준화제도 때문에 일어나는 것이 아니고, 학교선택권과 사학의 자율성 문제도 실제로는 바람직하고 보편적·실질적인 선택과 자율이 주어지지 못하고 거기에는 이데올로기가 반영된다는 점에서 그 타당성이 성립되지 못한다. 그럼에도 불구하고 그러한 현상들이 고교평준화제도 때문이라고 주장하는 사람들은 그 원인을 명확하게 진단하지 못한 채 현재의 시대적 흐름인 신자유주의에 동화되어, 고교평준화제도가 폐지될 때 야기될 수 있은 더 많은 문제점들을 간파하지 못하고 있다.

본론에서 살펴보았듯이 고교평준화제도가 폐지된다면, 오히려 학교 단위로 능력별 동질집단이 형성됨에 따라 대부분 학생들의 학력 하향평준화가 증가될 것이고, 학부모들은 일류 고등학교에 자녀를 진학시키기 위해 저학년 때부터 사교육비를 더욱 늘이게 될 것이며 그로 인한 문제점으로 인해 조기유학은 더욱 증가될 것이고, 학교선택에 있어서도 실질적으로는 학교를 선택하는 것이 아니라 성적순서대로 배치되는 것에 지나지 않게 될 것이기 때문에, 이로 인해 공교육은 더욱 부실해질 가능성이 높다.

따라서 고교평준화제도의 폐지보다는 그 문제점을 보완해나가는 것이 필요하다. 그러한 방법 중 하나로서 학교의 자율성 확대를 생각해볼 수 있다. 공·사립을 불문하고 학교가 자율적이고 창의적인 운영을 통해 학교마다 특색 있는 교육프로그램을 운영하도록 유도할 수 있을 것이다. 또 다른 방법으로는 학교유형의 다양화 및 내실화를 생각해볼 수 있다. 전체적으로는 고교평준화제도는 유지하되, 특수목적 학교들(예, 애니메이션 학교, 요리 학교, 디자인 학교, 예술·영화 학교 등)을 활성화하여 공부만이 아닌 학생 개인의 다양한 소질과 개성을 살릴 수 있을 것이다. 마지막 방법으로서 교육여건 개선을 생각해볼 수 있다. 학급당 학생수를 낮추기 위한 집중적인 투자뿐만 아니라 교육용 소프트웨어 개발 및 보급을 확대하는 동시에 이를 효율적으로 활용할 수 있도록 교육인력에 대한 교육·훈련을 강화할 수 있을 것이다.

우리가 항상 고민하고 생각해야 할 것은 학교와 교사의 근본적인 역할이 어떠해야 하는가이다. 사회가 변화함에 따라 학교와 교사의 역할도 변화해야 하는 부분이 있고, 우리가 잃지 말아야 하는 부분도 있다. 이 후자에 속하는 것이 바로 학교와 교사의 근본적인 역할로써, 학생들에 대한 존중과 사랑, 바람직한 솔선수범을 통한 인성교육, 경제적으로 또는 학업적으로 불리한 학생들에 대한 더 많은 배려와 관심 등이다. 그러나 고교평준화제도가 폐지되면 학생들은 성적에 의해 제도적으로 등급화 되기 때문에 그러한 것들을 학교와 교사에게 실질적으로 기대할 수 없게 된다. 학생들은 등급화된 학교에 배속된 채 사회가 낙인찍은 등급에 맞게 자신의 가치관과 능력감을 자연스럽게 채득하게 될 것이다. 그런 상황에서 우리가 어떻게 학생들에게 학교에서 꿈과 희망을 가질 것을 요구할 수 있으며, 그렇게 냉혹한 현실과 너무나 다른 교과내용을 학생들에게 숙지하도록 어떻게 요구할 수 있겠는가?

비록 인간의 능력과 특성의 다양성 그리고 우리 인간사회의 역동성과 복잡성 때문에 완벽한 평등의 사회구현은 불가능할지 모른다. 그러나 우리는 교육을 통해 그런 이상에 도달하려고 노력해야 하고 그런 이상에 좀 더 구체적이고 강력한 형태인 교육정책을 통해 그 과정을 실행하려 해야 한다.

우리에게 현실적으로 필요한 것은, 시류에 편승한 채 검증되지 않은 논리로 막대한 비용의 소모를 동반하는 거시적이고 실험적인 교육개혁이 아니라, 학교현장을 미시적인 안목으로 연구하여 거기에서 발생하는 문제점들을 하나씩 개선해나가는 변화이다. 따라서 교육정책 차원에서는 교육의 정치적 차원으로서의 거시적인 접근보다 교육의 보편적·공동체적 차원으로서의 미시적인 접근으로 나아가야 하고, 교육자들은 정답이 거의 정해져있는 '돈 되는' 연구에의 집착을 탈피하여 올바른 교육을 위한 '고민하는' 연구에 전념해야 하고, 교사들은 교직을 실제로는 노동직관으로 실천하면서 성직관을 갖고 있다는 착각에서 벗어나야 한다. 우리 모두는 자신의 위치에서 교육이 바람직한 방향으로 나아가는데 최선을 다하고 있는지 자문해야 한다(한국교육, 2003, 30(1), 393-418.).

8장

사회정의와 학교선택제

Ⅰ. 서론

한국은 과도한 사교육비의 지출, 극심한 경쟁으로 인한 학생들의 전인교육 훼손, 학부모들의 지나친 교육열 등의 문제점들을 완화하고자 1974년에 고교평준화제도가 시행되었다. 그리고 그동안 고교평준화제도에 대한 존속 및 폐지의 크고 작은 쟁점 속에서도 그 장점을 인정받아 고교평준화제도는 현재까지 유지되어 왔다. 고교평준화제도 폐지를 주장하는 사람들은 학생 및 학부모의 학교선택에 관한 자유를 보장해주는 것이 민주주의 사회 이념에 부합할 뿐만 아니라 학교선택제를 시행함으로써 학생들 및 학교들 간 경쟁을 유도하여 학력신장을 도모할 수 있다는 논리를 내세운다. 이에 비해, 고교평준화제도 존속을 주장하는 사람들은 학교선택제를 시행하게 되면 사교육비의 증가와 지나친 경쟁 유발, 학교서열화가 극명하게 나타나게 되고, 그 결과로 사회양극화 현상이 심각한 사회문제로 나타나게 된다는 논리를 내세운다. 그러나 후자의 우려에도 불구하고, 고교평준화제도의 가장 큰 문제점으로 지목되고 있는 '학생 및 학부모의 학교선택권 침해'에 대한 비판의 목소리가 세력을 얻어 학교선택제의 강화 움직임은 지속적으로 나타나고 있다.

학교선택권 확대 허용의 움직임에 대해 교원들의 반응은 엇갈리게 나타난다. 서울시의 고교선택 정책에 관해, 한국교원단체총연합(교총)은 "학생과 학부모의 학교선택권을 확대하고 학교별 교육과정의 특성화, 학생 맞춤형 교육과정 운영 등으로 평준화제도가 안고 있는 한계를 극복하기 위한 대안을 제시했다는 점에서 긍정적으로 평가한다."고 밝혔다. 반면에, 전국교직원노동조합(전교조)은 "서울시교육청의 정책은 고교평준화 정책을 뿌리에서 흔드는 사실상 평준화 해제 정책일 뿐이며, 대학 입시로 고교를 한 줄로 세우는 고교선택제를 중단하고 고교평준화의 내실화를 이룰 총체적 방안을 수립하라"고 촉구하였다.

이처럼, 학교선택권은 교육에 있어 매우 민감하며 중대한 이슈인 만큼, 학교선택에 관한 국내외의 주요 연구들도 학교선택의 장점과 단점, 효과의 유무 등에 있어 다양한 결과가 나타나고 있다. 구체적으로, 학교선택제를 찬성하는 학자들(Brighouse, 2000; Chubb & Moe, 1990; Cox & Witko, 2008; Sobel & King, 2008)은 학교선택제가 학교변화에 도움이 될 수 있고, 학교활동에 있어 부모의 참여를 높여주며, 교육서비스 제공의 다양성을 늘리고, 학생 및 학부모들의 만족도를 향상시켜준다고 주장하였다. 그러나 이와 반대로, 학교선택제를 반대하는 학자들(Carnoy, 1993; Fuller, 1996; Plank et al, 1993; West, 2006; Whitty, 1998)은 학교선택제가 교육 평등성에 악영향을 미치게 하고, 계층 간의 교육적 격차를 더 벌이는 역효과를 가져오며, 사회의 공정성 및 사회정의를 해친다는 주장과 연구결과를 제시하였다.

학교선택제의 시행에 대한 논쟁은 찬성과 반대가 팽팽히 맞서고 있고, 각각의 주장이 그 주장에 맞는 논리를 내세우고 있다. 주요 선행연구들도 찬성과 반대의 입장을 적당히 포함시키는 논문들이 대부분이다. 그러나 이러한 논문들은 학교선택제의 쟁점에 대한 포괄적인 이해를 돕는 것은 분명하나, 심도 깊은 이해를 돕는 데는 여러 가지 여건상 어려움이 뒤따른다. 이에, 본 논문에서는 학교선택제에 대한 중립적인 입장을 벗어나 학교선택제의 시행이 갖는 문제점에 초점을 맞추어 전개함으로써, 학교선택제에 관한 후속 연구들이 찬성이든 반대이든 학교선택제의 논쟁이 더욱 유익하며 생산적으로 발전할 수 있는 계기가 되길 의도한다. 구체적으로, 사회정의적 접근, 교육법적 접근, 공교육적 접근, 그리고 실제적 접근으로 구분하여 학교선택제의 시행에 대한 비판적 접근을 구성하고자 한다.

II. 본론

학교선택제에 대한 비판적 접근으로서 (1) 사회정의적 접근, (2) 교육법적 접근, (3) 공교육 접근, (4) 실제적 접근으로 분류하여 기술하면 다음과 같다.

1. 사회정의적 접근

학교선택제의 비판을 사회정의적 접근으로 하는 데 있어, '정의' 및 '사회정의'의 개념을 기초로 하여 접근하고자 한다. 먼저, '정의'에 해당하는 영어의 'justice'는 그 어원상 'justus'에서 기원했으며, 'justice'는 '적법한'(lawful), '정당한'(rightful), '공정한'(fair), '평등한'(equitable), '공평한'(impartial) 등과 같은 의미를 내포한다(이승환·김형철, 1995). 또한, Webster 사전에서는 정의를 '올바름'(righteousness), '공평한'(impartial), '공정성'(fairness), '정당성'(rightfulness) 등으로 해석된다(홍영환, 2005). 그리고 문지영(2007)은 '정의'라는 개념은 '저항'이라는 개념과 관련지을 수 있고, '억압과 부정에 맞서는 의로운 행위'의 의미를 지닌다고 하였다. 또한, 롤즈(Rawls, 1999)는 정의가 성립되기 위한 원칙으로서, '모든 사람이 가능한 최대의 평등한 자유를 부여받아야 한다'는 원칙과 '사회적 불평등이 인정받기 위해서는 불평등한 사회적 지위에 접근할 수 있는 기회가 평등하게 부여되어야 하고, 그 불평등이 사회의 최소 수혜자에게 최대한 배려가 될 수 있어야 한다'는 원칙을 제시하였다. 그리고 문성원(2001)은 '정의'를 '타인의 선'이라는 의미가 있음을 강조하여, 정의란 자유에 앞서는 것이며 '약자를 돕는 것'이라는 의미가 내포되어 있음을 강조하였다. 이러한 '정의'(justice)에 대한 정의를 검토해 볼 때, 정의라는 개념 속에는 평등성, 약자에 대한 배려, 관용 등의 특성이 포함됨을 알 수 있고, 이러한 특성들이 반영될 때 정의롭다고 할 수 있음을 알 수 있다.

사회정의에 대한 정의로서는 대표적으로 공리주의적 관점, 자유주의적 관점, 그리고 계약주의적 관점으로 구분하여 정리할 수 있다. 먼저, 공리주의적 관점에서는 최대다수의 최대행복을 추구하며, 올바른 일이란 최상의 선(good)을 산출하는 것으로 간주한다. 그리고 '삶의 목표는 행복'이라는 가정과 '행위의 올바름은 행복에의 공헌에 의하여 결정된다'는 가정을 전제로 갖는다. 또한, 행복은 쾌락이며 동시에 고통이 없는 것이고, 옳은 것은 산출되는 행복(good)의 양을 통해 결정되며, 행복은 옳은 것에 앞서며 옳은 것은 행복에 의존하는 것으로 본다(Lebacqz, 1986; 이유선 역, 2006). 이러한 공리주의적 관점을 취하는 대표적인 학자로는 벤담(Jeremy Bentham), 밀(John Stuart Mill) 등이 포함된다. 따라서 공리주의적 관점에서는 사회의 다수를 구성하는 계층(집단)에 쾌락과 행복을 가져다주는 체제를 사회정의로 간주하게 된다. 그러나 사회정의에 대한 공리주의적 관점은 현실적으로 '최대다수'와 '최대행복'이라는 개념을 명확히 산정하는 것이 거의 불가능하고, '정의'라는 개념이 성립하기 위해 필요한 특성이라고 할 수 있는 사회적 약자를 위한 배려와 관용의 특성이 배제되며, 사회적 강자의 행복을 위해 약자의 행복이 희생당할 수 있다는 한계를 지닌다.

다음으로, 자유주의적 관점을 취하는 대표적인 학자로는 노직(Robert Nozick)을 들 수 있다. 노직(Nozick, 1974)은 최소국가만이 정당하며, 개인은 단순한 수단이 그 자체로서 목적이며 자연적 권리를 갖는다고 본다. 타자에 대한 권리침해를 금지하는 것은 인간 권리의 불가침성에 의해서 발생한 행위 제약 중의 하나이기 때문에 만약 국가가 정의라는 명목으로 개인의 권리 침해를 강요한다면 그러한 제약을 위반하는 것으로 간주한다. 즉 어떤 의도와 상관없이 국가적 개입이나 행위도 기본적인 인간의 권리를 침해할 수 없다고 본다. 그리고 국가는 재화를 재분배할 권리가 없고, 개인들 간의 교환(commutative) 관계가 공정하다면 그 과정에서 자유로운 선택과 교환에서 나타나는 모든 재화의 분배는 정의롭기 때문에, 국가가 개입하지 않더라도 '보이지 않는 손'에 의해 사회적 질서와 안정을 유지할 수 있다고 본다(Lebacqz, 1986; 이유선 역, 2006). 따라서 자유주의적 관점에서는 국가의 개입이 최대한 배제되면서 개인 간의 자유로운 선택과 공정한 교환 관계가 성립되는 체제를 사회정의로 간주하게 된다. 그러나 사회정의에 대한 자유주의적 관점은 각 개인의 특성에 따라 능력의 차이가 매우 클 수 있다는 점, 인간에게는 타인을 착취해서라도 더 많이 가지려는 욕심이 있다는 점, 그리고 그러한 개인 간의 차이와 과욕이 오히려 불공정한 사회를 만들 수 있다는 점을 간과하고 있다. 또한 Nozick이 정의로운 사회를 위해 필수조건으로 내세운 개인 간의 공정한 교환 관계가 현실 세계의 사회적 강자와 약자 간에 실현되기 매우 어렵다는 한계를 지닌다. 그리고 공리주의적 관점과 마찬가지로 자유주의적 관점에서도 '정의'라는 개념이 성립하기 위해 필요한 특성이라고 할 수 있는 사회적 약자를 위한 배려와 관용의 특성이 배제되고 있음을 알 수 있다.

이에 비해, 계약주의적 관점은 '정의'라는 개념이 성립하기 위해 필요한 특성이라고 할 수 있는 평등성, 사회적 약자를 위한 배려와 관용의 특성이 반영된다. 이러한 관점을 지닌 대표적인 학자로는 롤즈(John Rawls)를 들 수 있다. 롤즈(Rawls, 1999)는 모든 사람은 전체사회의 복지라는 명목으로도 유린될 수 없는 정의에 입각한 불가침성을 갖기 때문에 정의는 타인들이 갖게 될 보다 큰 행복(good)을 위하여 소수의 자유를 뺏는 것이 정당화될 수 없다고 본다. 또한, 다수가 누릴 보다 큰 이득을 위해서 소수에게 희생을 강요해도 좋다는 것을 정의는 용납할 수 없으므로, 정의로운 사회에서는 평등한 시민적 자유란 이미 보장된 것으로 간주되며, 따라서 정의에 의해 보장된 권리들은 어떠한 정치적 거래나 사회적 이득의 계산에도 좌우되지 않는 것으로 본다.

롤즈(Rawls, 1999)는 정의에 관한 이러한 자신의 관점을 명확히 하기 위해 사회정의의 원칙, 공정으로서의 정의, 민주주의적 평등, 최소극대화의 원칙 등의 개념을 사용하였다. 즉, 사람들은 각자가 자기 혼자만의 노력에 의해서 살기보다는 사회 협동체를 통해서 모두가 보다 나은 생활을 할 수 있다는 점에서 이해관계가 일치하지만, 사람들은 그들의 노력에 의해 산출될 보다 큰 이득의 분배 방식에 대해 무관심하지 않으며, 자신들의 목적을 추구하기 위해 적은 몫보다는 큰 몫을 원하기 때문에 이해관계가 상충하게 되는 것으로 본다. 그러므로 이러한 이득의 분배를 결정해줄 사회체제를 선정하고 적절한 분배의 몫에 합의하는 데 필요한 어떤 원칙들의 체계가 요구되는데, 이러한 원칙들이 바로 사회정의의 원칙으로서, 사회정의의 원칙이 기본적인 사회제도 내에서 권리와 의무를 할당하는 방식을 제시해주며 사회 협동체의 이득과 부담의 적절한 분배를 결정해주어야 한다고 본다. 그리고 사회정의의 원칙들이 제일 먼저 적용되어야 할 부분은 어떤 사회의 기본 구조 속에 있는 불가피한 불평등인데, 한 사회체제의 정의 여부는 본질적으로 권리와 의무가 할당되는 방식에 달려 있으며, 사회의 여러 방면에 있어서 경제적 기회와 사회적 조건에 달려 있다고 본다.

그리고 공정으로서의 정의에 있어서는 사람들이 갖는 성향이나 경향성을 그 내용에 상관없이 전제하고 그것들을 만족시킬 최상의 방법을 강구하는 것이 아니라, 오히려 처음부터 사람들의 목적 체계가 준수해야 할 한계를 밝히는 정의의 원칙들을 통해서 사람들의 욕구와 포부를 제한할 필요가 있다고 본다. 즉 공정으로서의 정의에 있어서는 옳음(義)이라는 개념이 좋음(善)이라는 개념에 선행하는 것으로 본다. 또한, 공정한 기회균등의 원칙과 차등의 원칙의 결합에 의해 이루어진 민주적 평등(democratic equality)으로 기본 구조의 사회적·경제적 불평등을 판정할 특정한 입장을 선정함으로써 효율성 원칙에 있어서의 불확정성을 배제해야 한다고 본다. 만일, 평등한 자유와 공정한 기회 균등이 요구하는 제도의 체계를 가정할 경우에 처지가 나은 자들의 보다 높은 기대치가 정당한 것으로 인정될 수 있는 유일한 조건은 그것이 사회의 최소 수혜자(the least advantaged)들의 기대치를 향상시키는 체제의 일부로서 작용하는 경우에 한정되어야 한다고 본다. 그리고 최소극대화(maximin)의 원칙[6]을 사용함으로써, 어떤 대안의 최악의 결과(최소)가 다른

6) 최소극대화(maximin)는 최소 중의 최대(maximum minimorum)를 의미하는 것인데, 그 규칙이 주는 지침은 제시된 행동과정을 취할 때 일어날 수 있는 최악의 경우에 주목하고 그에 비추어 결정을 하라는 것이다. 즉 최소극대화의 규칙에 의하면, 여러 대안들의 우열을 그것들이 가져

대안들이 갖는 최악의 결과에 비하여 가장 우월할 경우(극대화)에 그 대안을 채택하는 것이 요구되며, 이때 사회의 최소 수혜자의 혜택이 우선적으로 반영되는 대안을 채택하는 것이 요구된다고 본다(Rawls, 1999; 황경식 역, 2003).

이렇듯, 사회정의에 대한 롤즈(Rawls, 1999)의 관점 속에는 '정의'라는 개념이 성립하기 위해 필요한 평등성, 사회의 약자를 위한 배려와 관용의 특성이 반영되기 때문에 Rawls의 정의에 대한 관점이 공리주의적 관점 및 자유주의적 관점보다 '사회정의'라는 개념에 더 적합하다고 할 수 있다. 따라서 롤즈(Rawls)의 사회정의에 대한 관점으로 학교선택제를 비판하면 다음과 같다.

롤즈(Rawls, 1999)는 개인의 자유로운 선택행위만으로는 안정적인 사회질서와 사회평등 실현을 보장하지 못하기 때문에 자유와 평등의 현실적인 조화를 위해 민주적 평등성이라는 개념을 사용하였다. 즉 사회는 기회균등의 원칙을 보장하되 차등의 원칙 또한 적용해야 하고, 이 둘의 적정한 공존이 이루어질 때 현실적으로 이상적이라 할 수 있는 민주적 평등성이 이루어진다고 보았다. 그리고 이때의 차등의 원칙은 최소 수혜자가 혜택을 보는 차등이 되어야 한다는 최소극대화의 원칙이 적용되어야 한다고 하였다. 롤즈(Rawls)의 최소극대화의 원칙을 그림으로 나타내보면 [그림 8-1]와 같다.

결정	상황		
	C1	C2	C3
d1	−7	8	12
d2	−8	7	14
d3	5	6	8

[그림 8-1] 최소극대화의 규칙 (단위: 100달러)

올 가능한 최악의 결과에 따라 가리는 것이다. 우리는 어떤 대안의 최악의 결과[최소]가 다른 대안들이 갖는 최악의 결과에 비해 가장 우월할 경우[극대화]에 그 대안을 채택하게 된다 (Rawls, 1999; 황경식 역, 2003).

최소극대화의 원칙에 의거할 때, [그림 8-1]에서는 세 번째 결정을 하게 된다. 왜냐하면 세 번째 결정의 경우에 일어날 수 있는 최악의 상황은 500달러의 이익을 갖게 되는 것으로서, 이는 다른 식으로 결정을 내렸을 경우에 일어나는 최악의 것보다 나은 것이 되기 때문이다(Rawls, 1999).

[그림 8-1]의 상황을 학교선택 쟁점과 관련하여 적용할 수 있다. 학교선택과 관련한 문헌들을 살펴보면(Slavin & Braddock, 1994; Watson & Marshall, 1995), 학교선택이 허용되었을 때 상위층의 자녀들이 좀 더 우수한 학교를 선택할 수 있고 그에 따라 학업성취도에서도 유리하게 되는 반면에, 하위층의 자녀들은 좀 더 열악한 학교를 선택할 수밖에 없고 그에 따라 학업성취도에서도 불리하게 된다는 점이 공통적으로 나타난다. 이에 따라, C1, C2, C3을 각각 하위층, 중위층, 상위층으로 설정하고, d1과 d2는 학교선택제로 설정하고 d3은 학교비선택제로 설정하며, 각 수치는 학교선택제의 채택 여부에 따른 학업성취도의 혜택 수준으로 설정할 수 있다. 이처럼, 최소극대화의 규칙을 학교선택 쟁점과 결부시켜보면, 학교선택제를 채택하지 않는 것이 롤즈(Rawls)가 규정하는 정의에 가까운 것이 된다. 따라서 롤즈(Rawls)의 최소극대화의 원칙은 학교선택과 관련한 쟁점에 중대한 시사점을 다음과 같이 제공한다.

한국 국민의 자녀에 대한 대학입시 중심의 극심한 교육열을 감안할 때, 학교선택이 보장되면 선택의 중대한 기준이 되는 것은 학업성적이다. 즉 성적을 기준으로 학교선택이 이루어지고 그 결과로 중등교육에서 일류학교와 삼류학교의 서열이 나타나게 된다. 이때 성적이 우수한 학생들에게는 말 그대로 선택을 할 수 있는 기회가 주어지지만, 성적이 부족한 학생들에게는 선택을 할 수 있는 것이 아니라 남은 선택을 할 수밖에 없는 조건에 처해지게 된다. 이러한 성적에 따른 선택기회의 문제는 학생 개인의 차원을 넘어 가정환경, 즉 부모의 사회·경제적 지위와도 관련을 맺는 악순환의 고리를 형성하게 된다. 즉 최소수혜자들은 경쟁에서 불리한 학교를 선택할 수밖에 없고, 그 결과로 낮은 사회·경제적 지위를 가질 수밖에 없는 구조가 더욱 명확해지게 된다.

2. 교육법적 접근

한국의 헌법 제31조 1항에는 "모든 국민은 능력에 따라 균등하게 교육을 받을 권리를 가진다."라고 명시되어 있다. 문제는 이 조항의 '능력에 따라 균등하게'라는 부분을 어떻게 해석하느냐에 따라 매우 다양한 해석 가능성을 안고 있다는 데 있다. 즉, 학교선택권의 허용을 주장하는 사람들은 '능력'이라는 부분에 강조를 둠으로써, 실질적으로는 '모든 국민은 능력의 차이에 따라 다르게 교육을 받을 권리를 가진다.'라고 해석한다. 그래서 학교선택권 허용에 따른 학교들 간의 서열이 나타나게 되고 능력이 비슷한 학생들끼리 교육받게 되는 것을 찬성한다. 그러나 학교선택권의 허용에 반대하는 사람들은 '균등하게'라는 부분에 강조를 둠으로써, 실질적으로는 '모든 국민은 능력에 차이가 있더라도 평등하게 교육을 받을 권리를 가진다.'라고 해석한다. 그래서 학교선택권의 허용에 따른 학교들 간의 서열화 현상 및 그로 인해 학생들이 받게 될 교육 수준의 질적 불평등에 반대한다.

학교선택권을 주장하는 사람들은 한국이 고교평준화제도를 채택함으로써 선택의 자유를 침해받게 되었다고 법적 이의 제기를 하기도 하였다. 그 대표적인 사례는 다음과 같다.

청구인은 청구 당시 초등학교 2학년, 4학년, 그리고 5학년에 재학 중인 자녀들을 두고 있었고, 장래에 자녀들을 도시에 있는 중·고등학교에 진학시키기를 원하는 전라북도 순창군 순창읍에 거주하는 학부모였다. 고교평준화제도 하에서는 자녀들을 도시의 학교로 진학시킬 수 없었던 청구인은 고교평준화제도[7]로 인해 합리적인 이유 없이 거주지를 기준으로 중·고등학교 입학을 제한하고 있기 때문에, 헌법 제31조 1항에 '모든 국민은 능력에 따라 균등하게 교육을 받을 권리를 가진다.'라고 명시된 학부모의 학교선택권을 침해한다는 취지로 헌법소원을 청구하였다. 하지만 헌법재판소는 재판관 전원일치로

---

7) 한국의 입시 과열로 인한 사교육비 문제 등 각종 부작용을 해소하기 위하여 1974년도부터 교육조건의 평등화를 전제로 도입되었고, 학생이 거주하는 근거리 학교 추첨 배정 원칙으로 학생을 학교에 배정하는 제도.

이 조항이 청구인의 교육을 받을 권리를 침해하지 아니한다고 결정하였다(헌법재판소 1995. 2. 23. 선고 91헌마204).

중요한 것은 위의 판례에서 헌법재판소 재판관들은 고교평준화제도가 학생의 거주지를 기준으로 중·고등학교의 입학을 결정하기 때문에 학부모의 학교선택권이 제한받고 있음을 인정하였지만, 그러한 제한이 정당성을 갖는다고 결정하였다는 점이다. 즉 학부모의 학교선택권 보장도 중요하지만 학교선택권 보장의 결과로 나타날 사교육비 증가의 사회적 문제, 극심한 경쟁으로 인한 학생 개인적 및 사회적 불건전성, 학교 서열화에 따른 사회적 위화감 조성 등 학교교육의 공익이 더 중요하다고 결정하였다는 점이다.

그리고 학교선택권 제한의 정당성을 기본권 제한이 정당화될 수 있는 네 가지 조건에서 찾았다. 기본권 제한의 네 가지 조건이란, (1) 형식 요건(기본권 제한은 법률을 통해서만 가능하고 이 법률은 상식과 이성을 갖춘 일반인이 이해할 수 있을 정도로 명확하고 구체적이며 일반적이어야 할 것), (2) 목적 요건(기본권을 제한할 수 있는 목적은 국가안전보장, 질서유지, 공공복리이어야 할 것), (3) 방법 요건(목적을 성취하는 데 적절하고 효과적인 방법을 사용하고, 동등한 효과를 지닌 여러 가지 방법 중 기본권을 최소한으로 제한하는 방법을 사용하며, 기본권 제한을 통하여 성취하려는 공익이 기본권 제한으로 침해되는 사익보다 커야 할 것), (4) 내용 요건(기본권의 본질적 내용을 침해해서는 안될 것)이다. 즉 헌법재판소는 학부모의 학교선택권이 제한받는 것은 인정되지만, 한국의 극심한 교육열로 인한 여러 가지 문제점들을 고려할 때, 고교평준화제도가 위의 형식 요건, 목적 요건, 방법 요건, 그리고 내용 요건을 충족하기 때문에 학교선택권을 허용하지 않는 것이 더 바람직한 것으로 결정하였다. 학교선택권의 쟁점에 있어 이러한 판례는 한국의 문화적 맥락에서 학교선택권이 허용되기 위해서는 어떤 선결과제가 해결되어야만 하는가를 법적 차원에서 찾을 수 있기 때문에 중요한 의미를 갖는다.

헌법에서 제시한 교육기회의 차별을 정당화할 수 있는 요소는 능력이다(손희권, 2008). 이때의 능력은 일반적으로 학생의 성적을 뜻한다. 그러나 능력이라는 것을 단순하게 학생의 노력에 대한 대가로 나타나는 성적으로만 간주할 것이 아니라 학생의 성적을 부모의 사회·경제적 배경과 관련지어 생각해볼 필요가 있다. 왜냐하면 교육열이 매우 높은 한국의 현실적 맥락에서 학생의 능력은 부모의 사회·경제적 배경에 따른 사교육의 정도에 따라 달리 나타나는 경향이 있고(김정미, 2002; 복기왕, 2008; 서혜경, 2003), 이러한 현상은 학생의 가정배경이 우수할수록 명문대 진학률이 높아지는 현실에서도 잘 알 수 있다. 그럼에도 불구하고, 단순히 겉으로 드러나는 학생의 성적만을 기준으로 학생의 교육기회의 차별을 정당화할 수 있다는 논리는 매우 편향적이며 교육복지로의 진보에 반(反)하는 것이라고 할 수 있다.

이렇듯, 부모의 사회·경제적 지위가 영향을 미치게 되는 학생의 능력만을 기준으로 학교선택이 되면, 한국의 「교육기본법」 제4조 제1항에 명시된 "모든 국민은 성별, 종교, 신념, 인종, 사회적 신분, 경제적 지위 또는 신체적 조건 등을 이유로 교육에서 차별을 받지 아니한다."에 근거한 교육기회의 차별 금지를 어기는 것이 된다. 즉 실질적으로는 '사회적 신분, 경제적 지위'에 근거한 교육기회의 차별이 현실적으로 나타나게 되는 것이다. 또한 「교육기본법」 제4조 제2항에서는 "국가와 지방자치단체는 학습자가 평등하게 교육을 받을 수 있도록 지역 간의 교원 수급 등 교육 여건 격차를 최소화하는 시책을 마련하여 시행하여야 한다."라고 명시되어 있다. 이 조항에서는 특히 국가 및 지방자치단체는 학습자가 평등하게 교육을 받을 수 있도록 교육조건의 격차를 최소화하는 의무가 있음을 강조하고 있다. 따라서 학교선택권 허용을 하게 될 경우 학생들 간에 불평등한 교육이 받을 수 있고 실질적으로 교육조건의 격차가 나타난다면 학교선택권은 공익의 목적을 위해 제한되어야만 하는 법적 타당성이 있다고 하겠다.

3. 공교육적 접근

공교육적 접근에서는 공교육의 개념과 특성을 알아본 뒤, 학교선택제의 보장 및 확대가 어떻게 공교육을 약화시키는 결과를 초래하는가를 파악하고자 한다.

먼저, 주요 학자들이 정의내린 공교육의 개념을 살펴보면, 권대봉과 신현석(2003)은 '공교육은 국가의 법률에 의해서 국가나 지방자치단체가 설치하는 시설에서 공비로 관리, 운영되는 교육'이라 하였고, 정재걸(2004)은 '공교육은 국가가 모든 국민에게 일정 기간 동안 무상으로 실시하는 교육'이라 하였으며, 김기수(1994)는 '공교육은 국가나 지방자치단체에서 공익을 위해 설립·운영하는 공립의 학교에서 실시하는 교육'이라 정의하였다. 또한 서울대학교 교육연구소(1998)는 '공교육은 국가 혹은 준국가적 자치조직의 통제와 관리와 지원에 의하여 국민전체를 대상으로 하여 운영되는 교육'이라 하였고, 김용일(1998)은 '공교육은 교육의 사회적 유용성으로 인해 국가가 관여하는 교육으로, 교육의 기회균등을 기하기 위해 대개 무상으로 학교제도를 통해 수행되는 교육'이라 정의하였다. 그리고 김영철(2000)은 공교육의 개념을 '교육관련 법령에 의해 교육과정, 교육수준 및 자격 등이 제도화되어 있고, 이와 같은 기준에 의해 정부의 통제를 받게 되며, 학력이 인정되고, 학위도 수여하며, 이윤보다 일반 이익을 추구하며, 공교육을 운영하는 데 정부가 재원을 부담하는 것'으로 보았고, 나병현(2004)은 공교육의 의미로 첫째, 교육의 제공자라는 측면에서는 국가가 제공하는 교육을 의미하고, 둘째, 비용 측면에서는 국가가 국민의 세금으로 조성한 공비로 제공하는 교육을 의미하며, 셋째, 대상 측면에서는 특정 집단이 아닌 일반 대중을 의미하고, 넷째, 내용 측면에서는 교육을 통해 누구나 알아야 할 보편적인 내용을 전달하는 것을 의미하며, 다섯째, 목표 측면에서는 공동체의 공동선을 위한 교육을 의미한다고 하였다.

다음으로, 공교육의 특성으로 시저(Sizer, 1997)는 공교육(public education)의 '공(public)'의 개념에는 다음과 같은 의미가 내포되어 있음을 설명하였다. 첫째, 교육에서의 공(public)은 실제적으로는 어떤 학교에의 접근이 제한을 받지 않음을 의미한다. 20세기에 접어들면서 많은 사람들은 공립학교의 출석이 강제적이어야 한다고 생각하였다. 이것은 자유로운 사회가 기능을 하기 위하여 모든 학생들이 학교에 출석해야만 한다는 것이었는데, 이것은 민주주의의 모순이었다. 결국, 공교육은 보편적인 활동으로 받아들여졌고, 어떤 학생도 예외 없이 교육을 받게 되었다. 즉, 이 경우의 공(public)은 취학기의 연령에 있는 모든 학생은 학교 안에서 무엇을 해야만 것을 의미한다. 둘째, 교육에서의 공(public)은 교육적 봉사가 무료임을 의미한다. 이 의미에는 수업료는 없으며, 점심식사도 무료로 제공하거나 조금만 부담하면 이용이 가능하다는 내용이 포함된다. 이 경우에는 학생의 가정환경에 따라 공립학교의 입학 여부가 주로 결정된다. 공립학교는 원칙적으로 비용이 무료이기 때문에 학생들에게 제공되는 봉사가 제한적일 수밖에 없고, 이러한 제한된 봉사를 넘어서려면 비용을 부담하는 사립학교에 입학하게 된다. 셋째, 교육에서의 공(public)은 공적인 관리(public management)를 의미한다. 공립학교는 학교행정가에 의해 경영이 되고, 또한 학교당국으로부터 감독을 받게 된다.

또한, 나병현(2004)은 Random House Webster's College Dictionary에 나타난 공(public)의 의미를 다음과 같이 정리하였다. 즉, 첫째, 국가에 관계된 공적인(official) 것이라는 의미가 있다. 이때 공공성이란 국가나 법이나 정책 등을 통하여 국민에 대하여 행하는 활동의 특성을 지칭한다. 예를 들면, 공공사업, 공공투자, 공적 자금, 공교육, 공안 등의 용어가 이 범주에 속한다. 둘째, 공공성에는 특정한 개인에 관한 것이 아니라 모든 사람에 관계된 공통의(common) 것이라는 의미가 있다. 이러한 의미에서 공공성이란 공통의 이익, 재산, 모두에게 타당한 규범, 공통의 관심사 등을 지칭한다. 예를 들면, 공공복지, 공익, 공공질서 등의 용어가 이 범주에 속한다. 셋째, 공공성에는 누구에 대해서도 개방된(open) 것이라는 의미가 있다. 이러한 의미의 공공성은 누구든 접근하는 것이 거부되지 않는 공간이나 정보 등을 지칭한다. 예를 들면, 정보 공개, 공원 등의 용어가 이 범주에 속한다. 그리고 바버(Barber, 1997)는 학교교육이 민주주의의 목적으로 기능하기 위해서는 학교교육이 재정적인 지원뿐만 아니라 학교가 단순히 국민에게 봉사하는 것으로가 아니라 사람들을 국민으로 존재하게 하는 것으로 이해되어야만 하고, 학교는 바람직한 교육학을 가르치는 민주주의의 장이 되어야 하며, 학습은 특정한 사람의 필요에 의해서가 아니라 모든 사람을 위한 책임이 되어야 한다고 강조하였다.

이상의 여러 학자들의 이러한 공교육에 대한 정의를 바탕으로, 공교육은 작게는 '사립학교를 제외한 국가나 지방자치단체가 설립·운영하는 학교에서 이루어지는 교육'이라고 볼 수 있고, 크게는 '국·공립학교 및 사립학교에서 이루어지는 교육을 포함하여 그 외 평생교육 등도 포함되는 교육'이라고 볼 수 있다. 그러나 한국에서 '공교육 붕괴' 또는 '공교육 위기' 등의 일반적인 의미로 통용되는 공교육은 '설립주체로 볼 때 국·공립 및 사립학교의 교육이고, 운영목적으로 볼 때 공익을 위한 교육이며, 교육수준으로 볼 때 초등학교에서 고등학교의 교육을 의미한다.'고 볼 수 있다. 즉 통상적 의미로서 공교육은 학교교육을 의미한다고 하겠다. 그리고 이상에서 살펴본 공교육의 개념과 특성을 종합적으로 검토해볼 때, 공교육 강화를 위해서는 학교교육에 관한 국가의 관심과 책임이 수반되어 학교교육에 소요되는 비용이 무료이거나 적은 비용이 들어야 하고, 상급학교 진학 시 특정 집단이 아닌 일반 대중의 학생들에게도 기회가 균등하게 제공될 수 있어야 함을 알 수 있다.

하지만, 현재 한국에서 추진되고 있는 학교선택제는 공교육을 약화시킬 가능성을 지니고 있다. 즉 학교선택제의 한 형태라고 할 수 있는 자립형 사립 고등학교 또는 자율형 사립 고등학교의 확대는 학교교육에 대한 국가의 재정적 책임을 학생 및 학부모에게 전가시키게 된다. 그 결과로 일반 고등학교의 교육비용의 최소 3배에서 최대 10배가 넘는 엄청난 교육비용 부담[8)]으로 인해 사회·경제적인 여력이 부족한 계층의 자녀들의 교육기회를 실질적으로 보장해주지 못하게 된다. 이것은 공교육의 부당함을 초래할 수 있다. 또한 자율형 사립 고등학교 이외에도 학교선택제의 확대 시행은 결과적으로 학교들 간의 경쟁 및 서열화를 가져오게 되고, 학생 및 학부모들은 소위 일류학교에의 진학을 위한 사교육비 지출은 더욱 증가하게 되며, 학교교육에 대한 의존도보다 사교육에 대한 의존도가 더욱 중대해질 가능성이 높게 된다. 이것은 공교육의 불신감을 초래할 수 있다. 특히 학교교육에 대한 이해 부족

---

8) 한국교육개발원(2005)의 보고서에 따르면, 학생 1인이 연간 부담하는 교육비가 공립 일반계 고등학교의 경우는 2백5십만 원에 이르는 것으로 나타나지만, 자립형 사립 고등학교의 경우는 모든 학교의 학생 1인당 총 교육비가 공사립 일반계 고등학교보다 높게 나타났다. 구체적으로, 민족사관고등학교가 3천만 원으로 가장 높았고, 해운대고등학교가 1천1백만 원, 그리고 나머지 자립형 사립 고등학교들도 모두 5백만 원대에서 7백만 원대에 이르는 것으로 나타났다.

분을 사교육으로 충족시키려는 목적보다 단지 다른 학생들보다 경쟁에서 우위를 점유하기 위한 목적으로 사교육에 집중하는 현상이 더욱 뚜렷해짐으로서 공교육의 중요도와 의존도에 대한 인식이 낮아질 가능성이 높게 된다.

따라서 학교선택제의 찬성론자들이 제시하는 논리인 학교선택제의 시행으로 사교육비의 경감과 학교교육의 질 개선으로 인한 공교육 강화를 도모할 수 있다는 것은 최소한 한국의 문화적 맥락에서는 납득하기 어려운 일임을 알 수 있다. 그리고 진정한 학교선택제의 전제조건이라고 할 수 있는 학교교육의 다양성이 학교 간의 교육과정 차원에서 실제로 실현되고 국민들의 의식도 대학입시를 위한 학교교육을 넘어선다는 현실이 되지 않은 채, 공교육의 강화를 위한 대책 없는 학교선택제의 확대 시행은 현실적으로 공교육의 약화를 가져올 가능성이 높음도 알 수 있다.

4. 실제적 접근

학교선택은 이 시대의 가장 논쟁이 될 수 있는 교육정책 이슈이다. 학교선택을 지지하는 사람들의 대부분은 학교교육이 공교육을 향상시키기 위해 필요한 경쟁을 유도해주기 때문에 바람직하다는 견해를 갖는 정치적 보수주의자들이다. 반면에, 학교선택을 반대하는 사람들의 대부분은 학교선택이 사회적 계층 간 차이를 더욱 유발하게 하고 그 결과로 불리한 계층의 사람들이 더욱 불리하게 되는 공교육체제가 되도록 하기 때문에 바람직하지 않다는 견해를 갖는 정치적 자유주의자들이다. 지난 20여 년 동안 미국과 그 밖의 국가들에서 시행되었던 학교선택에 대한 연구들이 계속 수행되어 왔고, 학교선택의 찬반에 대한 논쟁도 뜨겁게 계속되어 왔다(Fowler, 2002).

학교선택을 찬성하는 사람들은 대체로 다음과 같은 주장을 한다. 즉, 학교선택은 학생과 교사들을 포함한 학교에 경쟁과 도전정신을 갖게 해주기 때문에 학교변화에 더 도움이 되고(Sobel & King, 2008), 학교선택은 부모의 참여의 영향에 따른 사회적 자본을 생산하게 하고, 학교활동에 있어 부모의 참여를 높여주는 기능을 하며(Cox & Witko, 2008), 학교선택 계획을 적합하게 설계한다면 평등한 교육기회를 신장시킬 수 있고 모든 학생들에게 자율성의 교육을 제공해줄 수 있는 자유주의적 사회정의를 실현할 수 있다(Brighouse, 2000). 또한, 학교선택은 특히 공립학교 체계에서의 획일성과 학생들의 학력 하향평준화가 초래되는 것을 방지해주며 학교교육의 질을 향상시켜주고(Chubb & Moe, 1990), 교육서비스 제공의 다양성을 늘리고, 좀 더 효율적인 학교경영과 전문성 강화, 그리고 효과적인 학교를 만들며, 또한 그동안 혜택을 받지 못하던 빈민지역의 자녀들에게도 특별한 혜택을 제공해준다(Pollard, 1995).

하지만, 위티(Whitty, 1998)는 학교선택이 학생들의 학업성취도 향상에 긍정적인 효과가 있음을 추정할 만한 뚜렷한 증거가 거의 없음을 지적하고, 그럼에도 불구하고 학교선택을 강화하려는 최근의 많은 시도들이 오히려 교육 평등성에 악영향을 미치게 한다는 우려를 나타내었다. 학교선택과 학생의 학업성취도와의 정적 관계가 성립되지 않음을 지적한 위티(White, 1990)도, 학교선택 정책이 학생의 학업성취도에 긍정적인 영향을 미친다고 인정할만한 연구 성과는 거의 없으며, 있다고 하더라도 매우 적다고 말하였다. 또한 플랑크 등(Plank et al, 1993)도 학교선택이 저소득층과 소수민족 학생들의 교육을 향상시킨다는 학교선택 찬성론자들의 주장에도 불구하고, 아직까지 학교선택 정책이 학생의 학업성취도와 평등성 문제에 긍정적인 영향을 미쳤다는 명백한 증거들은 없다고 하였다.

특히, 헤니그(Henig, 1994), 웰스(Wells, 1993), 풀러 등(Fuller et al, 1996)은 학교선택 정책을 통해 학생들의 학업성취도가 점진적으로 향상되었다는 연구들이 방법론적으로 잘못된 연구라는 사실을 밝힘으로써 학교선택 정책이 학생들의 학업성취도 향상에 도움이 된다는 학교선택 정책의 찬성론자들의 주장이 잘못된 것임을 명확히 하였다. 그리고 카노이(Carnoy, 1993)는 학교선택 정책은 교육열이 높은 가정의 학생들에게는 학업 수행에 유리하게 해줄 수 있을지 몰라도, 교육열이 낮은 가정의 학생들에게는 오히려 학업 수행에 더 불리하게 하였다고 밝힘으로써, 학교선택 정책이 학생들의 학업성취도를 전반적으로 향상시키는 데 도움이 되지도 않을 뿐만 아니라 계층 간의 교육적 격차를 더 벌이는 역효과를 가져온다는 사실을 알려주었다.

풀러(Fuller, 1996)는 학교선택이 이루어지는 지역의 프로그램들을 분석한 후, 학교선택 프로그램이 학교의 질을 더욱 불평등하게 할 수 있으며, 학생들 간의 차이를 더욱 강화할 수 있고, 학교선택이 학생들의 학업성취도를 높이지도 못한다고 밝혔다. 또한 학교선택은 자녀의 학교교육에 참여하는 학부모와 그렇지 못한 학부모 간의 간격도 더욱 깊게 한다고 하였다. 그리고 학교선택과 관련해서 얻을 수 있는 교훈으로 학력이 높은 학부모가 학교선택 프로그램의 학교현장에의 도입과 실천에 매우 높은 관심을 갖는다는 점을 강조하였다. 특히 풀러(Fuller, 1996)는 대표적인 학교선택 프로그램인 차터 스쿨(charter school), 마그넷 스쿨(magnet school), 바우처(voucher) 제도 등이 학생들의 학업성취도를 향상시키는 데 더 효과적이라는 객관적인 근거는 없다고 밝혔다. 그리고 많은 연구들에 의하면 학교선택은 학생들 간의 교우관계에 부정적인 문제를 안겨줄 수 있다고 경고하였다.

이러한 우려에 대해 에반스(Evans, 1991)도 '부모의 학교선택권을 보장하게 되면 학교들 간에 살아남기 위한 경쟁을 유발할 수 있고, 그 결과로 학교교육의 개선을 도모할 수 있다'는 가정은 잘못된 신화에 불과하다고 하였다. 왜냐하면 부모의 학교선택권 보장은 실질적으로는 학생의 성적순 또는 부모의 사회·경제적 지위에 따라 결정되기 때문에 그러한 두 가지 측면에서 우수한 자(superior)가 학교를 우선적으로 선택할 수 있을 뿐이고 그렇지 못한 사람들은 나머지 학교들 중에서 결정할 수밖에 없다고 보았다. 그리고 포스터(Foster, 2002)는 학교선택을 찬성하는 학자들이 강조하는, 학교선택이 학생들의 자율성과 교육의 평등성을 오히려 신장시킬 수 있다고 하는 자유주의적 평등주의 세계관은 학교선택에 의해 나타날 수밖에 없는 현실적인 문제점들을 도외시한 지나친 낙관론적 자만심에 지나지 않으며, 정치적 선전으로만 그럴듯한 감언이설에 불과하다고 비판하였다. 그리고 학교선택권의 보장은 부모의 사회·경제적 배경의 파워에 따라 사회계층 간의 차이를 더욱 견고하게 만들기 때문에 사회정의의 관점에서 보면 오히려 사회정의를 더 멀어지게 만들 뿐이라고 강조하였다.

실제로, 학교선택을 시행한 주요국에서 나타나는 많은 연구결과들도 부정적인 견해를 밝히고 있다. 리이와 루시(Reay & Lucey, 2000)는 영국의 런던에 소재하고 있는 한 중등학교의 선택에 참여한 학생들의 경험을 연구하였다. 그리고 주요한 연구결과로, 학생의 개인적 차이 및 가족의 차이에도 불구하고, 학교선택에는 계층과 관련된 강한 패턴이 작용한다는 점을 지적하였다. 특히 학교선택은 흑인과 노동계층에게 불리하게 작용한다고 밝혔다. 또한 바렛(Bartlett, 1993)은 비록 개방된 학생입학에 의해 학부모의 학교선택이 증가되었다고 할지라도, 일단 한 학교가 만원이 되면 더욱 굳건히 폐쇄적이 되었고, 개방적 학생입학에 근거한 학교선택 정책은 교육에 있어서의 크림 스키밍 현상(cream-skimming)[9]이 더욱 가속되도록 하고 불평등이 심화되도록 하는 효과를 가져 오게 하였다고 지적하였다. 더욱이 공식 재정 체제(formula funding system)하에서 재정적 어려움에 직면한 학교들은 가장 불리한 계층의 학생들이 모이도록 하는 결과를 초래한다고 하였다.

크림 스키밍 현상의 위험과 관련한 보우 등(Bowe et al, 1992)의 연구에 의하면, 학교에서의 차등 지향적인 크림 스키밍 현상으로 인해, 학교들은 더 큰 문화자본을 가진 학생들을 진학시키기 위한 경쟁의 각축을 벌이고 그 대가를 바라는 현상이 나타나게 되었다고 밝혔다. 그 결과로, 기워츠 등(Gewirtz et al, 1995)은 학교들이 '유능한'(able), '천재적인'(gifted), '동기부여를 받고 헌신하는'(motivated and committed) 학생들, 그리고 시험성적을 향상시킬 수 있는 잠재력을 가진 것으로 보이는 남아시아 계통의 중산층 학생들을 모집하려 한다는 점을 밝혔다. 반면에, 학교들은 특별한 가능성이 보이지 않으면 노동계층의 자녀들뿐만 아니라 '덜 유능한'(less able) 학생, 그리고 특수교육

---

9) 크림 스키밍(cream-skimming)은 주로 통신 분야의 수요가 많은 지역에서의 영업 활동에 사용되는 용어로, 영업 이익을 위해 인구밀집 지역의 통신량이 많은 곳에 통신업체가 서비스를 집중적으로 제공하는 행위를 의미함. 이 말의 어원은 원유 중에서 맛있는 크림만을 분리, 채집하는 데서 유래된 것임. 따라서 이 용어는 공부 잘하는 학생 위주의 교육을 추구하기 위해 평등보다는 차등을 지향하는 바를 강조하는 것임.

이 필요한 신체적·정신적 불편함을 겪는 학생들을 가장 꺼려한다는 점도 밝혔다.

이 같은 학생들의 학업능력 우수성이라는 표면적인 척도에 의해 학교들 간의 서열이 정해지는 체제가 강조됨으로써, 학교선택 정책이 학교교육에 있어 수평적인 다양성을 촉진하는 지에 대한 증거는 거의 없다. 이와 관련해, 글래터 등(Glatter, 1997)은 특별학교를 위한 정부의 재정지원을 제외하고는 학교교육의 다양성을 위한 구체저인 증거는 없다는 것을 발견하였고, 오히려 어떤 경우에 있어서는 학교들 간의 더 큰 획일성이 나타나도록 한다는 것을 확인하였다. 그리고 왈포드와 밀러(Walford & Miller, 1991)는 학교선택 정책이 학교선택 옹호자들이 주장하는 것처럼 학교교육 형태의 다양성을 가져올 것이라는 기대와는 달리, 학생들의 시험성적과 사회계층을 기준으로 한 학교들의 서열을 오히려 강화하는 결과를 초래하였다고 지적하였다.

학교를 선택할 수 있는 위치에 있는 학부모들은 자녀가 좋은 대학에 진학하는 데 도움이 되는, 즉 공부를 강조하는 전통적인 형태의 학교를 선택하게 된다. 그렇기 때문에 새로운 유형의 학교들조차 공부를 강조하는 형태를 취하는 경향을 갖게 된다. 실제로, 위티 등(Whitty et al, 1993)의 연구에 의하면, 도시공학고등학교(CTCs)를 선택한 많은 학부모들은 그 학교의 '우수한 기술' 이미지 때문이 아니라 명문학교라는 이미지 또는 엘리트 학생들이 진학하는 사립학교라는 이미지 때문에 선택한 것으로 나타났다. 이러한 상황에서, 학생과 학부모들로부터 선택을 선호 받는 위치에 있는 학교들은 전통적인 방식으로 공부를 강조하는 특성을 강조함으로써 계속 선호의 대상이 되려 하고, 학교의 명성에 기여할 수 있는 우수한 학생들을 유치하려 하게 된다. 또한 레바칙과 하드만(Levacic & Hardman, 1999)의 연구에 의하면, 학교선택 정책에 의해 사회·경제적 지위가 낮은 학생들로 구성된 학교들은 시험성적 결과가 낮아진다는 점을 밝혔다. 그래서 파워 등(Power, 1994)은 학교선택과 관련한 이런 여러 상황을 종합해볼 때, 학교선택 정책이 학부모들의 선택과 학생들의 학업수행을 전반적으로 증가시켰다고 주장할 수는 없다는 결론을 내렸다.

왈포드(Walford, 1992)는 학교선택이 어떤 특정한 학생들을 위한 질 높은 학교교육이 되도록 할 것일지는 모르지만, 학교선택과 관련된 실제의 증거들에 의하면 특히 노동계층의 학생들에게 불리하도록 차이를 유발시킨다고 주장하였다. 스미스와 노블(Smith & Noble, 1995) 역시 영국의 학교선택 정책이 불리한 계층의 학생들이 더욱 불리하도록 하였다고 결론을 내렸고, 기워츠 등(Gewirtz, 1995)은 비록 학교들이 거주지에 따라 어느 정도는 사회적 그리고 계층적으로 차이가 있을 수밖에 없지만, 학교선택은 사회 계층적 그리고 인종적인 차이를 더욱 악화시키게 된다고 강조하였고, 학교선택으로 인해 특히 노동계층의 학생들과 신체적·정신적인 불편함을 겪어 특수교육이 필요한 학생들이 가게 되는 학교들은 빈약한 재원을 갖게 됨으로써 점차 '빈민화'(ghettoised)됨을 연구결과를 통해 밝혔다. 뉴질랜드의 학교선택 정책의 영향에 관한 연구들(Lauder et al., 1994; Waslander & Thrupp, 1995; Lauder et al., 1999)에 의해서도, 학교선택으로 인해 사회 양극화 현상이 나타났음이 밝혀졌다. 비록 고라드와 피츠(Gorard & Fitz, 1998)가 이런 연구결과 분석에 의문을 갖기는 하였지만, 뉴질랜드의 학교선택에 관한 다른 연구들에서도 학교선택이 사회 양극화 현상을 유발하는 것으로 밝혀졌다(Nash & Harker, 1998).

전반적으로, 학교선택에 관한 연구결과들의 증거들은 학교선택이라는 개혁이 혜택을 가져온다는 것은 매우 한정되어 있고, 특히 불우한 계층의 사람들에게는 매우 큰 희생을 강요하는 것으로 나타났으며, 학교선택을 옹호하는 사람들이 강조하는 학교선택의 폭넓고도 잠재적인 혜택은 현실적이지 못한 것으로 나타났다. 학교선택의 개혁을 통해 혜택을 보는 불우한 계층의 학생도 있을지 모르지만, 공교육체제의 전반에 걸친 학교선택 개혁이 학생들과 교사들 전체에 긍정적인 효과를 가져온다는 것은 거짓말에 가깝다. 학교선택의 대표적인 프로그램인 차터 스쿨이 혁신적이고도 잠재적으로 권한을 이양하는 교육환경을 가져오는 예를 제공하였지만, 차터 스쿨이라는 학교선택 프로그램이 실질적으로는 그 어떤 변화보다도 교육환경을 의사시장(quasi-markets)에 지배받도록 하는 데 기여했다고 간주할 수 있다(Thrupp, 1999).

이상에서 살펴보았듯이, 실제로는 학교선택제가 학생들의 학업성취도를 높여준다는 일관된 연구결과가 나오는 것이 아님을 알 수 있다. 오히려 많은 연구들에 의하면 학교선택제의 시행이 계층 간의 차등과 양극화를 더욱 악화시키는 역할을 할 수도 있음을 알 수 있다. 또한 학교선택제가 이미 시행된 미국, 영국, 뉴질랜드 등의 국가들에서도 학교선택제의 다양한 부작용이 나타남을 알 수 있다. 따라서 학교선택제의 쟁점은 한국의 현실적인 맥락에서 그 효과성과 유익함이 나타날 것인가를 신중하게 검토해볼 당위성이 제기된다고 하겠다.

Ⅲ. 결론

이상의 본론에서 살펴보았듯이, 사회정의적 접근, 교육법적 접근, 공교육적 접근, 그리고 실제적 접근으로 분석해 볼 때 학교선택제가 갖는 한계성과 문제점이 있음을 알 수 있다. 특히, 교육열이 극심한 한국의 현실에서는 학교선택제의 허용으로 나타나는 학교 서열화에 따라 더욱 증가될 사교육비의 사회적 문제도 충분히 예상되는 학교선택제의 문제점이라고 볼 수 있다. 우리는 학교교육을 논하면서 흔히 학교교육의 특수성, 중요성, 안정성, 장기성, 계획성, 체계성 등을 거론하게 된다. 이것은 학교라는 조직은 사회의 여타 조직과 다르기 때문에 접근할 때에도 다를 필요가 있다는 것을 뜻한다. 즉 학교는 사람이 사람을 가르치고 배우며 상호작용 하고, 결과로 도출되는 것도 사람의 지적·정의적·인성적 영역의 성장이며, 그 측정 또한 어려운 점이 있기 때문에 접근할 때 신중을 기할 필요가 있는 것이다.

경제학이 사실판단의 문제라면, 윤리학은 가치판단의 문제이다. 가치판단에서 자유롭기 힘든 문제에 대해서조차 사실판단, 즉 효율성의 논리로 설명하려 한다면, 그래서 경제학(경제논리)을 윤리학에까지 확장하거나 후자를 전자로 환원시키려 한다면, 양자의 통합은 윤리학의 약화나 축소로 이어질 뿐이다(이상호, 2002). 이렇게 볼 때, 교육은 경제학의 맥락인 사실판단보다는 윤리학의 맥락인 가치판단에 가깝고, 또한 가까워져야 할 당위성이 제기된다. 웨스트(West, 2006)는 학교선택은 사회 공정성 및 사회정의와 관련되는 중대한 문제라고 하였다. 그리고 학교선택과 관련한 자신의 연구를 통해, 학생이 학교를 선택하고 학교가 최종적으로 학생을 선발할 수 있도록 하는 학교선택 체제는 해당 학교가 선호하는 특성과 자질을 갖춘 학생만을 선발하도록 하기 때문에 사회의 공정성 및 사회의 정의를 고려한다면 학생선발권을 학교에 맡겨서는 안되고 해당 지역의 교육청이 그 책임을 가져야 한다고 강조하였다. 또한 지역의 교육청은 학생 선발에 관한 객관적이고 명확하며 공정한 준거를 토대로 하여 학생 선발에 그 책임을 다하는 것이 바람직하다고 주장하였다.

학교선택제의 기본 전제인 개인의 선택에 대한 권리는 분명히 존중되어야 할 덕목이다. 하지만 학교는 사회의 중추적인 기능을 하는 조직이고, 학교체제가 어떻게 조직되는가에 따라 사회에 미치는 영향이 크게 작용한다. 따라서 학교선택제의 논쟁에 있어서 학교선택에 대한 권리 보장이라는 명목에만 한정되지 않고, 학교선택제의 시행이 우리 사회의 맥락에서 실질적으로 어떤 작용을 하게 되며, 구체적으로 나타날 문제점들에 대해서 심도 깊은 연구와 논의가 요구된다고 하겠다(인문사회과학연구, 2010, 26, 142-172.).

4부

사회정의와 공교육

사회정의에 근접한 학교교육이 추구되기 위해서는 공교육의 본래 가치가 보호되고 보장되도록 해야 한다.

그리고 이를 위해서는 공교육의 본래 가치를 훼손시키는 '교육의 사사화'를 경계해야 한다.

9장

공교육의 미래

밥 코넬(Bob Connell)은 교육에 있어 시장화의 압박이 공교육의 목적을 협소하게 하고 있다고 주장한다. 그러나 우리는 교육이 상업화 되어 가는 이러한 현실에서 어떻게 대응할 것인가? 코넬은 공교육을 수호하고 강화하는 방법으로서 민주적 과정의 강화를 통한 포용(inclusiveness)의 핵심 가치로의 귀환을 다음과 같이 강조한다(Connell, 2001).

1. 공교육의 정치적 위기

공교육에 있어 우리가 현재 직면하고 있는 위기 상황은 우리가 이전에 경험했던 성장과 발전이라는 패턴의 반전에서 비롯된 것이다. 즉 1960년대까지 급속한 경제적 성장과 더불어 강력한 중앙집권적 그리고 아주 값싼 획일적 대중교육이 확산되었다. 1960년대와 1970년대에는 공교육의 민주적 흐름이 찾아왔고, 교육의 권한이 중앙집권에서 학교 및 교사들로 이전되는 시도가 나타났고, 구체적으로는 학생들을 가르치는 데 있어 교육학 및 사회과학적 접근이 좀 더 보편적으로 적용되었고 협동학습의 유익함이 알려지게 되었다. 그러나 1990년대 후반 무렵에는 이러한 흐름이 멈추거나 오히려 퇴행하기 시작하였다. 구체적으로, 공교육에 신자유주의적 특성이 자연스레 가미되기 시작하여 공교육에 시장원리가 도입되기 시작하였고 공교육에서도 사적 영역이 중요한 의미를 차지하기 시작하였다.

공교육에 있어 이러한 빠르고도 강력한 변화는 많은 사람들에게 충격이었고, 공교육에 대한 우려를 자아내었다. 하지만 교육의 사사화(privatisation)는 공적 정책에 있어 제대로 된 논쟁의 기회 없이 진행되었고 하나의 대세가 되었다. 이에 따라 교육의 사사화는 시장원리(소비자 주권, 선택, 자유, 기업주의, 혁신, 현대성)를 통한 사회 재건의 국제적 전략으로서 인정받게 되었다. 그 결과로, 1970년대 후반과 1980년대에 서양의 정책들은 신자유주의로 잘 알려진 새로운 보수주의에 의해 지배되었고, 복지정책은 쇠퇴하게 된 반면에 기업들은 더욱 번영할 수 있는 추진력을 후원받게 되었고 심지어 교육의 영역에까지 진출하게 되었다.

이렇듯, 공교육의 사사화가 지배적인 문화적 상황 속에서 공교육의 부활을 위해서는 변화가 요구된다. 보다 안정적이고 강력한 공교육의 모델을 갖추기 위해서는 교육의 시장화에 대한 신중한 비판이 요구되고, 더욱 중요한 것은 공교육의 부활을 위한 적극적인 의제(positive agenda)가 요구된다. 그리고 이러한 의제를 개발하기 위해서는 국가주도의 대중교육에 내포되어 있는 민주적 요소와 대중교육의 민주적 비판 모두에 초점을 둔 공교육의 “공(public)”이 무엇인가에 대한 재음미가 요구된다.

2. 교육의 사사화

사사화의 근원적인 과정은 시장과 시장거래의 가치를 통한 상품과 서비스의 편의성을 도모하는 것으로의 변형에 있다. 그리고 그 과정은 (1) 편의성의 구성(the constitution of a commodity), (2) 시장 제도의 창설(the creation of market institutions), (3) 시장 공급의 필요성의 구성(the articulation or construction of the needs that the market will supply)이 요구된다.

1) 편의성

사립학교들에 의해 제공되는 편의성은 무엇인가? 여기에는 "교육" 또는 "학습" 또는 "수업"을 제공하는 것도 포함되지만 이것만으로는 특별한 것이 없다. 따라서 학교에서 학생들에게 무료로 제공되는 시장화의 편의성은 무익하기 때문에 학교의 사사화를 주장하는 사람들은 학교교육의 무상화의 근원을 차단시키기를 원한다. 그러한 대표적인 예가 사립학교의 비싼 등록금에 의한 편의성을 도모하는 차별화이다. 특히, 학생들과 학부모들에게 학업적 경쟁, 사회적 연계, 노동시장에서의 지위 또는 안전에 대한 혜택을 제공해주는 능력을 발휘함으로써 차별화를 나타낸다. 그리고 이러한 학교교육의 시장화 및 시장논리가 지배적인 문화가 됨으로써 공립학교들도 경쟁의 역동성이라는 미명하에 시장화의 성격을 띠는 변화를 가져오게 되었다. 하지만 학생, 등록금, 교육과정 등 여러 가지 차원에서 선택적 학교체제를 쉽게 운영할 수 있는 사립학교들에게는 경쟁이 되지 못하는 결과로 끝나게 되었는데, 이것은 얼마든지 예측 가능한 것이었기 때문에 그리 놀라운 일이 아니다.

2) 제도

시장화는 두 가지 종류의 시장 제도, 즉 경쟁이 가능한 기구(enterprise)와 경쟁의 거래가 일어나고 시장의 성공 또는 실패를 나타내는 중심 장소로서 교환(exchange)이 요구된다. 공교육에서 경쟁이 가능한 기구의 대표적인 예로는 학교기관(국공립학교, 사립재단 등)이 포함되고, 시장의 성공 또는 실패를 나타내는 중심 장소로서 교환의 대표적인 예로는 대학입학체제 그리고 시험(학교들 간 또는 학생들 간 비교가 가능한 국가 수준의 일제고사 등)이 포함된다. 따라서 교육에 있어 신자유주의는 경쟁을 통한 비교 결과 통보를 어떻게 하면 더 잘 할 수 있는가를 조장한다. 범국가 수준에서 치르는 시험을 통한 학교들 간 경쟁 유발은 최근 학교들이 직면하는 현실이 되었다.

3) 필요성

교육을 위한 대중의 열망은 지금까지 다양했고, 교육시장에서의 서비스를 구매하기 위한 의지의 형태도 항상 같은 것은 아니었다. 이러한 역사적 흐름 속에서 한 가지 발견할 수 있는 것은, 일단 어떤 특정한 수준의 교육이 사람들로부터 기대되면 교육시장의 필요성은 유상으로 이루어지는 교육을 제공함으로써 그 필요성을 충족시켜왔다는 점이다. 이러한 전략은 초기에는 대학교에서 주로 사용되었으나 점차 공교육 시장화의 한 부분을 차지하게 되었다. 그리고 이러한 필요성의 창출을 위한 주요 메커니즘은 사회적 차이와 불안전에 중심을 두고 있다. 즉 시장논리에 입각하여 운영하는 학교들은 그렇지 않은 일반 공립학교들과의 차이를 부각시키기 위해 학생 및 학부모들에게 자신들이 운영하는 학교에 자녀가 진학하게 되면 더 높은 사회적 지위를 획득하는 데 유리한 지식을 배울 수 있고 그리고 졸업한 후에는 더 높은 경제적 보상을 받을 수 있으며 사회적 인맥 형성 및 인식에 있어서도 훨씬 유리해진다는 점을 내세운다. 구체적으로, 20세기 후반부터 다음과 같은 세 가지의 경향이 이러한 불안을 만들어내었다.

① 경제의 구조적 변화가 고등교육이 부의 재생산, 엘리트의 성공과 소득의 증대에 결정적인 역할을 하도록 만들었고, 이러한 변화는 교육에 있어 “실패”하게 되면 결국 학교졸업 후 많은 경제적 손실을 얻게 된다는 것을 의미하게 되었다.

② 경제의 구조적 변화는 신자유주의 그 자체라고 할 수 있는 “세계화”와 느슨하게나마 연관되어 있었고, 결과적으로 예상치 못한 경제적 혼란을 가져왔으며, 특히 노동자 계층과 중산층의 경제적 취약성이 드러나도록 만들었다.

③ 개인적 삶의 불안전성이 증대되었다. 이러한 변화는 특히 인종적 및 계층적으로 불리한 삶을 살아가는 사람들에게서 두드러지게 나타나게 되었고, 결과적으로 이러한 학생들이 진학하는 학교들을 시장화 하는 데 반영되었다.

시장원리에 입각한 사립학교들은 입시위주의 전통적인 교육, 훌륭한 교사들, 학생들에 대한 응대(attention), 그리고 월등한 학교시설 등을 앞세워 "보다 나은 학교교육"을 제공하여 학생들에게 혜택을 제공할 수 있다는 점을 부각시킴으로써 학교 자체가 적극적인 시장임을 자처한다. 중요한 것은 시장원리에 의한 학교교육이 더 효과적이라는 명확한 근거가 없음에도 불구하고, 일반적으로 사람들은 시장원리에 의한 학교교육의 목적이 훌륭하다고 생각한다는 점이다. 그리고 이러한 인식 때문에 사람들은 시장논리를 내세우는 학교에 자녀를 진학시키고 그렇게 함으로써 더 높은 사회·경제적 지위를 획득하게 할 수 있다는 지속적인 파급효과를 불러일으킨다.

더욱이, 시장원리에 입각한 학교교육의 팽창은 결과적으로 모든 사회문화적인 분야에도 시장원리가 지배하는 시대를 만들 수 있다는 점에도 주목해야 한다. 특히 시장원리를 따르지 않는 일반 학교교육을 받는 학생들은 열등하다는 근거 없는 잘못된 사회적 인식을 가질 수 있다. 아이러니하게도, 시장원리의 학교들은 질서, 평온함, 일치 등을 선전하지만, 시장원리의 학교교육이 지배하는 사회에는 그 결과로 혼란, 무질서, 그리고 갈등이 유발된다.

3. 결과

교육의 과정에 있어 사사화의 결과는 무엇인가? "선택", "다양성", "자유"를 내세우는 시장주의의 미사여구와는 대조적이게도, 상품화된 교육이 실제로 나타내는 주요 경향은 (학업성취도 향상 등) 학생과 학부모들이 가장 매력을 느끼는 것에 한정되어 운영되는 결과에 따른 다양성의 축소이다. 그리고 일반적으로 교육과정에 큰 변화를 주는 것과 같은 다양성을 위한 새로운 시도는 하지 않으며, 학생 및 학부모들이 선호하는 학교들을 모방하여 똑같이 학교운영을 하려는 등의 모습을 보이는 현실이 된다. 그래서 시장논리에 의해 운영되는 학교에서 근무하는 교사들은 학생 및 학부모들로부터 선호받는 다른 학교들에서는 어떻게 가르치고 운영하는가에 첨예한 의식을 갖게 된다. 또한 그러한 학교의 문화, 규범, 언어 등을 모방하려는 것뿐만 아니라 가르치는 교과목과 학생들이 입는 교복 등에도 있어서도 모방하려는 모습을 나타낸다.

시장원리에 입각한 학교교육의 가장 큰 문제는 학교들이 질적인 측면에서 다양성과 차이를 이끌어내려고 하는 것이 아니라 교육의 본질을 훼손하더라도 사회로부터 선호 받는 학교들을 단순히 모방하려는 데 있다. 따라서 이들 학교들 간에는 교육철학의 다양성은 거의 존재하지 않는다. 다만 학교들 간에는 교육수요자에 대한 요구사항, 등록금을 높일 수 있는 능력, 학교성장의 전망 등 시장화를 강화시키는 영역에서 차이가 존재할 뿐이다. 그리고 학교들 간의 이러한 차이는 해당 학교가 시장화의 접근에서 얼마나 효과를 보았는가에서 뿐만 아니라 "교환(exchange)" 메커니즘에서 얼마나 성공하였는가에 달려있게 된다.

교육의 상품화는 교육기관과 그 교육기관의 현장에서 다음과 같은 중요한 결과를 가져오게 된다.

- 교사의 권위보다는 학교경영자의 권위가 강화되는 변화
- 학교재정을 통제하는 기법에 더욱 의존하게 되는 변화
- 학교에 전통적으로 주어진 과업의 수행보다는 측정 가능한 성과 산출에 더 큰 초점을 두는 변화
- 학교가 마치 사업을 벌이는 듯한 이미지와 홍보에 더 큰 초점을 두는 변화
- 다른 교육기관을 동료와 같은 존재로 보기보다는 경쟁자의 존재로 보는 경향으로의 변화

교육의 상품화에 따른 이 같은 변화는 결과적으로 학교들 내의 사회적 격차를 더욱 크게 만들게 된다. 게다가, 학교경영자를 임용하는 조건의 변화에 따라 학교 교원들 중에서 자격이 되는 사람을 임용하는 전통적인 방식을 벗어나 기업경영자와 같은 사람을 임용하는 것이 쉽도록 하는 변화를 가져오게 한다. 학교교육의 심각한 상품화는 또한 교사들의 교직문화를 침식하도록

만들기 쉽다. 예를 들면, 학교가 사업 이데올로기에 지배되어 교사 개인의 소신과 철학에 의해 가르치는 것이 존중되기보다 학교에서 지정해주는 목표를 달성해야 하는 것이 더 중요하게 간주되어 교사 본연의 교육권이 침해받기 쉽다. 또한, 학교의 요구를 교사들이 얼마나 충족시켰는가에 따라 교사들의 보수를 차별화하여 교직문화를 기업경영의 문화로 변질되도록 만들기 쉽다. 그리고 아웃소싱(outsourcing)을 허용하여 교육과정의 모듈화를 도모함으로써 학교 내부에서보다는 학교 외부에서 정보 및 문제해결을 찾으려는 학교문화를 만들기 쉽다.

또한, 교육과정 및 근원적인 가치의 수준에서의 변화도 뒤따르게 된다. 즉, 교육의 사사화가 더욱 진행됨에 따라 교육기관들은 그동안 추구해왔던 교육 고유의 가치들을 떨쳐버리는 경향을 띠게 된다. 구체적으로, 교육수요자 또는 교육기관(학교)에 경쟁적 혜택을 가져오지 못하는 교육적 과정의 측면들은 경쟁적 압력으로 시장화를 잘 수행하고 있는 교육기관(학교)에 의해 그 소중한 가치가 붕괴되게 된다. 그러한 가치들은 다음과 같다.

- 학교는 학생들에게 경쟁적 학습을 강조하기 보다는 학생들이 일반적인 능력에 도달하도록 가르치는 곳이 되어야 한다는 것
- 학교는 학생들이 인간적 관계를 바탕으로 서로의 학습에 도움을 줄 수 있기 때문에 특별히 경쟁의 논리가 적용될 필요가 없는 학습의 장이 되어야 한다는 것
- 교육자원은 사회의 불리한 여건에 처한 학생들(학업성취도가 낮은 학생들 및 특별한 도움을 필요로 하는 학생들) 및 학교들에 더욱 집중되어야 한다는 것

이러한 이유들과 방식들로 인해 교육시장화의 압박은 공교육 본연의 목적을 협소하게 만들게 되는 결과를 초래한다.

4. 공적 영역의 문제들

분리가 아닌 통합의 공동체로서 학교가 되기 위해서는 포용(inclusiveness)의 원리가 반영되어야만 한다. 포용의 원리는 공교육체제가 지녀야 할 덕목이기 때문에, 우리는 이 원리의 의미와 어려움을 생각해야 한다.

포용의 원리가 학교교육에 반영된 형태는 초등학교에서 한 명의 교사가 학급의 학생들을 책임지고 가르치는 형태 그리고 고등학교에서는 종합학교(comprehensive high school)의 형태로 나타났다. 종합학교는 학생들의 사회적 이질성을 통합하기 위한 목적으로 1950년대부터 1980년대까지 특히 확산되었다. 또한 인족 및 민족적 이질성을 동질화 하려는 목적도 있었기 때문에 항상 영어로만 수업을 진행하게 되었고, 문화와 경험의 다양성이 제대로 제공되지 못하였다. 그리고 계층의 차이를 좁히려는 목적도 있었기 때문에 기존의 실업계 계열의 학교들의 특성도 종합학교에 포함시켰다. 이에 따라 학문적인 교육과정만을 주로 가르쳐왔던 학교에 노동자 계층의 학생들도 다닐 수 있게 되었고, 종합학교는 노동자 계층의 학생들에게 학문적 성취의 기회뿐만 아니라 전문적 직업으로의 진로도 제공하였다. 그러나 실제로는 종합학교 내에서 학문적 교육과정을 가르치는 인문계열에 다니는 학생들과 비학문적 교육과정을 가르치는 실업계열에 다니는 학생들로 구분되었다. 따라서 학교 외부에서가 아니라 학교 내부에서 계층의 차이가 실제로 존재하는 결과를 초래하였다. 결과적으로, 종합학교의 이념은 통합적이고 포용적인 것이었지만 실질적으로 그러한 이념이 교육적으로 제공되지는 못하였다.

포용의 원리는 교육 정의(educational justice)를 강력하게 실현하는 정책이다. “정의(justice)”와 관련한 문헌을 살펴보면, 사회정의는 물질적인 것(material goods)의 분배뿐만 아니라 존중 또는 인식(respect or recognition)의 분배와도 관련되어 있음을 알 수 있다. 교육에 있어 분리를 주장하는 사람들은 평등한 존중을 거부하고 학생들 간의 차이에 따른 차등적 대우를 환영한다. 인종 및 민족적 다양성을 나타내어주는 다문화 교육의 아이디어는 학교교육의 장애가 되는 것이 아니라 학교의 삶과 교육과정의 풍요로움의 원천이 되기 때문에 평등한 존중의 원리가 반영된 분명한 예라고 할 수 있다.

교육에 있어 평등한 존중의 원리가 실현되기 어려운 가장 핵심적인 원인은 너무 많은 교육의 실제(IQ 테스트, 학업성취도 평가, 각종 시험, 능력별 집단편성, 명문학교 지향, 합격 대 불합격 등)가 불평등의 가치를 바탕으로 이루어지고 있기 때문이다. 이러한 교육의 실제 때문에 학생들은 책에서 또는 사람들이 일반적으로 말하는 '인간은 모두 평등하고 존엄하며 가치 있는 존재이다'는 그럴듯한 말을 믿지 않게 된다. 공교육이 실질적으로 강화되기 위해서는 학교 및 사회가 학생들에게 가르치는 덕목과 학교 안팎의 교육의 실제가 일치하는 것이 중요하다. 그리고 학교교육이 더욱 민주적인 가치가 실현되도록 만들어야 한다. 학교교육의 민주적인 가치 실현은 말처럼 그리 쉬운 것은 아니지만, 공교육의 진정한 혁신을 위해서는 성취해야만 하는 핵심적인 과제이다.

5. 공교육의 원리

만약 공교육의 전통적인 정당성이 더 이상 인정받지 못하는 현실이라면, 그런데도 왜 우리는 공교육에 대해 고민해야만 하는가? 왜 우리는 공교육이 신자유주의 원리에 지배되어 상품화 되는 것을 반대하고 공교육체제를 고수하려고 해야만 하는가? 그 이유는 신자유주의의 시장논리에 의한 공교육의 상품화는 그 결과로 사회적, 개인적, 그리고 교육적 피해를 가져오기 때문에 이것이 바로 우리가 공교육체제를 지켜야만 하는 분명한 이유가 된다. 공교육체제를 지키고 강화하기 위한 원리는 다음과 같다.

1) 모두를 위한 교육(education for all)

공교육체제의 과업은 소수가 아니라 모두에게 제공되는 교육을 하는 것이다. 비록 "모두를 위한 교육"은 정치적인 진부한 표현이고 사회적으로 과도

하게 사용되는 말이지만, 공교육에 있어 반드시 지켜져야만 하는 핵심 원리이다. 사회가 복잡하고 분열되고 불평등해질수록 사회계층마다 교육의 필요성과 이해관계가 다르고 갈등이 나타나기 쉽고, 그 결과로 공교육을 받지 못하는 계층과 학생이 증가될 수 있다. 따라서 이런 상황일수록 공교육체제가 불리한 계층의 학생들에게 교육적 지원이 가능해야 하고, 이를 통해 모두를 위한 교육을 수행할 수 있어야만 한다. 또한 특별한 부와 권력을 가진 계층에서는 자녀를 일반학교와 다른 특별한 학교에 보내려고 하여 공교육의 틀에서 벗어나려는 움직임을 보이게 되는데, 이러한 경향은 결과적으로 공교육을 약화시키는 요인이 된다. 모두를 위한 교육이 수행되기 위해서는 포용이 요구된다. 포용(inclusiveness)은 대중교육을 위한 중요한 민주적 요소이기 때문에 포용의 아이디어가 공교육에서 심화될 수 있도록 해야 한다.

2) 상호 책임감(mutual responsibility)

'모두를 위한 교육'을 위한 노력은 도덕적 원리를 나타낸다. 우리는 사회적 존재이고, 교육은 사회적 과정이며, 우리는 학생들의 교육에 공유된 책임감을 갖는다. 하지만 공교육의 사사화(privatization)는 우리들로 하여금 교육이란 시장경쟁 속에서의 적자생존으로 생각하도록 만들고, 사회의 전체적인 교육에 대해 생각하기 보다는 개인의 이기적인 이해관계에 의해서 판단하도록 만든다. 진정한 공교육은 사람들로 하여금 상호 혜택의 과정으로서 교육을 생각하도록 만들고, 공유된 이해관계와 공공선(common good)에 근거하여 판단하도록 만든다. 공교육의 핵심 포인트는 교육기관(학교) 내에 상호 책임감이 스며들 수 있도록 하는 것이다. 하지만 신자유주의의 원리에 입각한 정부의 교육정책들은 학교 내의 구성원들 간에 상호 책임감을 심어주기보다는 책임을 전가시키는 결과를 초래한다.

3) 다양성의 수용(embracing diversity)

공교육은 기존의 모습과는 다르게 변화되어야 하는데, 그것이 바로 다양성과 관련된다. 기존의 전통적인 공교육은 표준화된 교육을 제공하고 학생들을 기존의 교육체제에 순응시키고 동화시킴으로써 교육에 포용하려는 모습을 보여 왔다. 하지만 현대사회의 역동적인 다양성을 수용하여 교육과정 및 교육에 있어서도 다양성을 고려해야 한다. 이때의 다양성의 수용이라는 것은 공교육에 방해되거나 문제가 되는 차원이 아니라 교육을 위한 다양한 노력 차원을 의미하는 것이다. 즉 다양성의 수용이란 학생들이 서로 다른 경험과 전망의 상호작용을 해보는 교육적 과정을 만드는 것을 의미한다. 그리고 다양성의 수용이란 학생 개인 수준의 다양성에 초점을 두는 것이 아니라 문화의 다양성과 집단의 다양성에 초점을 두는 것을 의미한다.

4) 정의로운 교육과정(curricular justice)

다양성의 수용은 정의로운 교육과정의 원리를 수반한다. 기존의 전통적인 교육과정은 사회의 지배계층에게 유리하도록 반영되었고 이러한 교육과정을 통해 이득을 볼 수 있도록 운영되었다. 그러나 사회의 최소수혜자(the least advantaged)에게 도움이 되는 지식과 경험의 학습이 가능하도록 교육과정을 만드는 것도 가능하다. 진정한 포용의 공교육체제가 되기 위해서는 특정한 계층, 성, 인종 등이 불리하지 않는 정의로운 교육과정이 만들어지고 운영되어야만 한다. 따라서 정의로운 교육과정은 새로운 하나의 교육과정이 기존의 하나의 교육과정을 대체하는 것이라기보다는 진정한 다양성 및 개방성이 반영되는 교육과정을 의미하는 것이다. 그리고 정의로운 교육과정은 정의의 원리로서 평등한 존중이 수반되는 것을 전제로 한다. 왜냐하면 사회가 경쟁적인 평가로 인한 불평등한 가치에 지배되는 이상, 평등한 존중은 학교 내에서 또는 기타 다른 교육기관 내에서 실현될 수 없기 때문이다. 따라서 경쟁적인 시험을 부추기는 메커니즘과 학생들의 학업능력을 기초로 집단편성을 달리 하여 수업을 하는 메커니즘이 사라져야 한다. 최소한 의무교육기간 동안만이라도 경쟁적 시험은 사라져야 한다. 여기에서 강조하는 것은 교육의 실제에 있어 본질적인 부분이라 할 수 있는 평가 자체를 없애야 한다는 것이 아니다. 학생들 간에 비경쟁적이며 해롭지 않은 형태의 평가 방식도 많으며, 특히 가르치는 실제와 더욱 밀접하게 관련된 평가도 많기 때문에 이러한 평가방식을 고려해야 한다.

5) 국가적 관리(state provision)

비록 국가가 관리하지 않는 공교육도 가능하고 그러한 방식이 혁신의 원천으로 간주될 수도 있지만, 현대적 조건들 하에서의 대중교육은 국가적 관리 차원에서 지원되어야만 하는 것이다. 국가가 교육재정의 비율을 증대시킴으로써 학교현장이 여러 가지 차원에서 풍요롭게 되도록 지원해주고 학교교육이 시장의 불평등에서 벗어날 수 있도록 분배하는 것이 공교육 강화의 효과적인 방법이다. 또한, 공교육의 국가적 관리는 포용(inclusiveness)을 충족시키기 위해서라도 요구되는 것이고, 사회정의와 평등한 물질적 자원의 학교교육을 실현하기 위해서라도 요구되는 것이다. 하지만 신자유주의자들 및 그 연맹들은 오로지 교육을 시장원리에 맡기는 것이 최선책이라고 믿고 있기 때문에 교육의 국가적 관리에 대해서 반대한다. 따라서 공교육의 국가적 관리는 쉽게 합의를 이끌어내기가 어려울 수 있지만, 중요한 것은 공교육에 대한 포기가 아니라 민주화하려는 노력이다.

6) 참여적 교수-학습(participatory teaching and learning)

민주화를 위한 요구는 교육에 있어 특정한 형태로 표출되게 되는데, 그 대표적인 것이 학생들의 지위(position)이다. 즉 공교육의 내실화를 기하기 위해서는 학교교육의 학습 과정에 있어 학생들의 참여와 권리가 극대화 될 수 있어야만 한다. 이러한 학생의 참여적 교수-학습은 민주주의적 가치에 근간을 둔 공교육체제의 올바른 방향이 될 뿐만 아니라 시장주의자들이 말로 내세우는 "소비자 주권"에도 가장 적합한 교육방식이 된다.

7) 교수 문화(culture of teaching)

교사들은 학교현장에서 학생들을 직접 가르치고 있기 때문에 교육개혁과

변화에 주요 대상이 된다. 따라서 공교육을 강화하기 위해서는 이들 교사들의 사기를 진작시키는 것이 매우 중요하다. 하지만 현실적으로 많은 교사들은 자신들이 사회적으로 존중받거나 지원받고 있다고 생각하지 않는다. 이에 대해, 사장주의 학교교육을 주장하는 사람들은 학생들로부터 더 이상 신뢰받지 못하는 권위의 형태를 강조하려고 시도해왔다. 그러나 이러한 문제의 해결책은 교사들의 교직문화를 강화하는 데서 찾아야만 한다. 즉, 학교에서 교사들이 존중받고 민주적인 과정의 주체로서 인식되어야 하고, 그리고 교사들의 방법과 경험이 원활하게 순환될 수 있는 교직문화가 강화되어야만 한다. 교원노조는 이러한 교사문화를 위한 중대한 기본이 되고, 교수 문화(culture of teaching)의 혁신을 위한 중대한 수단이 될 수 있다. 그리고 올바른 교수문화의 확대를 위해서 교수 문화를 강화하는 데 도움이 되는 다양한 현직연수 프로그램 개발도 필요하다.

10장

공교육의 사사화에 대한 위험

정치적 그리고 법적인 미사여구는 개인적 및 사회적 복지의 증진을 위해 모든 사람들을 위한 교육기회를 강조하고 있다. 그러나 공교육에 있어 경쟁을 하지 않고도 누릴 수 있는 교육기회는 점차 위기를 맞고 있다. 현재는 공교육이 부적합한 것으로 인식되는 것이 확대되고 있고, 심지어 공교육을 개혁하는 것만이 유일한 해결책인 것으로 간주되고 있다. 그리고 그 해결책으로 바우처(voucher) 제도를 제시하기도 한다. 하지만 정부의 통제를 배제시키는 이러한 시장 논리적 접근은 그동안 전통적으로 공적이고 비영리적 성격을 띤 교육 영역에 영리를 추구하는 기업주의가 들어올 수 있는 기회를 확대되도록 만들었다.

이 글에서는 공적 자금에 의한 교육의 운영 및 보편적으로 이용 가능한 교육 등 교육의 공적 가치를 사장시키는 것이 사회의 최소수혜자들(most disadvantaged)에게는 도움이 되지 않는다는 점을 밝히고자 한다(Harvard Law Review, 1999).

1. 공교육의 근원적인 두 가지 이상

미국은 공교육의 "사업화"(business)를 위해 인적 및 재정적 자원을 충당하였다. 이러한 시도는 일반적으로 국민의 세금을 통해 자금을 충당하였다. 하지만 교육에 공적 자금을 사용한다는 것은 그 교육이 두 가지 혜택, 즉 하나는 사적 또는 개인적으로 혜택을 가져오는 것이어야 하고, 다른 하나는 공적 또는 사회적으로 혜택을 가져오는 것이어야 함이 전제된 것이어야 한다. 학교는 각 학생 개인이 학교교육을 통해 고용 기회를 최대한으로 가질 수 있도록 도울 수 있어야 하고, 학생의 잠재력을 발휘하도록 도울 수 있어야 한다. 그리고 교육은 학생들에게 경험의 동질성을 제공할 수 있어야 하고, 사회를 구성하는 다양한 사람들과 함께 관계를 맺으면서 얻게 되는 사회적 혜택을 깨달을 수 있도록 해주어야 한다.

그러나 지금의 공교육은 위기를 겪고 있기 때문에 공적으로도 혜택을 제공하지 못할 뿐만 아니라 학생 개개인 차원에서도 혜택을 제공하지 못하는 처지에 놓여 있다. 사실상, 공교육이 점차 학생들의 사회·경제적 지위의 차이 및 인종적 차이에 따라 교육을 달리 하게 됨에 따라 학생들은 공통된 경험을 제공받지 못할 뿐만 아니라 공통된 학습을 하지도 못한다.

과거의 교육개혁 측정은 차후의 문제인 학업 실패에 집중되어 왔다. 그리고 학생들의 낮은 학업 수행에 따른 경제적 결과에 우선해야 할 일로서 교육을 사적인 혜택으로만 간주하는 결과를 초래하였고, 학생 개개인의 사적인 혜택의 합으로서 공적인 혜택이 추구된다는 오해를 가져왔다. 그래서 경제적인 잣대로 교육을 들여다보게 되었으며, 20세기 초반에는 사회·경제적으로 낮은 계층의 학생들에는 직업교육을 시키는 것이 더욱 유용하며 산업사회를 더 발전시킬 수 있다고 믿게 되었다. 비록 이러한 변화가 학교교육의 대중화를 유도한 측면은 있지만, 그 결과로 "민주적인 시민의식을 위한 공통된 학교교육"을 제공하기보다는 "더욱 거대한 사회의 불평등한 사회적 질서를 재생산하는 학교교육"을 제공하게 되었다. 또한, 학교교육의 이러한 경험이 교육의 상품화를 초래하였고, 그 결과로 사람들이 개인적인 혜택 및 자기이익을 강조하게 만들었고, 교육의 공적 가치에 대해서는 무관심하도록 만들었으며, 공교육은 "수요자에게 상품을 제공하는 단순한 메커니즘 그 이상"이라는 인식을 갖지 못하도록 만들었다.

2. 시장의 복잡화

학교교육 내에 교육의 사적인 제공자 및 이윤을 추구하려는 기업 출현 등의 시장논리에 의한 교육의 질 개선 도모는 다음과 같은 문제를 갖게 된다.

1) 교육의 본질적인 측면을 간과하게 된다.

교육에 있어 시장의 개념을 가장 강력히 주창하는 첩과 모우(Chubb & Moe, 1990)는 "잘 생각해 보면, 학교는 불변의 또는 우수한 목적을 갖고 있지 못하다는 것이 분명해진다. 학교가 무엇을 하기로 되어 있는가는 누가 학교를 통제하고 통제자가 학교에 무엇을 바라는가에 달려있다."고 주장한다. 여기에서 "통제자"는 공적인 합의(public consensus)로부터 독립적인 위치에 처한 사적인 관계자(private actors)가 된다.

적합한 교육이 무엇인지에 관해 정치적 그리고 법적으로 합의되기 어렵다. 따라서 공적인 합의는 도달하기 어렵기 때문에 사적인 관계자들에게 미리 명확한 권한을 제공하는 것은 비현실적이다. 공교육의 총체적인 이상은 불리한 처지에 놓이게 된 학생들을 그렇지 않은 학생들과 함께 할 수 있도록 하는 것을 의미한다.

교육이 무엇으로 구성되어야만 하는가에 대해 명확한 구분이 없기 때문에 시장논리에 입각한 공교육은 종합적인 사회봉사의 필요성으로 미래의 시민의식을 함양하거나 사회공동체에 공적인 혜택을 제공하는 데 주목하기보다는 학생의 성적 향상과 같은 표면적이고도 한정된 요소를 충족시켜 생산하려는 패턴을 나타내게 된다. 따라서 공교육이 자칫 잘못하면, 교육의 개인적 목적 및 공적인 목적을 위해 최선을 다하는 것에 소홀해지기 쉽게 된다.

결과적으로, 시장논리에 입각한 공교육은 어떤 것을 가치 있게 가르칠 것인가를 분명하게 하지 못하며, 그 틈을 노려 사적인 관계자들은 교육에 있어 재량권을 이윤을 추구하는 방향으로 부적합하게 발휘하기 쉽게 된다. 또한 이들은 자신들의 요구에 맞는 학생들을 선별적으로 선발하려고 하게 되고, 공교육 본연의 가치인 민주주의와 시민의식의 함양은 도외시 하게 된다.

2) 교육의 사적인 제공자들은 사회적 및 개인적 이해관계의 균형을 도모하지 못하며 모든 학생들을 평등하게 가르치는 것도 수행하지 못한다.

교육의 공적인 전달은 사회를 위한 통합적 교육을 하는데 있어 가장 필요한 조건인 지역공동체와 개인적인 이해관계의 균형을 도모해줄 수 있다. 공교육을 통한 공적 이해관계는 개인의 이해관계에 우선할 수 있고, 사회의 매개자로서 대표성을 띨 수 있다. 또한, 이러한 공교육을 통해 모든 사람들은 사회에 참여할 수 있는 권리를 갖게 되고, 학부모와 학생들은 학교에 참여할 수 있는 권리도 갖게 된다. 공교육체제의 강화는 사회가 사람들에게 제공하는 교육을 받아야만 하는 형태로 나타날 수 있다. 비록 이러한 형태가 가혹한 측면이 있지만, 이것은 공교육이 소수의 이해관계에 응하는 것이 아니라 사회를 위해 존재한다는 점을 나타내는 특성이기도 하다.

그러나 교육의 사적인 제공자들에 의한 시장 체제는 학부모들 및 학생들이 교육 제공자들을 선택하는 자기이익에 의존하도록 한다. 이러한 체제에서는 교육 판매자는 교육의 사회적인 역할은 소홀히 하게 되고 학생 및 학부모가 개인적인 이익을 위해 요구하는 사안에 아주 민감하게 응해주게 된다. 만약 모든 학생 및 학부모가 똑같은 자원들을 가진 채로 경쟁한다면 모르지만 현실은 그렇지 않다. 따라서 경쟁에서 유리한 자원을 많이 가진 학생 및 학부모들은 시장 체제의 교육에서 교육기회를 갖는 데 있어 훨씬 유리한 적극성을 누릴 수 있게 된다. 그 결과로 이들은 시장 체제에 의한 학교선택제의 현실에서 더욱 두각을 나타내는 데 유리한 조건을 갖게 된다. 반면에 경쟁에서 유리한 자원을 갖지 못하는 학생 및 학부모들은 시장 체제의 교육 현실에서 더욱 큰 손해와 아픔을 경험하게 된다.

교육 제공자가 영리를 추구하게 되면, 그 학교는 학업능력이 떨어지거나 신체적 및 정신적으로 불편함을 겪고 있는 학생들을 거부하는 사태가 발생하게 되고, 설령 받아들인다고 하더라도 이러한 학생들을 우수한 학생들과 구분하려는 모습을 나타내게 된다. 예를 들면, 미국에서 영리추구의 교육에 목적을 둔 에디슨 프로젝트(차터스쿨)는 가정환경이 열악하거나 신체적 및 정신적으로 불편함을 겪고 있는 학생들을 외면하였고, 문제를 일으키는 학생이 있으면 상담을 하여 개선시키려는 노력을 하기 보다는 다른 학교로 내보내려는 모습을 나타내었다. 공교육체제에서 나타나는 이러한 모습들은 오히려 공교육을 악화시키고 병들게 하는 결과를 초래한다.

3) 교육의 본질은 측정하기가 어려움에도 불구하고 수치로 나타낼 수 있는 것을 측정하여 호도한다.

교육의 수행에 대한 결과를 측정하기는 매우 어렵다. 하지만 많은 사람들은 교육의 측정에 있어 객관적인 평가가 어려움에도 불구하고 선호하는 경향을 가지며, 자칫 위험할 수 있는 평가 결과를 토대로 학교를 선택하려는 경향을 갖는다. 최근의 갤럽 조사에 따르면, 학교효과성의 매우 중요한 지표는 장기간에 걸쳐서야만 나타나는 특성들이거나 양적으로 나타내기가 어려운 특성들이었다. 그러나 학교가 시장논리에 따르게 되면, 학교들은 학생의 성적 같이 표면적인 수치로 나타내어 광고할 수 있는 것에 집중하게 된다. 또한, 그 결과로 학생 개개인의 자질과 특성을 인정하고 발달시키려 하기 보다는 표준화된 시험을 더욱 선호하게 되고, 마치 그것이 학교교육의 학습을 객관적으로 측정하는 것으로 호도하게 된다.

하지만 시험의 타당성은 항상 논쟁적일만큼 문제의 소지가 있는 것이다. 학생들은 지식의 결핍 때문만이 아니라 다른 많은 이유들로 인해 시험을 잘 못 칠 수도 있다. 그리고 표준화된 시험을 너무 강조하게 되면 학생들은 시험에 대한 공포나 근심걱정의 고통을 경험하게 된다. 수업 시간에 실제로 가르친 것을 제대로 평가하기 위한 건설적인 시험은 그 비용 면에서나 소요되는 시간 면에서 쉽지 않은 것이다. 따라서 단순한 표준화된 시험을 통한 수치를 학교교육이 강조하게 되면 학생들은 적합한 내용을 학습하는 것이 아니라 시험에 필요한 내용과 과제를 수행하게 된다. 결과적으로 이러한 패턴은 공교육을 더욱 악화시키게 되며, 교육에 대한 잘못된 고정관념을 심어주게 된다. 또한, 학생들은 표준화된 시험에 나오는 내용을 학습하는 데 익숙해지게 되고, 교사들은 표준화된 시험에 나오는 내용을 가르치는 데 익숙해지게 된다.

4) 개인의 학교선택이 학업의 질을 향상시키지는 못한다.

시장의 힘을 통해 교육의 질을 개선시킨다는 접근은 몇 가지 문제에 부딪친다. 시장논리의 학교교육을 통해 학교들 간에 정보의 불균형, 차등화 된 인센티브, 그리고 부가적인 모니터링 등이 발생하면 그 결과로 교육의 질이 개선될 것으로 생각할지 모르겠지만, 실제로는 이러한 현실이 더 높은 수준의 교육을 보장해주지 못한다.

교육의 시장화가 공정한 기능을 하기 위해서는 모든 사람들이 교육 정보에의 접근이 쉬워야만 한다. 그러나 학생 개인의 능력 수준 또는 학교의 수준에 따른 차등화된 수행은 이러한 교육 정보에의 접근을 차등화시키게 되고 결과적으로 공정한 기능을 하지 못하게 되는 자체적인 모순을 갖는다. 또한, 학생의 성적도 학교선택 그 자체만으로 좌우되는 것은 아니다. 그럼에도 불구하고, 영리추구를 추구하려는 학교는 정보의 불균형을 활용하기 위한 인센티브를 갖게 되고, 학생 및 학부모들에게는 그러한 인센티브를 내세움과 동시에 학생 및 학부모들을 현혹하는 거짓된 홍보를 강조한다. 대부분의 학생 및 학부모들은 이러한 불완전하고도 잘못된 정보를 바탕으로 학교를 선택하게 되기 때문에 교육의 시장화는 많은 문제점을 내재한다.

3. 공교육의 사사화에 대한 메시지

시장 체제는 공교육에서 공공선(public good)의 이상을 포기하도록 만든다. 또한, 공교육의 사사화는 다음과 같은 이유들 때문에 우리 사회에서의 교육의 역할을 가치 없도록 하는 위험에 빠뜨린다.

첫째, 교육을 사사화 하여 "사업화"(business)로 만드는 것은 교육을 심사숙고, 논쟁, 의사결정을 하는 과정으로 간주하지 않고, 투입과 산출의 기계화된 과정으로 간주하거나 하나의 상품으로 간주하게 됨을 의미한다. 그리고 교육을 통해 영리를 추구한다는 것은 교육의 가치가 돈으로 쉽게 계산될 수 있다는 것을 의미한다. 또한, 교육을 시장논리로 한다는 것은 교육이 공급자와 수요자 간의 거래관계에 있다는 것을 의미한다. 따라서 이렇게 되면 공동체 사회에 폭넓은 혜택을 가져다주는 사회적 선(societal good)으로서의 교육은 사라지게 된다.

둘째, 교육의 공적 혜택보다 교육의 사적인 혜택을 추구하도록 허용하는 것은 공교육의 이상인 공통성(commonality)과 보편성(universality)을 포기하는 것을 의미한다. 공교육에 있어 개인의 선택을 허용한다는 것은 사실상 교육의 분리(차등화)를 가져오게 된다. 즉, 교육의 사사화는 결과적으로 하나의 교육체제 내에서 다양성을 인정해주는 쪽으로 진행되기 보다는 집단들 간에 구별(차별)을 통해 다양성을 조장하게 된다. 교육의 사적인 제공자들은 자신들의 욕구에 맞는 학생들만을 선택하여 가르치려는 모습을 보이게 되고, 공교육에 있어 이러한 차별은 사회적 공동체의 연대의식을 강화하기보다는 약화시키게 된다.

셋째, 시장주의적 사상은 교육이 갖고 있는 본질적인 특성이 무엇이고 어떠해야 하는가에 대한 생각은 하지 않고, 단순히 개인의 독립성과 자기의존성만을 강조한다. 따라서 시장논리에 따라 학교선택제가 시행된다면 여기에서 유리하고도 필요한 자원을 많이 가진 소수의 학생들은 혜택을 받겠지만, 그렇지 못한 많은 학생들은 결과적으로 공교육의 핵심 가치인 평등한 교육을 받지 못하게 된다. 뿐만 아니라, 사회 또한 평등한 교육을 시행할 책임을 포기하게 되는 것이다.

교육에 있어 영리 추구는 학교교육을 다른 사회적 기업과 마찬가지로 하나의 사업으로 간주하게 되고, 개인의 선택이 공공선(public good)보다 우선하는 것으로 치부한다. 그리고 영리를 추구하기 위해 교육을 돈과 관련된 물질적인 것으로 생각하게 되고, 교육이 갖는 사회적 선(social good)의 의무감을 소홀히 하게 된다.

4. 공교육이 지닌 이상의 보존

학교개혁 운동은 역사적으로 두 가지 관점에서 계속 논쟁이 되어 왔다. 즉, 하나는 '자유를 강조하고 자유로운 시장을 장려하는' 관점이고, 다른 하나는 '평등성을 강조하고 참여하는 정책을 장려하는' 관점이다. 이 두 관점은 서로 경쟁적이면서 대립적인 특성을 지닌다. 영리 추구를 위한 교육 시장화의 공정성에 관한 질문은 그 결과로 민주주적 가치와 참여적 가치가 손상되며 사사화의 효율성 증진에만 초점을 맞추게 된다는 것으로 답을 구할 수 있다. 예를 들면, 교육의 사사화는 공교육을 인종적 및 경제적인 수준에 따라 계층화하게 되고, 그 결과로 학교는 더 이상 공통적인 가치들을 전달하는 기능을 하지 못하게 됨으로써 공통적인 교육 경험 및 그에 따른 민주주의적인 가치를 등한시 하게 된다. 간단히 말해, 공교육의 사사화는 공교육이 지니고 있는 이상을 충족시키지 못하도록 만드는 결과를 초래한다. 그리고 공교육의 사사화는 그 결과로 우수한 학생들은 여러 가지 면에서 훌륭한 학교에서 대우받는 반면에 불우한 학생들 및 사회·경제적으로 힘이 없는 학생들은 여러 가지 면에서 열악한 학교에서 무시당하는 현실을 초래하게 된다. 공교육의 사사화는 효과적인 교육을 오히려 절대적으로 필요로 하는 학생들을 잠재적으로 희생시킨다. 비록 현재의 공교육체제가 완벽한 공정성을 제공해 주지는 못할지라도, 최소한 공교육의 이상을 훼손시키지는 않는다.

공교육의 사사화를 주창하는 사람들은 학교가 더 높은 질적인 교육을 제공할 때 공정성은 자동으로 보장받을 수 있다고 주장한다. 그러나 그동안 시장에 근거를 둔 교육개혁들은 교육을 학업 수월성(academic excellence)이라는 협소한 개념으로만 생각하고 초점을 맞추어 왔다. 그리고 이러한 교육의 수월성과 영리를 좀 더 효율적으로 추구하기 위해 '선택'이라는 그럴듯한 원리를 내세운다. 하지만 공교육에서 선택이라는 원리가 지배하게 되면 그 결과로 어떠한 우려스러운 현실이 나타나게 될지를 우리는 인식할 수 있어야만 한다. 또한, 공교육의 '선택'이라는 구조가 결정된 다음에 그 잘못된 구조 속에서 더 나은 선택을 찾으려고 해서는 안 되고, 공교육이 역사적으로 지녀왔던 가치 있고 숭고한 구조를 보존하려고 해야 하며 그럴 수 있는 방안을 찾으려고 해야 한다.

<부록 1>

교사 리더십

Kafele(2016)의 저서 『The teacher 50: critical questions for inspiring classroom excellence』에 나타나는 교사 리더십은 다음과 같다.

1. 교사 태도

Q. 내가 담임교사이기 때문에 나의 학생들에게 도움이 되는가?

Q. 나는 왜 학생들을 가르치는가?

Q. 나는 학생들이 성공하기를 얼마나 간절히 원하는가?

Q. 내가 담임교사이었기 때문에 학생의 10년 후의 모습에 어떤 영향을 미칠까?

Q. 학생들은 나를 모델링으로 보는가?

2. 학생 동기

Q. 우리 학급만의 특징은 무엇인가?

Q. 나는 학급에 열정을 매일 불태우는가?

Q. 나는 학생들이 날 수 있다고 믿는가?

Q. 나는 학생들이 배우는 목적을 깨닫도록 돕는가?

Q. 나는 학생들이 구체적이고 계획적이며 현실적(실제적)인 사람이 되도록 돕는가?

3. 학급 풍토와 문화

Q. 우리 학급은 "멋진" 학급인가?

Q. 우리 학급의 삶의 방식은 무엇인가?

Q. 학생들이 학급에 오고 싶도록 만드는 것은 무엇인가?

Q. 나는 지식을 가르치는가 아니면 학생을 가르치는가?

Q. 우리 학급은 학생들이 최상위 수준의 학습을 하기에 적합한가?

4. 관계 형성

Q. 나는 학생을 형식적인 수준을 넘어서까지 아는가?

Q. 나는 학생들과 학부모들을 친밀하게 대하는가?

Q. 학생들은 나를 그리고 내가 대하는 방식을 어떻게 인지하는가?

Q. 나는 학생들의 삶에 어느 정도 관여하는가?

Q. 나는 학생들과 얼마나 자주 식사를 함께 하는가?

5. 학급 수업

Q. 나는 각 학생에게 적합한 수업 전략을 어떻게 아는가?

Q. 수업의 진정한 스타(주체)는 누구인가?

Q. 나는 수업 내용을 학습과 어떻게 연결시키는가?

Q. 나는 학생들 모두가 서로 다르다는 점을 고려하는가?

Q. 나의 수업은 21세기의 학생들에게 적합한가?

6. 문화적 민감성

Q. 나는 수업을 계획할 때 학생들의 문화적 배경을 고려하는가?

Q. 나는 학생들의 역사와 문화를 수업에 어떻게 가미시키는가?

Q. 나는 학생들이 수업 시간에 문화적 정체성을 갖도록 확신하는가?

Q. 나는 학생들의 인종적 및 민족적 다양성을 어떻게 인정해주는가?

Q. 나는 학생들의 문화에 관해 배우려고 하는가?

7. 교사 책무성

Q. 학급에서의 실패에 학생의 책임 여지가 있는가?

Q. 학생의 실패에 대해 나의 책임이라는 생각을 갖는가?

Q. 나는 학생의 성공과 실패에 대한 책임감과 책무성을 수용하려 하는가?

Q. 나는 학생의 실패를 가정환경 탓으로 합리화하지 않는가?

Q. 학교(수업)에서의 내 모습을 녹화하여 볼 때, 나는 효과적인 교사인가?

8. 기획과 조직

Q. 나는 수업계획 이외의 영역에서 어느 정도 준비하는가?

Q. 나의 실행에 있어 데이터를 어떻게 활용하는가?

Q. 나의 업무 영역에 대한 전문성을 개발하였는가?

Q. 나는 전반적인 기획을 할 때 학생 발달이론을 반영하는가?

Q. 나는 교사로서 일하는 능력이 뛰어난가?

9. 전문성 개발

Q. 나의 실행을 향상시키기 위해 전문성에 관한 문헌을 어느 정도 배우는가?

Q. 나 자신의 전문성 개발을 얼마나 자주 추구하는가?

Q. 나는 동료의 지식과 경험에서 어떤 점을 배우는가?

Q. 나는 동료와 교장·교감으로부터 건설적인 피드백을 자주 수용하는가?

Q. 나는 동료로부터 받은 전문성 개발에 관한 제안(조언)을 실천하려 하는가?

10. 학부모 참여

Q. 나와 학부모와의 관계는 얼마나 강하고 생산적인가?

Q. 나는 학생의 성공에 관해 학부모에게 얼마나 자주 알려주는가?

Q. 나는 학부모가 편하게 쉽게 찾아올 수 있도록 배려하는가?

Q. 학부모와의 수평적인 관계를 통해 중요한 내용(정보)을 얻는가?

Q. 나는 교육에 꼭 필요하고 부담 없는 가정방문을 최근에 하였는가?

<부록 2>

교장 리더십

Kafele(2015)의 저서 『The principal 50: critical leadership questions for inspiring schoolwide excellence』에 나타나는 교장 리더십은 다음과 같다.

1. 리더의 태도

Q. 내가 말하고 행동하는 모든 것이 확고한 목적에서 비롯되는가?

Q. 리더로서 내가 하는 것이 의도적인 것인가?

Q. 경력보다는 임무로서 나의 리더십을 대하는가?

Q. 나는 학생이 성취하길 기대하는 것을 비전으로서 갖는가?

Q. 학생의 성공이나 실패의 한 결정 요인으로서 나 자신을 보는가?

2. 학교 명예

Q. 나는 학교 명예에 관한 토론에 교직원들을 참여시키는가?

Q. 나는 학교의 핵심 신념, 가치, 원칙의 개발에 교직원들이 기여하도록 하는가?

Q. 나는 학교의 목적, 임무, 비전의 개발에 교직원들이 기여하도록 하는가?

Q. 나는 모든 학생들을 위한 높은 기준과 기대를 갖는가, 그리고 학생들이 그러한 목표에 도달할 것으로 진정 믿는가?

Q. 내가 있는 학교에 다니는 학생들이기 때문에 특별하게 성공할 것이라고 정기적으로 강화하는가?

3. 풍토와 문화

Q. 나는 학생들이 아침에 학교에 도착할 때 개별적으로 반갑게 맞이하는가?

Q. 나는 유익하고, 영감을 주며, 권한을 위임해주는 아침 메시지를 전달함으로써 하루를 시작하는가?

Q. 나는 학생들과 교사들이 교수-학습에 집중할 수 있도록 지속적으로 도와주는가?

Q. 나는 학교 환경이 학습에 긍정적인 영향을 미친다고 확신하는가?

Q. 나는 학교의 모든 학급이 학습에 긍정적인 환경을 미친다고 확신하는가?

4. 협동적 관계 형성

Q. 나는 수업 개선을 지원해주는 교직원들과 협동적 관계를 유지하는가?

Q. 나는 초임 교사들이 유능한 베테랑 교사들과 함께 하도록 확신하는가?

Q. 나는 초임 교사들이 근무할 때 베테랑 교사들이 관심을 가져주도록 고무시키는가?

Q. 나는 교직원 회의에 참여해서 필요하다면 지원을 해주고 리더십을 발휘하는가?

Q. 나는 교직원들에게 감사와 존중을 표현하는가?

5. 수업 리더십

Q. 나는 연구와 경험을 바탕으로, 학생의 학습에 관한 개인적인 철학이 있는가?

Q. 나는 학교의 리더로서, 학생의 성취도와 수업 개선에 최우선의 가치를 두는가?

Q. 나는 학급의 수업을 관찰하는데 매일 많은 시간을 보내는가?

Q.. 나는 학생들의 학습 스타일, 능력 수준, 욕구가 다양한 것에 맞추어 교사들이 다양한 수업 전략을 사용하려고 노력하는지 확신하는가?

Q.. 나는 수업 관찰을 한 후에 교원에게 즉각적인 피드백을 제공하는가?

6. 책무성과 책임감

Q. 나는 모든 학생들이 학업성취도를 달성하는 데 노력하도록 교사들이 책무성을 갖도록 하는가?

Q. 나는 학교에서 실패가 용납되지 않도록 하는가?

Q.. 나는 학생들의 성공과 실패 모두에 나의 책임감과 책무성을 갖는가?

Q. 나는 학생들이 기대할만한 모델링 역할을 하는가?

Q. 나의 리더십에 관한 자기반성과 자기평가를 매일 하는가?

7. 기획, 조직, 시간 관리

Q. 나는 학생의 성공을 위해 직접 작성한 계획을 매일 충실히 지키는가?

Q. 나는 하루의 일과를 효과적으로 조직한다고 확신하는가?

Q. 나는 학교 수준의 기획과 의사결정에 교원을 참여시킴으로써 권한 위임이 되도록 노력하는가?

Q. 나는 수업에 관한 의사결정에 있어 데이터를 활용하는가?

Q. 나는 교육과정, 내용기준, 평가사항에 관해 잘 알고 있으며, 그것을 수업 계획에 고려하는가?

8. 리더의 전문성 개발

Q. 나는 수업 리더십에 관한 최신 연구를 포함한 전문성 개발에 관한 문헌을 공부하는가?

Q. 나는 수업 리더십을 알려줄 전문성 개발에 관한 컨퍼런스와 세미나에 참석하는가?

Q. 나는 교육자를 위한 전문성 기관에 가입되어 있는가?

Q. 나는 수업 리더로서 나 자신의 전문성 신장과 개발에 관해 동료들 및 다른 교육 리더들과 협의하는가?

Q. 나는 성공적인 수업 프로그램을 운영하는 학교를 교직원들과 함께 방문해보는가?

9. 교원의 전문성 개발

Q. 나는 교원을 위한 전문성 개발을 지속적으로 제공하는가?

Q. 나는 교직원 회의 때 전문성 개발 기회를 제안하는가?

Q. 나는 전문성 개발 교직원 회의 때 모든 교직원들을 참여시키는가?

Q. 나는 전문성에 관한 문헌을 교직원들에게 제공함으로써 정기적으로 교육시키는가?

Q. 나는 적합한 교육 주제에 관해 교직원과 함께 살펴보는가?

10. 학부모와 지역공동체 참여

Q. 나는 학교 리더로서 실행할 때 학부모와 지역공동체의 참여를 최우선으로 고려하는가?

Q. 나는 학부모와 지역공동체 구성원들이 학교를 방문할 때마다 환영받는다고 느끼도록 하는가?

Q. 나는 학교의 프로그램과 활동에 학부모와 지역공동체 구성원들을 포함하는가?

Q. 나는 학부모와 지역공동체 구성원들이 학교에 접근 가능하도록 하는가?

Q. 나는 학부모와 지역공동체 구성원들의 참여와 아이디어에 수용적인가?

<부록 3>

효과적인 교장의 10가지 특성

McEwan(2003)의 저서 『10 Traits of highly effective principals: from good to great performance』에 나타나는 교장 리더십은 다음과 같다.

1. 의사소통자(communicator)로서의 교장

- 의사소통자로서의 교장은 참석한다.
- 의사소통자로서의 교장은 경청한다.
- 의사소통자로서의 교장은 공감한다.
- 의사소통자로서의 교장은 타인에게 자신을 드러낸다.
- 의사소통자로서의 교장은 전말(whole story)을 파악한다.
- 의사소통자로서의 교장은 올바른 질문을 한다.
- 의사소통자로서의 교장은 의미 전달을 분명히 한다.
- 의사소통자로서의 교장은 비판을 수용할 수 있다.
- 의사소통자로서의 교장은 교정을 제공할 수 있다.
- 의사소통자로서의 교장은 창의적으로 대화한다.
- 의사소통자로서의 교장은 기분 좋게 동의하지 않는다.
- 의사소통자로서의 교장은 학부모에게 관심을 갖는다.
- 의사소통자로서의 교장은 교직원들과 정서적으로 그리고 전문적으로 연계한다.
- 의사소통자로서의 교장은 학생들과 대화한다.
- 의사소통자로서의 교장은 상급자(상급기관)에게 건의할 수 있다.

- 의사소통자로서의 교장은 생산적이고 도움을 주려하며 치유하려는 방식으로 연계한다.
- 의사소통자로서의 교장은 최상의 방법으로 메시지를 전달한다.
- 의사소통자로서의 교장은 여담을 나누는 방법을 안다.
- 의사소통자로서의 교장은 기록하고, 말하고, 가르친다.

2. 교육자(educator)로서의 교장

- 교육자로서의 교장은 모든 학생들이 학습을 잘할 수 있다고 믿으며, 학생들이 성공적으로 학습하는 데 도움이 되는 프로그램을 개발한다.
- 교육자로서의 교장은 교사들을 위한 연수와 지원을 제공한다.
- 교육자로서의 교장은 인지적 부조화(cognitive dissonance)를 창조한다. 효과적인 교장은 탐침질문(probing questions)을 하고, 프로그램과 정책에 대한 진지한 토의를 고무하며, 학교교육에 관해 교사들이 오랫동안 간직해 온 신념에 관해 자주 질문한다.
- 교육자로서의 교장은 학업기준을 설정하고, 실행하며, 성취한다.
- 교육자로서의 교장은 수업에 관심을 집중한다.
- 교육자로서의 교장은 학생에게 필요하거나 학생이 원하는 내용을 배울 수 있도록 해주는 연속적인 학습(continuous learning)을 구안한다.
- 교육자로서의 교장은 다양한 영역에서 강점이 있는 교사 리더(teacher leaders)를 발굴한다.
- 교육자로서의 교장은 어떤 일이 가장 중대한 것인지 유의한다.
- 교육자로서의 교장은 학습 공동체를 창조한다.

3. 비전가(envisioner)로서의 교장

- 비전가로서의 교장은 고습도치다. 즉 특정한 행위나 결정이 학교에 이익이 될지 불익이 될지 직관적으로 안다.
- 비전가로서의 교장은 소명의식(사명감)이 있다.
- 비전가로서의 교장은 신념, 목표, 삶의 비전을 갖는다.
- 비전가로서의 교장은 보이지 않는 것도 볼 수 있다. 즉 자신의 가치, 신념, 경험에 근거하여 학교의 미래를 짐작할 수 있어야 한다.
- 비전가로서의 교장은 학교가 지향하고자 하는 바를 인지한다.
- 비전가로서의 교장은 설득력 있는 비전을 갖는다.
- 비전가로서의 교장은 비전을 명확하게 표현할 수 있으며 실현되게 한다.

4. 촉진자(facilitator)로서의 교장

- 촉진자로서의 교장은 학교구성원을 리더 공동체에 연대시킨다.
- 촉진자로서의 교장은 학교구성원의 잠재력을 식별한다.
- 촉진자로서의 교장은 "나" 대신에 "우리"를 언급한다.
- 촉진자로서의 교장은 일 보다는 사람을 우선시한다.
- 촉진자로서의 교장은 학교구성원들과 정서적 유대를 형성한다.
- 촉진자로서의 교장은 웰빙(행복과 건강)을 구축한다.
- 촉진자로서의 교장은 다양성을 중요시한다.
- 촉진자로서의 교장은 "권력의 파이"(power pie)를 나눈다.
- 촉진자로서의 교장은 긍정성을 강조한다.
- 촉진자로서의 교장은 학부모의 참여를 증진시킨다.
- 촉진자로서의 교장은 달성한 목표에 축하하고 기념한다.
- 촉진자로서의 교장은 학생들과 시간을 함께 보낸다.

5. 변화 추진자(change master)로서의 교장

- 변화 추진자로서의 교장은 불확실성과 모호성을 다룰 수 있다.
- 변화 추진자로서의 교장은 저항하는 사람들도 존중한다.
- 변화 추진자로서의 교장은 미래를 파악하려 한다.
- 변화 추진자로서의 교장은 상황적 접근(situational approach)을 사용한다.
- 변화 추진자로서의 교장은 권력은 안으로부터 나온다는 점을 안다.
- 변화 추진자로서의 교장은 과정을 중요시한다.
- 변화 추진자로서의 교장은 단기간 승리(short-term victories)를 위한 계획을 세운다.
- 변화 추진자로서의 교장은 자원을 구해낸다.
- 변화 추진자로서의 교장은 학교구성원들을 신뢰한다.
- 변화 추진자로서의 교장은 자신부터 변화하려고 노력한다.
- 변화 추진자로서의 교장은 동기 부여자이다.
- 변화 추진자로서의 교장은 변화의 과정을 이해한다.

6. 문화 창조자(culture builder)로서의 교장

- 문화 창조자로서의 교장은 문화의 힘을 이해하고 인식한다.
- 문화 창조자로서의 교장은 좋은 문화가 무엇인지 안다. 이를 위해 현 학교의 학교구성원들이 공유하는 가치가 무엇인지, 학교구성원들의 신념은 무엇인지, 학교구성원들의 일상적 행동 패턴이 무엇인지, 학교구성원들로부터 영웅시되는(인정받는) 사람은 누구인지, 학교에서 통용되는 문율과 불문율이 무엇인지를 파악한다.
- 문화 창조자로서의 교장은 학교의 핵심 가치를 개발한다.
- 문화 창조자로서의 교장은 개발한 학교의 핵심 가치를 학교구성원들과 명확하게 의사소통한다.

- 문화 창조자로서의 교장은 지향하고자 하는 학교문화를 지지해주고 신장시켜주는 사람에게 보상해주고 인정해준다.
- 문화 창조자로서의 교장은 학교구성원이 원하는 학교문화를 창조한다.
- 문화 창조자로서의 교장은 "시작이 반"이라는 사실을 안다.

7. 촉매자(activator)로서의 교장

- 문화 촉매자로서의 교장은 사람을 설득하고 이끈다.
- 문화 촉매자로서의 교장은 기업가적인 정신을 발휘한다.
- 문화 촉매자로서의 교장은 지적될 때까지(문제가 발생할 때까지) 기다리지 않는다.
- 문화 촉매자로서의 교장은 모험을 좋아한다.
- 문화 촉매자로서의 교장은 허락보다는 용서를 해준다.
- 문화 촉매자로서의 교장은 새로운 것에 도전해보려는 기회를 갖는다.
- 문화 촉매자로서의 교장은 세세한 점까지 관리하지는 않는다.
- 문화 촉매자로서의 교장은 실행에 옮긴다.
- 문화 촉매자로서의 교장은 엉뚱하게 별난 측면을 보인다.
- 문화 촉매자로서의 교장은 치어리더의 특성을 보인다.

8. 생산자(producer)로서의 교장

- 생산자로서의 교장은 성취도를 높여야 한다고 믿는다.
- 생산자로서의 교장은 성취도를 높이는 활동에 있어 절대로 실수하지 않는다.
- 생산자로서의 교장은 데이터를 바탕으로 한다.
- 생산자로서의 교장은 개별 학생들에게 주의를 기울인다.
- 생산자로서의 교장은 학업적인 측면에 초점을 둔 임무를 갖는다.
- 생산자로서의 교장은 연구에 근거한 의사결정을 내린다.
- 생산자로서의 교장은 교사의 책임을 묻는다.

9. 캐릭터 창조자(character builder)로서의 교장

- 캐릭터 창조자로서의 교장은 인간이다. 즉 실수를 하더라도 인정하고 발전의 기회로 삼는다.
- 캐릭터 창조자로서의 교장은 신뢰성을 얻는다.
- 캐릭터 창조자로서의 교장은 진실성(정직함)을 추구한다.
- 캐릭터 창조자로서의 교장은 진정성을 추구한다.
- 캐릭터 창조자로서의 교장은 존중과 공손함을 추구한다.
- 캐릭터 창조자로서의 교장은 관대함을 추구한다.
- 캐릭터 창조자로서의 교장은 겸손함을 추구한다.
- 캐릭터 창조자로서의 교장은 그 역할 수행에 도움을 줄 수 있는 교직원을 고용한다.
- 캐릭터 창조자로서의 교장은 일관성을 추구한다.
- 캐릭터 창조자로서의 교장은 훈계가 아닌 모범으로 리드한다.
- 캐릭터 창조자로서의 교장은 학생들의 캐릭터 개발을 추구한다.

10. 기여자(contributor)로서의 교장

- 기여자로서의 교장은 사람을 섬김으로서 리드한다.
- 기여자로서의 교장은 자신을 정확하게 인식하고 성찰한다.
- 기여자로서의 교장은 좋은 승무원이다. 즉 사회적 공익을 위해 학교의 명성을 높이려 한다.
- 기여자로서의 교장은 강한 의지를 갖는다.

참고문헌

강명윤 (1996). 노암 촘스키의 인간과 사상. 미국학논집. 28(1). 29-43.

강상중 (2009). 고민하는 힘. 사계절 출판사.

강수택 (2002). 다시 지식인을 묻는다. 도서출판 삼인.

강옥초 (2002). 그람시와 '서발턴' 개념. 역사교육. 82. 135-161.

경향신문 (2011.11.3.). 한국 사회 정의. OECD 중 25위.

고현범 (2014). 현대 사회에서 정의감의 문제: 존 롤즈(John Rawls)의 정의감을 중심으로. 생명연구. 34. 13-45.

공은배 외 (1993). 중등사학재정 분석 및 대책연구. 한국교육개발원.

교육부, 한국교육개발원 (1999). 교육통계연보.

권대봉, 신현석 (2003). 한국 공교육의 새로운 구상과 전략 서울: 집문당.

김기수 (1994). 자녀교육을 위한 철학. 서울: 지식산업사.

김기호 (2017). 존 롤즈(John Rawls)의 정치철학의 형성에서 기독교적 유산에 대한 연구: 후기 롤즈의 『만민법』과 청년 롤즈의 "죄와 믿음의 의미에 대한 짧은 탐구"의 비교. 신학과선교. 50. 119-159.

김달효 (2003). 고교평준화제도 정당화의 재조명. 한국교육. 30(1). 393-418.

김달효 (2010). 학교선택제의 시행에 대한 비판적 접근. 인문사회과학연구. 26. 141-172.

김달효 (2012). 정의관의 유형 개발과 타당도 분석: 초·중등학교 교사들의 인식을 중심으로. 인문과학연구논총. 33. 209-230.

김달효 (2013). 사회정의의 역사적 배경, 개념, 유형에 관한 연구. 인문과학연구. 19. 193-219.

김달효 (2014). 사회정의를 위한 교육의 이론적 고찰. 수산해양교육연구. 26(3). 474-484.

김달효 (2017). 노암 촘스키 사상의 교육적 적용의 가능성과 한계. 인문학연구. 28. 309-327.

김달효 (2017). 안토니오 그람시 사상의 교육적 적용의 시사점과 한계. 인문학연구. 27. 299-326.

김명광 (2011). 노암 촘스키의 언어와 정치. 인문과학연구. 37. 19-40.

김신일 (1993). 교육사회학. 서울: 교육과학사.

김영천 (1997). 네 학교 이야기: 한국초등학교의 교실생활과 수업. 서울: 문음사.

김영철 (2000). "공·사교육의 위상 재정립 및 발전 방향." 공교육과 사교육의 보완적 발전방향. 한국교육미디어 21C 교육연구소 세미나 자료집.

김영철 외 (1995). 고등학교 평준화 정책의 개선 방안. 한국교육개발원.

김옥경 (2003). 아담스미스의 '도덕감정론'에 나타난 정의 개념. 사회와 철학. 5. 219-249.

김용일 (1998). 교육행정에서 공교육의 원리에 대한 재조명. 교육학연구. 36(2). 99-125.

김운종 (2014). 노엄 촘스키(Noam Chomsky)의 비판적 교육론에 대한 반성적 고찰. 교육철학연구. 36(4). 61-80.

김윤태 외 (1978). 고교평준화 정책의 평가연구: 1차 년도 보고서. 한국교육개발원.

김윤태 외 (1979). 고교평준화 정책의 평가연구: 2차 년도 보고서. 한국교육개발원.

김재철 (2012). 문화연구에 있어 그람시 수용의 문제에 관하여: 알튀세르의 타자로서 그람시. 비평과 이론. 17(1). 5-24.

김정미 (2002). 사회계층별 사교육비와 학업성취의 관계. 석사학위논문. 창원대학교.

김정원 (2002). 학교는 붕괴하고 있는가: 학교의 일상을 통해 본 학교붕괴의 실체. 교육학연구. 40(3). 271-298.

김종법 (2010). 그람시 역사적 블록 개념을 통해 본 한국지배계급 연구. 동서연구. 22(2). 139-189.

김중규 (2012). 러셀의 플라톤주의에 관한 고찰. 철학논총. 70. 269-286.

김중규 (2014). 버트런드 러셀의 윤리적 주관주의, 그 이론적 배경과 영향. 철학논총. 77. 105-123.

김천기 (1995). 고등학교 평준화 정책 수정의 논리와 문제점: 전라북도 평준화 수정안을 중심으로. 교육학연구. 33(3). 309-321.

김천기 (2001). 한국 사회적 맥락에서 본 수준별 교육과정: 불평등 재생산 기제. 교육사회학연구. 11(3). 39-56.

김호기 (1993). 그람시적 시민사회론과 비판이론의 시민사회론: 한국적 수용을 위한 비판적 탐색. 경제와 사회. 19. 38-58.

김희란, 이수정, 김혜영 (2015). 중학생의 수준별 수업과 학업성취에 관한 종단 연구. 교육과정연구. 33(1). 41-64.

나병현 (1997). 지방교육자치제도의 철학적 기반. 입법조사연구. 통권 제245호 6월호. http://www.nanet.go.kr/nal/3/3-1-1/leg97065.htm

나병현 (2004). 공교육의 의미. 황원철 외 (편저). 공교육: 이념·제도·개혁. 서울: 원미사.

남현주 (2007). 사회정의 연구의 두 영역: 규범적 영역과 경험적 영역. 사회보장연구. 23(2). 135-159.

남현주 (2011). 시민사회와 사회정의의 맥락에서 본 연대성의 위기와 그 극복: 뒤르껭, 하버마스, 롤즈 그리고 왈쩌의 입장을 중심으로. 사회보장연구. 27(4). 137-164.

목광수 (2010). 존 롤즈의 관용 개념 고찰. 철학논총. 61. 327-344.

문성원 (2001). 자유주의와 정의의 문제: 세계화 시대의 자유주의 정의관. 시대와 철학. 12(2). 277-298.

문지영 (2007). 한국의 민주화와 '정의' 담론. 정치사상연구. 13(2). 31-56.

박경양 (2001). 고교평준화, 과연 오늘 우리 교육문제와 위기의 원인인가? KEDI 교육정책포럼-한국교육의 현실과 대안(2). 한국교육개발원.

박병량 (1997). 학급경영. 서울: 학지사.

박병철 (2006). 버트런드 러셀의 삶과 철학. 파주: 서광사.

박병철 (2013). 버트런드 러셀: 확실한 지식을 찾아서. 파주: 살림출판사.

박선미 (2009). 그람시의 '유기적 지식인'과 '정당' 기능의 재해석: 2008 촛불집회 관련 온라인 미디어 담론 분석. 사이버 커뮤니케이션 학보. 26(4). 51-93.

박준호 (2001). 러셀의 기술 이론과 철학의 보편성. 동서철학연구. 21. 273-290.

박진 (2002). 사회정의론과 시민사회: 존 롤스의 정의론을 중심으로. 인문과학. 7. 175-190.

박현철 (1985). 영어의 공범주원리(ECP)에 관한 고찰: Chomsky와 Kayne을 중심으로. 중앙대학교 석사학위논문.

복기왕 (2008). 중등교육 격차 실태 분석: 충남 천안시와 인접한 아산시를 중심으로. 고려대학교 석사학위논문.

서울대학교 교육연구소 (편) (1998). 『교육학대백과사전』 서울: 하우동설.

서정화 (2001). 지식기반사회에 적합한 평준화 정책의 방향. KEDI 교육정책포럼-한국교육의 현실과 대안(2). 한국교육개발원.

서혜경 (2003). 가정의 사회·경제적 배경과 어머니의 자녀교육 관심도의 관계. 이화여자대학교 석사학위논문.

설보연 (2013). 수준별 수업에 대한 참여관찰 연구. 서울대학교 석사학위논문.

성기선, 강태중 (2001). 평준화 정책과 지적 수월성 교육의 관계에 대한 실증적 검토. KEDI 교육정책포럼-한국교육의 현실과 대안(2). 한국교육개발원.

성일권 (2010). 그람시적 대항 헤게모니의 현재적 의미와 그 가능성: 세계사회포럼의 "탈자본 국제주의" 운동을 중심으로. 담론 201. 13(4). 103-126.

손희권 (2007). 교원의 교육권의 법리. 교육행정학연구. 25(4). 47-72.

신인철, 김영지, 김병수 (2013). 학업 자아개념에 대한 수준별 이동수업의 효과. 교육사회학연구. 23(2). 121-149.

신조영 (2002). 그람시(Gramsci) 사회이론의 반결정론적 순간들. 미국사연구. 16. 33-56.

심연미 (2000). 학교붕괴 현상에 대한 사회학적 분석: 사회적·문화적 맥락을 중심으로. 제5분과 교육사회학연구회 발표집. 한국교육사회학회.

안승대 (2011). 그람시의 시민교육론에 관한 연구. 교육문제연구. 39. 109-130.

유주현 (2004). 롤즈에서의 정치적 정의관의 정당화 문제. 철학연구. 92. 213-237.

윤정일 외 (2002). 한국교육정책의 쟁점. 서울: 교육과학사.

이기우 (2001). 초·중등학교 교육자율화의 의미와 과제. KEDI 교육정책포럼. 한국교육개발원.

이봉철 (2003). 현대인권사상. 아카넷.

이상국 (1977). N. Chomsky의 언어철학과 언어사용의 창조적 측면. 연세대학교 석사학위논문.

이상호 (2001). 센의 능력과 사회정의: 롤즈의 정의관에 대한 비교를 중심으로. 사회경제평론. 17. 283-316.

이상환 (2006). 사회정의와 정치적인 것의 차원: 프레이저의 정의론을 중심으로. 사회와 철학. 12. 127-156.

이성 (2001). 고교입시 평준화의 정당성. KEDI 교육정책포럼-한국교육의 현실과 대안(2). 한국교육개발원.

이성백 (2004). 그람시의 시민사회론 재조명. 대동철학. 24. 319-338.

이순웅 (2007). 유물론에 관한 그람시의 견해. 시대와 철학. 18(1). 235-266.

이승환, 김형철 (1995). 의리와 정의. 철학연구. 37(1). 15-57.

이유선 (2006). 정의에 대한 6가지 철학적 논쟁. 서울: 간디서원.

이정구 (2010). 대안세계화 논의에서 네오그람시 이론의 기여와 한계: 네오그람시적 국제정치경제학(IPE)을 중심으로. 사회과학연구. 26(1). 101-120.

임의영 (2003). 사회적 형평성의 개념적 심화를 위한 정의론의 비교 연구: Rawls에 대한 Nozick, Walzer, Young의 비판적 논의를 중심으로. 한국사회와 행정연구. 14(2). 47-63.

장동진, 유인태 (2005). 존 롤즈(John Rawls)의 공적 이성(Public Reason)과 관용(Toleration)의 한계. 사회과학논집. 35. 1-22.

장문석 (2010). 그람시와 리소르지멘토: 리소르지멘토는 실패한 혁명인가? 프랑스사연구. 22. 263-294.

정재각 (2006). 한국사회의 양극화에 대한 논의: 사회정의 관점에서. 한독사회과학논총. 16(2). 77-104.

정재걸 (2004). 한국 공교육의 이념. 황원철 외 (편저). 공교육: 이념·제도·개혁. 서울: 원미사.

정정호 (2007). 무신론과 불가지론의 사이: 인문지식인 버트런드 러셀의 영적 갈등. 영미문화. 7(3). 345-371.

정진화 (2016). 존 롤즈(John Rawls)의 분배정의론과 한국적 적용에 대한 연구. 한국정치학회보. 50(2). 75-101.

정태욱 (2016). 존 롤즈의 정의론과 '재산소유 민주주의'론. 법학연구. 27(3). 11-41.

주정립 (1999). 마르크스의 정치경제학비판에 비추어 본 그람시의 이데올로기 비판. 한국정치학회보. 33(1). 169-185.

주철안 외 (1999). 교육수요자의 학교선택권 보장을 위한 학교체제 재구조화 연구. 부산대학교.

중앙교육진흥연구소 (2001). 일반계 고등학교의 학교별 교육효과 분석. 중앙교육진흥연구소.

차명제 (1996). 그람시와 그의 이론에 대한 현실적 고찰: 한국적 수용에 대한 하나의 방법론적 제언. 한독사회과학논총. 6. 189-206.

최미향, 김천기 (2006). Rawls의 정의론적 관점에서 본 한국 교육시민운동의 이념 지향에 대한 고찰. 지역사회연구. 14(3). 107-134.

한국교육개발원 (2005). 자립형 사립 고등학교 현장방문 평가보고서. 서울: 한국교육개발원.

한국교육과정평가원 (2001). 학교교육 내실화 방안 연구(Ⅰ): 학교 교육과정과 수업의 운영을 중심으로. 서울: 한국교육과정평가원.

홍영환 (2005). 동양의 의리와 서양의 정의의 비교. 중등교육연구. 53(2). 367-394.

황경식 역 (2003). 정의론. 서울: 이학사.

황규호 외 (2001). '교실붕괴'로 불리는 교사-학생 갈등 현상의 이해를 위한 질적 연구. 한국교육. 28(2). 247-275.

황여정 (2010). 능력별 집단편성이 중학생의 교육결과에 미치는 영향. 고려대학교 박사학위논문.

Aristotle (2000). *Nicomachean ethics*. Cambridge: Cambridge University Press.

Barber, B. R. (1997). Public schooling: education for democracy. In J. I. Goodlad, & T. J. McMannon(eds.). *The public purpose of education and schooling*. San Francisco: Jossey-Bass.

Barry, B. (2005). *Why social justice matters*. Malden, MA: Polity Press.

Bartlett, W. (1993). Quasi-markets and educational reforms. In J. Le Grand & W. Bartlett.(eds.). *Quasi-markets and social policy*. London: Macmillan.

Bigelow, B., Christensen, L., Karp, S., Miner, B., & Peterson, B.(eds.) (1994). *Rethinking our class-rooms: teaching for equity and justice*. Rethinking Schools.

Boler, M., & Zembylas, M. (2003). Discomforting truths: the emotional terrain of understanding difference. In P. P. Trifonas.(ed.). *Pedagogies of difference: rethinking education for social change*. New York: Routledge Falmer.

Bowe, R., & Ball, S. J. with Gold, A. (1992). *Reforming education and changing schools: case studies in policy sociology*. London: Routledge.

Brandt, R. B.(ed.) (1962). *Social justice*. Englewood Cliffs, N.J.: Prentice-Hall.

Bransford, J. et al. (2000). How people learn : *brain, mind, experience and school*. Washington D. C. : National Academy Press.

Brighouse, H. (2000). *School choice and social justice*. Oxford: Oxford University Press.

Bull, B. L. (2008). *Social justice in education*. New York: Palgrave Macmillan.

Capeheart, L., & Milovanovic, D. (2007). *Social justice: theories, issues, and movements*. New Jersey: Rutgers University Press.

Carnoy, M. (1993). School improvement: is privatization the answer? In J. Hannaway & M. Carnoy.(eds). *Decentralization and school improvement: can we fulfill the promise?* San Francisco: Jossey-Bass.

Chapman, L., & West-Burnham, J. (2010). *Education for social justice: achieving wellbeing for all*. Continuum.

Chomsky, N. (1995). *Writers and intellectual responsibility*. 강주헌 역 (2005). 지식인의 책무. 서울: 황소걸음.

Chomsky, N. (2000). *Noam Chomsky on miseducation*. 강주헌 역 (2001). 실패한 교육과 거짓말. 서울: 아침이슬.

Chomsky, N. (2002). *Understanding power: the indispensable Chomsky*. 이종인 역 (2005). 촘스키, 세상의 물음에 답하다 2. 서울: 시대의 창.

Chomsky, N. (2003). *Chomsky on democracy & education*. 이종인 역 (2007), 촘스키, 사상의 향연. 서울: 시대의 창,

Christensen, L., & Karp, S.(eds.) (2003). *Rethinking school reform: views from the classroom*. Rethinking Schools.

Chubb, J. E., & Moe, T. M.(1990). *Politics, markets and America's schools*. Washington D.C. : Brookings Institution.

Clark, J. A. (2006). Social justice, education and schooling: some philosophical issues. *British Journal of Educational Studies*. 54(3). 272-287.

Cole, L. W., & Foster, S. R. (2001). *From the ground up: environmental racism and the rise of the environmental justice movement*. New York: New York University Press.

Coleman, J. (1968). The concept of equality of educational opportunity. *Harvard Educational Review*. 38(1).

Connell, B. (2001). Renovating the 'public' : the future of public education. *Education Links*. 63(7). 7-13.

Cox, J. H., & Witko, C. (2008). School choice and the creation of social capital reexamined. *American Journal of Political Science*. 52(1). 142-155.

Crehan, K. (2002). *Gramsci, culture, and anthropology*. Berkeley: University of California Press, 김우영 역 (2004). 그람시·문화·인류학, 서울: 도서출판 길.

Dantley, M. E., & Tillman, L. C. (2010). Social justice and moral transformative leadership. In C. Marshall, & M. Oliva.(eds.). *Leadership for social justice: making revolutions in education*(2nd ed.). Allyn & Bacon.

Davis, T. M. (2014). School choice and segregation: "tracking" racial equity in magnet schools. *Education and Urban Society*. 46(4). 399-433.

Debray, R. (1978). *Modeste contribution à la célébration du dixième anniversaire*. Paris: Maspero.

Donnelly, K. (2012). School choice in Australia: an overview of the rules and facts. *Journal of School Choice*. 6(2). 290-294.

Dreikurs, R., Grunwald, B., & Pepper, F. (1982). *Maintaining sanity in the classroom*. New York: Harper & Row.

Egalite, A. J. (2013). Measuring competitive effects from school voucher programs: a systematic review. *Journal of School Choice*. 7(3). 443-464.

Evans, A. E. (2007). School leaders and their sensemaking about race and demographic change. *Educational Administration Quarterly*. 43(2). 159-188.

Evans, D. L. (1991). The marketplace mythology in school choice. *Education Digest*. 56(7). 28-29.

Evans, G. W., & Marcynyscyn, L. A. (2004). Environmental justice, cumulative environmental risk, and health among low- and middle-income children in upstate New York. *Research and Practice*. 94(1). 1942-1944.

Feldman, S., & Tyson, K. (2007). *Preparing school leaders to work for social justice in education: clarifying conceptual foundations*. Paper presented at the American Education Research Association Conference. Chicago, IL.

Fiedler, E. D., Lange, R. E., & Winebrenner, S. (1992). In search of reality: unraveling the myths about tracking, ability grouping, and the gifted. *Roeper Review*, 16(1). 4-7.

Fleming, D. J. (2014). Learning from schools: school choice, political learning, and policy feedback. *The Policy Studies Journal*. 42(1). 55-78.

Foreman, C. H. (1998). *The promise and the peril of environmental justice*. Washington, DC: Brookings Institute Press.

Foster, S. S. (2002). School choice and social injustice: a response to Harry Brighouse. *Journal of Philosophy of Education*. 36(2). 291-308.

Fowler, F. C. (2002). The great school choice debate. *The Clearing House*. 76(1). 4-7.

Fraser, N. (1997). *Justice interruptus: critical reflections on the "post-socialist" condition*. New York: Routledge.

Fredman, S. (2008). *Human rights transformed: positive rights and positive duties*. 조효제 역 (2009). 인권의 대전환: 인권 공화국을 위한 법과 국가의 역할. 서울: 교양인.

Fuller, B. (1996). School choice: who gains, who loses? *Issues in Science & Technology*. 12(3). 61-67.

Fuller, B., Elmore, R. F., & Orfield, G. (1996). *Who chooses? who loses? : culture, institutions, and the unequal effects of school choice*. New York: Teachers College Press.

Furman, G. C., & Gruenewald, D. A. (2004). Exploring the landscape of social justice: a critical ecological analysis. *Educational Administration Quarterly*. 40(1). 47-76.

Gallagher, J. C. (1995). Comments on “the reform without cost?” *Phi Delta Kappan*. 77(3). 216-217.

Gewirth, A. (1962). Political justice. In R. B. Brandt.(ed.). *Social justice*. Englewood Cliffs, N.J.: Prentice-Hall.

Gewirtz, S. (2006). Towards a contextualized analysis of social justice in education. *Educational Philosophy and Theory*. 38(1). 69-81.

Gewirtz, S., Ball, S. J., & Bowe, R. (1995). *Markets, choice and equity in education*. Buckingham: Open University Press.

Glasser, W. (1990). *The Quality school: managing students without coercion*. New York: Harper & Row.

Glatter, R., Woods, P. A., & Bagley, C. (1997). *Choice and diversity in schooling: perspectives and prospects*. London: Routledge.

Goldfarb, K. P., & Grinberg, J. (2002). Leadership for social justice: authentic participation in the case of a community center in Caracas, Venezula. *Journal of School Leadership*. 12. 157-173.

Gorard, S. (1999). Well, that about wraps it up for school choice research: a state of the art review. *School Leadership and Management*. 19(1). 25-47.

Gramsci, A. (1971). *Selections from the prison notebooks*. Edited and translated by Quintin Hoare and Geoffrey Nowell Smith. International Publishers.

Greene, M. (1998). Teaching for social justice. In W. Ayers, J. A. Hunt, & T. Quinn.(eds.). *Teaching for social justice*. The New Press.

Habermas, J. (1976). Some distinctions in universal pragmatics. *Theory and Society*. 3. 161.

Haller, E. L. (1985). Pupil race and elementary school ability grouping: are teachers biased against Black children? *American Educational Research Journal*. 22(4). 465-483.

Hallinan, M. T. (1994). School choice, foundations of. In T. Husen, & T. N. Postlethwaite(2nd ed.). *The International Encyclopedia of Education*. Oxford: Elsevior Science Ltd. 5197-5201.

Halsey, M. (2004). Against ‘green’ criminology. *British Journal of Criminology*. 44(6). 833-853.

Harvard Law Review (1999). The hazards of making public schooling a private business. *Harvard Law Review*. 112(3). 695. 18.

Henig, J. R. (1994). *Rethinking school choice: limits of the market metaphor*. New Jersey: Princeton University Press.

Hill, S. (2001). The environmental divide: neoliberal incommensurability at the U.S.-Mexico border. *Urban Anthropology*. 30(2). 157-187.

Hobson, K. (2004). Environmental justice: an anthropocentric social justice critique of how, where and why environmental good and bad are distributed. *Environmental Politics*. 13(2). 474-481.

Hoover, S., Sayler, M., & Feldhusen, J. (1993). Cluster grouping of elementary students at the elementary level. *Roeper Review*. 16(1). 13-15.

Hunt, J. A. (1998). Of stories, seeds and the promises of social justice. In W. Ayers, J. A. Hunt, & T. Quinn.(eds.). *Teaching for social justice*. The New Press.

Jaeger, R. M., & Hattie, J. H. (1995). Detracking America's schools: should we really care? *Phi Delta Kappan*. 77(3). 218-219.

Johnson, R. (2004). Kant's moral philosophy. In E. N. Zalta(ed.). *The Stanford encyclopedia of philosophy*.(spring edition). URL.

Kafele, B. K. (2015). *The principal 50: critical leadership questions for inspiring schoolwide excellence*. Alexandria, Virginia: ASCD.

Kafele, B. K. (2016). *The teacher 50: critical questions for inspiring classroom excellence*. Alexandria, Virginia: ASCD.

Kahne, J., & Westheimer, J. (1996). In the service of what? the politics of service learning. *Phi Delta Kappan*. 77(9). 593-599.

Katz, M. S., Noddings, N., & Strike, K. A. (1999). *Justice and caring: the search for common ground in education*. 윤현진 외 역 (2007). 정의와 배려. 도서출판 인간사랑.

Kearney, R. (1986). *Modern movements in European philosophy*. New York: Manchester University Press. 임헌규, 곽영아, 임찬순 역 (1997). 현대유럽철학의 흐름: 모더니즘에서 포스트모더니즘까지, 서울: 도서출판 한울.

Kelsen, H., & 김선복 (2009). 정의란 무엇인가? 인문사회과학연구. 10(1). 125-153.

Kincheloe, J. L. (2008). *Critical pedagogy*(2nd edition), New York: Peter Lang Publishing.

Kounin, J. (1977). *Discipline and group management in classroom*(rev. ed.). New York : Holt, Rinehart & Winston.(Original work published 1971).

Kulik, C. C., & Kulik, J. A. (1982). Effects of ability grouping on secondary school students : a meta-analysis of evaluation findings. *American Educational Research Journal*. 19. 415-428.

Kumashiro, K. K. (2000). Toward a theory of anti-oppressive education. *Review of Educational Research*. 70(1). 25-54.

Larson, C., & Murtadha, K. (2003). Leadership for social justice. In J. Murphy.(ed.). *The educational leadership challenge: redefining leadership for the 21st century*. University of Chicago Press.

Lauder, H., Hughes, D., Waslander, S., Thrupp, M., McGlinn, J., Newton, S., & Dupuis, A. (1994). *The creation of market competition for education in New Zealand*. Smithfield Project. Wellington: Victoria University of Wellington.

Lebacqz, K .(1986). *Six theories of justice*. Augusburg Publishing House.

Litowitz, D. (2000). Gramsci, hegemony, and the law. *Brigham Young University Law Review*. 2. 515-552.

Lycos, K. (1987). *Plato on justice and power: reading book I of Plato's republic*. Albany, NY: State University of New York Press.

McEwan, E. K. (2003). *10 Traits of highly effective principals: from good to great performance*. Thousand Oaks, California: Corwin Press.

McKenzie, K. B., Christman, D. E., Hernandez, F., Fierro, E., Capper, C. A., Dantley, M., Gonzalez, M. L., Cambron-McCabe, N., & Scheurich, J. J. (2008). From the field: a proposal for educating leaders for social justice. *Educational Administration Quarterly*. 44(1). 111-138.

McKerrow, K. (1997). Ability grouping. *Journal for a Just & Caring Education*. 3(3). 333-337.

Miller, D. (1999). *Principles of social justice*. Cambridge, Mass: Harvard University Press.

Mills, C. W. (2001). Black trash. In L. Westra & B. E. Lawson,(eds.). *Faces of envronmental racism: confronting issues of global justice*. New York: Rowman and Littlefield.

Monasta, A. (2002). Antonio Gramsci: the message and the images, In Borg, C., Buttigieg, J., & Mayo, P.(eds.), *Gramsci and education*. Lanham: Rowman & Littlefield Publishers, Inc.

Nieto, S. (1999). *The light in their eyes: creating multicultural learning communities*. Teachers College Press.

Novak, M. (2000). Defining social justice. *Journal of Religion & Public Life*. December. 11-13.

Oakes, J. (1983). Tracking and ability grouping in American schools: some constitutional questions. *Teachers College Record*. 84(4). 801-817.

Persell, C. (1977). *Education and inequality*. New York: The Free Press.

Peterson, J. (1989). Remediation is not a remedy. *Educational Leadership*. 46. 24-25.

Pettit, J. (2006). Five rules for teaching social justice. *Political Theology*. PT7.4. 475-489.

Plank, S., Schiller, K. S., Schneider, B., & Coleman, J. S. (1993). Effects of choice in education. In E. Rasell & R. Rothstein.(eds.). *School choice: examining the evidence*. Washington, DC: Economic Policy Institute.

Plato. (1951). *The republic*. New York: E. P. Hutton and Co.

Põder, K., Kerem, K., & Lauri, T. (2013). Efficiency and equity within European educational systems and school choice policy: bridging qualitative and quantitative approaches. *Journal of School Choice*. 7(1). 1-36.

Pollard, S. (1995). *Schools, selection and the left*. London: Social Market Foundation.

Power, S., Fitz, J., & Halpin, D. (1994). Parents, pupils and grant maintained schools. *British Educational Research Journal*. 20(2). 209-226.

Powers, J. M., & Cookson, Jr. P. W. (1999). The politics of school choice research: fact, fiction, and statistics. *Educational Policy*. 13(1). 104-122.

Rawls, J. (1971). *A theory of justice*. Cambridge. MA: Harvard University Press.

Rawls, J. (1999). *A theory of justice*(revised edition). Mass: Harvard University Press.

Rawls, J. (1999). *A theory of justice*(revised edition). Mass: Harvard University Press. 황경식 역 (2003). 정의론. 서울: 이학사.

Reason, R. D., & Broido, E. M. (2005). Issues and strategies for social justice allies (and the student affairs professionals who hope to encourage them). In R. D. Reason, E. M. Broido, T. L. Davis, & N. J. Evans(eds.). *Developing social justice allies*. San Francisco: Jossey-Bass.

Reay, D., & Lucey, H. (2000). Children, school choice and social differences. *Educational Studies*. 26(1). 83-100.

Riehl, C. J. (2000). The principal's role in creating inclusive schools for diverse students: a review of normative, empirical, and critical literature on the practice of educational administration. *Review of Educational Research*. 70(1). 55-81.

Rogers, K. B. (1991). Grouping the gifted and talented : questions and answers. *Roeper Review*. 16(1). 8-12.

Russell, B. (1930). *The conquest of happiness*. 이순희 역 (2010). 행복의 정복. 서울: 사회평론.

Russell, B. (2009). *Bertrand Russell's best*. New York: Routledge. 이순희 역 (2011). 나는 무엇을 보았는가. 서울: 비아북.

Russell, B. (2010). *On education*. 안인희 역 (2011). 러셀의 교육론. 파주: 서광사.

Russell, B. (2014). *Bertrand Russell selected essays*. 최혁순 역 (2014). 나는 무엇을 위해 살아왔는가(3판). 서울: 문예출판사.

Sandel, M. (2010). *Justice: what's the right thing to do?* New York: Farrar, Straus and Giroux.

Schugurensky, D. (2004). *The heteronomous university and the question of social justice: in search of a new social contract*. Paper presented at the world congress of the comparative and international education society(CIES). Havana, Cuba 25-29 October.

Sizer, T. R. (1997). The meaning of "public education". In J. I. Goodlad, & T. J. McMannon(eds.). *The public purpose of education and schooling*. San Francisco: Jossey-Bass.

Slavin, R. E. (1995). Detracking and its detractors: flawed evidence flawed values. *Phi Delta Kappan*. 77(3). 220-221.

Slavin, R. E., & Braddock, J. H. Ⅲ. (1994). Ability grouping: on the wrong track. In J. I. Goodlad, & P. Keating.(revised eds). *Access to knowledge: the continuing agenda for our nation's schools*. New York: The College Board.

Smith, T., & Noble, M. (1995). *Education divides: poverty and schooling in the 1990s*. London: Child Poverty Action Group.

Smith-Maddox, R., & Wheelock, A. (1995). Untracking and students' futures: closing the gap between aspirations and expectations. *Phi Delta Kappan*. 77(3). 222-228.

Sobel, R. S., & King, K. A. (2008). Does school choice increase the rate of youth entrepreneurship? *Economic of Education Review*. 27(4). 429-438.

Starratt, R. J. (1994). *Building an ethical school: a practical response to the moral crisis in schools*. Washington, DC: Flamer Press.

van Welie, L., Hartog, J., & Cornelisz, I. (2013). Free school choice and the educational achievement gap. *Journal of School Choice*. 7(3). 260-291.

Villegas, A. M., & Lucas, T. (2002). *Educating culturally responsive teachers*. State University of New York Press.

Wade, R. C. (2007). *Social studies for social justice: teaching strategies for the elementary classroom*. Teachers College Press.

Walford, G. (1992). Educational choice and equity in Great Britain. In P. W. Cookson.(ed). *The choice controversy: current debates and research*. Newbury Park. CA: Corwin Press.

Walford, G., & Miller, H. (1991). *City technology college*. Milton Keynes: Open University Press.

Waslander, S., & Thrupp, M. (1995). Choice, competition and segregation: an empirical analysis of a New Zealand secondary school market 1990-1993. *Journal of Education Policy*. 10(1). 1-26.

Watson, S. B., & Marshall, J. E. (1995). Heterogeneous grouping as an element of cooperative learning in an elementary education science course. *School Science & Mathematics*. 95(8). 401-408.

Wells, A. S. (1993). *Time to choose: America at the crossroads of school choice policy*. New York: Hill and Wang.

West, A. (2006). School choice, equity and social justice: the case for more control. *British Journal of Educational Studies*. 54(1). 15-33.

Wheelock, A. (1992). *Crossing the tracks: how "untracking" can save American schools*. New York: The New Press.

Whitty, G., Power, S., & Halpin, D.(1998). *Devolution and choice in education: the school, the state, and the market*. USA: Open University Press.

Wilkinson, R. G. (2005). *The impact of inequality: how to make sick societies healthier*. 김홍수영 역 (2008). 평등해야 건강하다: 불평등은 어떻게 사회를 병들게 하는가. 서울: 후마니타스.

Young, I. M. (1990). *Justice and the politics of difference*. Princeton, NJ: Princeton University Press.

Zajda, J., Majhanovich, S., & Rust, V. (2006). Introduction: education and social justice. *Review of Education*. 52. 9-22.

Zehr, H. J. (2005). *Changing lenses: restorative justice for our times*. 손진 역 (2010). 회복적 정의란 무엇인가. Korea Anabaptist Press.

Zimmerman, J. M., & Vaughan, D. Y. (2013). School choice outcomes in post-Katrina New Orleans. *Journal of School Choice*. 7(2). 163-181.

저자약력

김달효(金達孝)

부산대학교 사범대학 교육학과 학사, 석사, 박사(교육행정 전공)
교육부 정책 자문위원(2017-2018)
한국교육정치학회 편집위원장(2016-2017)
(현) 부산시교육청 정책 자문위원
(현) 한국교육정치학회 이사
(현) 한국교육행정학괴 이사
(현) 동아대학교 교육학과 교수

〈주요 저역서〉

능력별 집단편성의 비판적 이해 (2006)
신자유주의 교육정책의 비판 (2012)
공교육의 도전: 학교선택제 (2016)
교육행정 및 교육경영 (2019)

〈주요 논문〉

고교평준화제도 정당화의 재조명(2003)
학교선택제의 시행에 대한 비판적 접근(2010)
대학의 영어강의 확대에 대한 비판적 논의(2010)
한국 교사들의 좌파와 우파의 인식에 관한 실증적 분석 (2012)

학급 규모에 대한 주요 쟁점 분석 (2013)

새로운 교장임요재도로서 '교장보직공모제'의 가능성 탐색(2015)

'좋은 교사'의 특성이 교사평가에 주는 시사점 (2016)

'좋은 학교'의 특성이 학교평가에 주는 시사점 (2016)

교육감 주민직선제의 타당성에 관한 재조명 (2016)

교수재임용거부 사건의 유형별에 따른 교원소청심사위원회의 결정 분석(2016)

학교민주주의에 관한 플랫폼 구축 연구(2019)

사회정의와 교육리더십

초판 1쇄 2019년 8월 5일
초판 2쇄 2020년 10월 30일

지은이 김달효
펴낸이 조복자
펴낸곳 문음사

16914 경기도 용인시 기흥구 구성로 279번길 3-32
등록 가302-2003-00047호
전화 031-282-5875/ 팩스 031-624-5875

moonumsa@moonumsa.co.kr
www.moonumsa.co.kr

ISBN 978-89-8168-547-8 93370

정가 17,500원

이 저서는 동아대학교 저서과제로 선정되어
동아대학교 출판총서 제149호로 출간되었음